Musikdidaktik

Hermann J. Kaiser/Eckhard Nolte

Musikdidaktik

Sachverhalte – Argumente – Begründungen

Ein Lese- und Arbeitsbuch

Mainz · London · Madrid · New York · Paris · Prag · Tokyo · Toronto

Bestellnummer: ED 7628
ISBN 3-7957-0202-X
2. Auflage 2003
© 1989 Schott Musik International, Mainz
Printed in Germany · BSS 46 482

INHALT

A. Vorwort 7

B. Ortsbestimmungen 9
   1. Zum Begriff „Musikdidaktik" 9
   2. Musikdidaktik und Allgemeine Didaktik 12
   Exkurs: Die genauere Bestimmung des Wechselverhältnisses – ein Modell 14
   3. Musikdidaktik und Musikpädagogik 16
      3.1 Das Problem 16
      3.2 Lösungsversuche 18
   4. Musikdidaktik und Musikwissenschaft 23
      4.1 Das Problem 23
      4.2 Das Zusammenspiel von Musikwissenschaft und Musikdidaktik 24

C. Umgangsweisen mit Musik 30
   1. Einführung 30
   2. Zur Terminologie 31
   3. Struktur und didaktische Funktion der Umgangsweisen mit Musik 32
      3.1 Umgangsweisen mit Musik als Inhalte des Musikunterrichts 32
      3.2 Umgangsweisen mit Musik und Methodenreflexion 45
      3.3 Umgangsweisen mit Musik in der Lernzieldiskussion 48
      3.4 Umgangsweisen mit Musik im Konstitutionszusammenhang von Subjekt, Ziel, Methode und Gegenstand 55
   4. Die Bindung der Umgangsweisen an ästhetische Grundvorstellungen 59
      4.1 Musikbegriff und Umgangsweisen mit Musik 59
      4.2 Umgangsweisen mit Musik und ihre politisch-ästhetische Grundlegung 70
   5. Von den Umgangsweisen zu Gesamtkonzeptionen von Musikunterricht 73
      5.1 Handlungsorientierter Musikunterricht 75
      5.2 Schülerorientierter Musikunterricht 82

D. Lernziele des Musikunterrichts 86
   1. Zur Terminologie 86
   2. Lernziel-Angabe und Lernziel-Begriff 87
   3. Zum Problem der Lernzielbestimmung 91
      3.1 Die Ableitung musikalischer Lernziele aus allgemeinen Erziehungszielen 92
      3.2 Die Ableitung musikalischer Lernziele aus fachbezogenen Sachaussagen 95
   4. Ordnungen musikalischer Lernziele 97
   5. Zum Lernzielrepertoire in der gegenwärtigen Musikdidaktik 101
   6. Formen der Lernzielbeschreibung 106

E. Lerninhalte des Musikunterrichts 109
   1. Zum Begriff des Lerninhalts 109
   2. Aspekte für die Auswahl musikalischer Lerninhalte 110
      2.1 Die Lernziele 110
      2.2 Der Gegenstandsbereich Musik 115
      2.3 Der Lernende 122
      2.4 Methodische Möglichkeiten des Lerninhalts 130
   3. Zum Repertoire musikalischer Lerninhalte in der gegenwärtigen Musikdidaktik 130

F. Methoden des Musikunterrichts   134
   1. Zum Begriff der Methode   134
   2. Methode und Lernziel   139
   3. Methode und Lerninhalt   142
   4. Methode und anthropogene Voraussetzungen von Musikunterricht   145
   5. Strukturierung des Methoden-Repertoires   146
      5.1 Methodenkonzeptionen   148
      5.2 Phasengliederung des Unterrichts (Artikulationsschemata)   149
      5.3 Sozialformen   151
      5.4 Aktionsformen   151

G. Der Musikunterricht und die Schule als Organisation   157
   1. Einführung   157
   2. Zielstruktur   158
      2.1 Ebenen der Zielsetzung   158
      2.2 Zielkonflikte – Konflikte um Ziele   165
   3. Organisationsstruktur und Handlungsstruktur   167
      3.1 Handlungsteilung   167
      3.2 Handlungskoordination   169
      3.3 Leitungsgefüge   172
   4. Determinanten des Lernarrangements   176
      4.1 Die Lernsituation   176
      4.2 Der Lernort   181

H. Literaturverzeichnis   183

A. VORWORT

Was ist ein „musikalisches Lernfeld"? Was umfaßt der Begriff „musikalisches Verhalten"? In welchen Verwendungszusammenhängen taucht der Begriff „Methode" auf? Wie lassen sich Ziele von Musikunterricht begründen? Welche Grundsätze bestimmen die Auswahl von musikalischen Sachverhalten als Inhalte von Musikunterricht? – Musikdidaktische Publikationen sind voll von derartigen Fragen und Begriffen. Sieht man genauer hin, so zeigt sich, daß die genannten Begriffe je nach Autor häufig recht unterschiedlich gebraucht werden. Hier setzt das vorliegende Lese- und Arbeitsbuch an. Es ist aus unserer Tätigkeit in der Musiklehrerausbildung entstanden. Ferner geht es auf Anregungen aus der zweiten Phase der Lehrerausbildung zurück.

Um von vornherein keine falschen Erwartungen aufkommen zu lassen, müssen wir auf einige wichtige Umstände hinweisen, die unsere Arbeit geleitet haben. Der Leser wird in diesem Buch keine Antwort darauf finden, ob und in welchem Maße z. B. populäre Musik Eingang in einen an konzertanter Darbietungsmusik orientierten Unterricht oder umgekehrt, in welchem Maße letztere Eingang in einen wesentlich an der Musik der Mehrzahl der Jugendlichen orientierten Unterricht finden kann bzw. soll. Auch wollen wir keine Antwort darauf versuchen, ob Werke von Ligeti oder Kagel, Zimmermann oder Boulez als Musik unserer Zeit breitere Berücksichtigung finden müssen, als beispielsweise das Erbe klassisch-romantischer Musik. Das heißt, wir legen k e i n e neue Musikdidaktik vor. Es geht uns vielmehr darum, für musikdidaktische Konzeptionen grundlegende Fragen von verschiedenen Seiten zu beleuchten und begrifflich möglichst exakt zu fassen. Die Rechtfertigung hierfür beziehen wir daraus, daß derartige Grundfragen in allen Konzeptionen ganz offenkundig oder unterschwellig vorhanden sind und die Auseinandersetzung mit ihnen nach unserer Überzeugung unverzichtbarer Bestandteil eines musikpädagogischen Studiums sein sollte. Des weiteren war es unser Anliegen, Grundstrukturen musikdidaktischen Denkens der Gegenwart sichtbar werden zu lassen.

Die Konzipierung dieses Buches als Lese- und Arbeitsbuch findet u. a. darin ihren Niederschlag, daß die Autoren, die zu den verschiedenen Sachverhalten herangezogen werden, ausführlicher zu Wort kommen, als dies in einer wissenschaftlichen Abhandlung sonst der Fall ist. Dennoch konnten nicht alle Autoren, die wichtige Beiträge zur Musikdidaktik geleistet haben, berücksichtigt werden. Auch wird sich mancher Autor nur mit einem Nebengedanken seiner Arbeit hier vertreten sehen. Das ließ sich jedoch nicht vermeiden. Sollte jedoch der Leser durch unsere Darstellungen dazu veranlaßt werden, den angesprochenen Sachverhalten weiter nachzugehen, indem er bei den zitierten, aber auch bei nicht zitierten Autoren intensiv nachforscht, dann würde er damit die Zielvorstellung einlösen, die wir uns selbst gesetzt haben.

Dieses Lese- und Arbeitsbuch sagt natürlich nur sehr vermittelt etwas über tatsächliche musikpädagogische Praxis aus. Wir beziehen uns auf didaktische Konzeptionen. Die darin erscheinenden Aussagen gehen von bestimmten Vorstellungen über musikpädagogische Praxis aus, und sie wollen diese Praxis in bestimmter Weise verändern. Sie sind im allgemeinen nur durch die Erfahrung des jeweiligen Autors empirisch abgestützt. Auf den zumeist individuell gewonnenen Vorstellungen über musikpädagogische Praxis gründen die Vorschläge für k ü n f t i g e musikunterrichtliche Praxis. Daher stellen musikdidaktische Konzeptionen zwangsläufig immer Extrapolationen eines empirisch nur dürftig abgestützten Vorbegriffs von musikpädagogischer Praxis dar. Dieser Gedanke soll nicht als Einwand gegen die Praxisbedeutung von didaktischen Konzeptionen verstanden werden; er soll nur auf die Selbstverständlichkeit hinweisen, daß musikdidaktische Reflexion und reale musikpädagogische Praxis nicht zusammenfallen. Es steht hier also nicht tatsächlicher Musikunterricht zur Diskussion, sondern es geht um Aussagezusammenhänge, die auf eine Veränderung von unterrichtlicher Wirklichkeit zielen.

Bei der Abfassung dieses Buches haben wir uns bemüht, sicherzustellen, daß die einzelnen Kapitel aus sich heraus verstehbar sind (trotz einer inneren Systematik der Schrift). Es kann für den einen oder anderen Leser deshalb durchaus sinnvoll sein, die Lektüre mit einem anderen als dem ersten Kapitel zu beginnen und von diesem aus sich die anderen Gedankengänge zu erarbeiten. Wenn der Gedanke zutrifft, daß Unterricht einen Komplex von sich wechselseitig bedingenden Faktoren darstellt, daß also Schüler, Lehrer, Unterrichtsziele, Inhalte, Methoden usf. einen Strukturzusammenhang bilden, dann ist es letztlich gleichgültig, von welcher Seite das Problem der unterrichtlichen Vermittlung von Musik theoretisch angegangen wird. Unser Bemühen, den Einstieg in die hier verhandelte Sache prinzipiell an jeder Stelle zu ermöglichen, hat aber zwangsläufig dazu geführt, daß einzelne Sachverhalte mehrfach angesprochen werden, wenn auch jeweils unter ganz verschiedenen Gesichtspunkten.

Wie wir bereits andeuteten, war es ein wesentliches Ziel dieser Arbeit, uns zentral erscheinende Gedanken in der gegenwärtigen musikdidaktischen Theoriebildung darzustellen, um so dem Leser eine Orientierungshilfe anzubieten. Mit einer k r i t i s c h e n Würdigung der vorgestellten musikdidaktischen Positionen haben wir uns bewußt weitgehend zurückgehalten. Wir sind der Meinung, daß ein Lese- und Arbeitsbuch zunächst informieren und dadurch die eigene kritische Auseinandersetzung vorbereiten helfen soll.

B. ORTSBESTIMMUNGEN

Die Überschrift dieses Kapitels mit „Ortsbestimmungen" will andeuten, daß die Musikdidaktik einen Bereich des Nachdenkens bildet, der nach vielen Seiten hin offen ist: Musikdidaktik zeigt sich als jene Stelle, an der musikpädagogische, musikwissenschaftliche, erziehungswissenschaftliche u. a. Erkenntnisse unter der Leitfrage der Erziehungsbedeutsamkeit musikalischer Sachverhalte konvergieren und zu einer Theorie des Musikunterrichts verschmelzen. Daher sollen Sie in diesem Kapitel
- unterschiedliche Bestimmungen des Begriffes Musikdidaktik kennenlernen, um sich selbst einen Vorbegriff bilden zu können, der in den folgenden Kapiteln inhaltlich näher bestimmt wird,
- verschiedene Deutungen des Verhältnisses der Musikdidaktik zu einigen wesentlichen Bezugsdisziplinen kennenlernen.

1. Zum Begriff „Musikdidaktik"

Bevor Sie die folgenden Texte lesen, überlegen Sie bitte, was Sie mit dem Begriff Musikdidaktik verbinden.

Didaktik wird hier als „Lehre" verstanden, die den wildwüchsigen Bemühungen der Praxis wehren soll durch Stimmigkeit im Grundsätzlichen. Dabei fließen auch die verstreuten Ergebnisse der musikdidaktischen „Grundlagenforschung" (Erziehungswissenschaft, Didaktik, Soziologie, Psychologie) mit ein, indes die Musikwissenschaft nach praktikablen Denk- und Arbeitsmodellen im Sinne einer „planungstheoretischen" Didaktik befragt wird.
(Alt 1968, S. 7 f.)*)

Musikdidaktik (Didaktik der Musik) ist die Wissenschaft vom Unterricht in Musik, der als geplanter Lehr- bzw. Lernprozeß die Vermittlung des „Gegenstandes" Musik zum Ziel hat. Vermittlung meint die dem Sachanspruch einerseits und den Lern- und Erfahrungsvoraussetzungen andererseits verpflichtete Auswahl (Lehrplan, Richtlinien, Unterrichtssequenz) und Erarbeitung (Darbietung, Interpretation, Einübung) der Lehr- bzw. Lerninhalte (Didaktik im engeren Sinn), schließlich die Planung der diesen inhaltlichen und formalen Voraussetzungen angemessenen Unterrichtsformen (Methodik).

Musikdidaktik als Wissenschaft schließt die Reflexion über anthropogene, soziokulturelle, lernpsychologische und schulorganisatorische Bedingungen des Musikunterrichts ein, entwickelt und überprüft seine an fachautonomen Aspekten, gesellschaftlichen Erziehungs- und Bildungsvorstellungen und anthropologisch ermittelten Erziehungs- und Bildungserfordernissen orientierten Ziele und Konzepte, fördert die solchen Zielen und Konzepten verpflichtete Revision der Lehrpläne und bedenkt Planung, Durchführung und Auswertung von Musikunterricht modellartig (im Studium) und kontinuierlich (in der Berufspraxis „vor Ort").
(Ehrenforth, 1978 [b], S. 192)

---

*) Wir zitieren hier und im folgenden nach der Erstausgabe von 1968, weil die später eingefügten Veränderungen Anpassungen an einen Sprachgebrauch darstellen, der eine konzeptionelle Änderung andeutet, die aber in Wirklichkeit nicht vorhanden ist.

Musikdidaktik als Lehre vom Lernen musikalischer Sachverhalte, als Schule des Hörens ist nicht fixiert auf die Vergangenheit und auf staunende Ehrfurcht vor Meisterwerken klassischer Faktur, sie ist aber auch nicht darauf angewiesen, der jeweiligen Aktualität hinterherzulaufen (das andere Extrem also), sondern könnte das Lernen lehren an dem, was uns als „Musik aktuell" (so ein neuer Buchtitel) umgibt.
(Gieseler 1973, S. 16)

Didaktik des Faches Musik bedeutet: Wir untersuchen, welche Musik und in welcher Art sie an Grundschüler, Haupt- und Realschüler, Gymnasiasten und Studenten herangetragen und damit zur Wirkung gebracht werden kann. Unterschieden werden muß dabei jedoch zwischen didaktischen Überlegungen einerseits und sachlogischen Überlegungen andererseits. Solange es sich um rein sachliche Anliegen handelt, um das „Präparieren" im weitesten Sinne, finden noch keine didaktischen Überlegungen statt. Diese setzen erst ein, wenn der sachlogische Zusammenhang mit den Theorien des Unterrichts in Übereinstimmung gebracht werden soll. Für den Schulpraktiker bieten sich also drei Arbeitsgänge an:
1. Sachlogische Ordnungen der eigenen Kenntnis von bestimmten Fachdetails,
2. didaktische Reflexionen über die grundsätzlichen Unterrichtsprinzipien und
3. die methodischen Schnittmuster, die den jeweiligen äußeren Situationen – bedingt durch die fachlichen, soziologischen und psychologischen Voraussetzungen der jeweiligen Klasse – angepaßt werden müssen.
(Krützfeldt-Junker 1970, S. 92 f.)

Fachdidaktik bedeutet ein Untersuchungsverfahren theoretischer Art, das zu erhellen versucht, was und wie etwas bei Lernenden zur Wirkung gebracht werden soll. Dadurch wird die musikalische Fachdidaktik gleichsam zu einer Wissenschaftstheorie der Musikpädagogik, eine Meta-Musikpädagogik.
(Krützfeldt 1968, S. 6)

Didaktik wird hier verstanden im umfassenden Wortsinn als Lehre von den Bildungsinhalten, -gehalten und -wegen. Unterricht bedeutet die planmäßige Initiation und Organisation von Lernprozessen.
(Lemmermann 1978, S. 9)

War im 19. Jh. „Didaktik" die Kunst der Vermittlung zum „Verstehen" des Kunstwerkes in der Musik, so werden wir heute für die Musikerziehung und Musikbildung eine Didaktik gleichermaßen als „Führungslehre" (Petersen) – Erziehung zur und durch Musik – wie auch als „Erziehungs- und Bildungslehre" (Willmann, Eggersdorfer, Seyfert, Weniger) – Bildung zur und durch Musik in der Musikerziehung – anzustreben haben. Didaktik der Musikerziehung hat sich mit der Verwirklichung der Erziehung und Bildung des Menschen durch die Musik und zur Musik hin mittels der Bildungsinhalte der Musik zu befassen.
(Paul 1973, S. 1)

Die Meinungen und Dispute über Inhalt und Aufgaben der Musikdidaktik lassen sich weder in einer kurzen Definition noch in einer bündigen Formulierung zusammenfassen. Nach allgemeiner Übereinstimmung reicht das musikdidaktische Arbeitsgebiet von Überlegungen zur Legitimation und Begründung des Schulfaches Musik, von Betrachtungen zu seiner Sinngebung und Zielsetzung über Fragen der Inhaltsbestimmung, Stoffanordnung, Lehrplanarbeit u. a. bis zu technologischen und praktischen Problemen, die für konkrete Unterrichtssituationen von Bedeutung sind: Aufbau von Unterricht, methodische Fragen, äußere Bedingungen des Unterrichts usw.
(Richter 1976, S. 12)

Die vorausgegangenen Textausschnitte bilden eine Auswahl aus Versuchen, den Begriff Musikdidaktik näher zu bestimmen.
1. Heben Sie die wesentlichen Bestimmungen jedes Ausschnittes heraus, notieren Sie sich diese und
2. ordnen Sie die Texte unter dem Gesichtspunkt zunehmender Komplexität der Aussagen.

Wie Sie bemerkt haben werden, laufen die Argumente in zwei Richtungen. Sie beziehen sich zum einen auf den Musikunterricht und zum anderen auf Musikdidaktik als eine wissenschaftliche Disziplin.

Wissenschaftliche Aussagen zielen nicht nur auf bestimmte Konsequenzen, sondern setzen immer schon eine Vielzahl von Annahmen und Überlegungen voraus. Versuchen Sie doch einmal, den einen oder anderen Text der Seiten 9 und 10 auf seine Voraussetzungen hin zu befragen. Wir analysieren im folgenden den Text von W. Gieseler (S. 10), damit Sie sehen, was wir meinen:

Gieseler setzt mit seiner ersten Bestimmung der *Musikdidaktik als Lehre vom Lernen musikalischer Sachverhalte* voraus, daß musikalische Sachverhalte überhaupt erlernbar sind. Er nimmt dann weiterhin an, daß ein solches Lernen mitteilbar, d. h. lehrbar ist.

Er hebt sich damit ab von irrationalistischen Vorstellungen, nach denen die Musik nur gefühlsmäßig zu rezipieren ist und der man nur intuitiv nahekommen kann.

Mit der weiteren Bestimmung der Musikdidaktik *als Schule des Hörens* bezieht sich Gieseler auf konkreten Musikunterricht und nicht so sehr auf Musikdidaktik; denn er formuliert nicht „Musikdidaktik als Theorie oder Lehre der Hörschulung", sondern nur *Schule des Hörens*.

Sehen wir von dieser Ungenauigkeit der Formulierung ab und unterstellen, daß Gieseler Musikdidaktik als Lehre von der Schulung des Hörens meint, so ist damit gesagt, daß musikalisches Hören nicht als rein naturwüchsiger Vorgang verstanden wird, sondern eine Differenzierung und Verbesserung der Hörleistung von Schülern durch gezielte Maßnahmen erreichbar ist.

Mit dem Hinweis auf die Fixierung auf musikalische Meisterwerke der Vergangenheit einerseits und der totalen Anbindung der musikdidaktischen Perspektive an Tagesaktualitäten andererseits bezieht sich Gieseler auf musikdidaktische Extrempositionen. Er greift also hier auf die Fachgeschichte der Musikdidaktik zurück.

Der Schlußgedanke des erwähnten Textauszuges ist besonders folgenreich. Hier fragen wir nach seinen Voraussetzungen. In Gieselers Hinweis auf die musikalische Aktualität liegt die Annahme beschlossen, daß an dem, was uns als Musik aktuell umgibt, die wesentlichen Prinzipien der musikalischen Hörwelt überhaupt verdeutlicht und die grundlegenden Fähigkeiten zum Umgang mit musikalischem Material erworben werden können.

Anmerkung:
In diesem letzten Gedankengang liegt ein Problem verborgen: Die Quantität der aktuellen Musik ist so groß, daß sie insgesamt nicht im Musikunterricht erscheinen kann. Die Musikdidaktik muß folglich Auslesekriterien entwickeln.

Ebenso bleibt die Frage, ob Qualitätsgesichtspunkte beachtet oder nicht beachtet werden sollen. Falls das geschehen sollte, dann müßte die Musikdidaktik auch Wertkriterien entwickeln. Beachten Sie bitte, daß diese Überlegung keine Kritik am Text darstellt. Es sollte Ihnen nur an einer Stelle bewußt gemacht werden, wie weitreichend eine Bestimmung von Musikdidaktik sein kann.

Vor der Lektüre der Textauszüge hatten wir Sie gebeten, Ihr eigenes Vorverständnis zum Begriff Musikdidaktik zu formulieren. Sehen Sie sich in der Lage, jetzt eine genauere oder erweiterte Begriffsbestimmung zu geben? Vielleicht hilft es Ihnen, wenn Sie
- die Gemeinsamkeiten bzw. Unterschiede zwischen den einzelnen Bestimmungsversuchen in den zuvor gegebenen Texten zusammenstellen und
- festzustellen versuchen, ob bei vorliegender Unterschiedlichkeit der Aussagen doch Gemeinsamkeiten in deren Voraussetzungen vorliegen (können).

Wenngleich wir keine neue Musikdidaktik schreiben, fühlen wir uns doch verpflichtet – auch zur besseren, d. h. eindeutigeren Verständigung zwischen Ihnen und uns –, mit unserem Begriffsverständnis nicht hinter dem Berg zu halten.

Wir verstehen unter dem Begriff „Musikdidaktik" die Theorie des Musikunterrichts. Diese Bestimmung schließt folgende Gesichtspunkte ein:

1. Im Begriff „Theorie" ist der grundlegende Anspruch formuliert, daß es sich dabei um methodisch gewonnene Aussagen und Aussagenkomplexe handelt, wie sie für Wissenschaften charakteristisch sind. Sie müssen prinzipiell von jedem, der denselben Weg (Methode) geht, verstehbar und auf ihren Wahrheitsgehalt hin überprüfbar sein.
2. Mit dem Begriff „Unterricht" wird ausgesagt, daß es sich dabei um eine Veranstaltung handelt, die planmäßig und mit Absicht Kenntnisse vermitteln, Einstellungen hervorbringen oder verändern und Fertigkeiten entwickeln will. Diese Form des geplanten Lernens, welches in solchen Aneignungs- und Vermittlungszusammenhängen auftritt, wird auch als „intentionales Lernen" bezeichnet. Dieses findet in organisatorisch definierter und häufig auch institutionalisierter Form statt. Es unterscheidet sich dadurch von „funktionalem Musiklernen", das in Situationen entsteht, die n i c h t um des Lernens, der Aneignung musikalischer Sachverhalte willen arrangiert worden sind. Ihnen begegnen wir allenthalben im täglichen Leben.
3. Im Begriff „Musik" ist eine bestimmte gesellschaftlich-kulturelle Praxis als Gegenstand der unterrichtlich gebundenen Aneignungs- und Vermittlungsprozesse definiert.

2. Musikdidaktik und Allgemeine Didaktik

Der Begriff M u s i k didaktik weist darauf hin, daß allgemeindidaktisches Denken hier fachspezifisch formuliert wird. Dieser Gedanke enthält aber bereits eine Vorstellung, die unter Musikdidaktikern bisweilen gegensätzlich diskutiert wird: Gibt es überhaupt ein fächerübergreifendes Nachdenken über Unterricht, das sich zu einer Theorie verdichten kann? Diese Frage, ob es eine allgemeine, nicht auf einzelne Unterrichtsfächer bezogene Didaktik geben kann, läßt sich vielleicht am einfachsten beantworten, wenn man die Aufgaben nennen könnte, die sie zu lösen hätte.

Die folgenden Texte wollen Ihnen dabei behilflich sein, Aufgaben(felder) einer „Allgemeinen Didaktik" zu bestimmen.

> *1. Die Allgemeine Didaktik hilft, das einzelne Unterrichtsfach aus der geschichtlichen Entwicklung des ganzen Lehrplans zu verstehen.*
> *2. Die Allgemeine Didaktik muß helfen, das einzelne Unterrichtsfach aus der Eigenart einer Schule zu verstehen und zu gestalten.*
> *3. Die Allgemeine Didaktik hilft, das einzelne Unterrichtsfach aus der Stufung des Bildungsvorgangs zu verstehen.*
> (Kopp [1962] 1972, S. 194–197)

> *Die <u>Allgemeine Didaktik</u> ist eine erste Ebene der Konkretisierung pädagogischer Einsichten im Hinblick auf Lehr- und Lernvorgänge; sie hat u. a. den Auftrag, den Entwurf des gesamten Lehrgefüges zu durchdenken, für die jeweiligen Schultypen zu variieren und mit der Fachdidaktik in das Gespräch über Ort, Auftrag und Reichweite, ja über die Existenznotwendigkeit von Einzelfächern und Fächergruppen im Gesamtplan einzutreten.*
> (Otto 1970, S. 218 f.)

Die Aufgabe der Didaktik besteht darin, die <u>allgemeinen Gesetzmäßigkeiten des Lehrens und Lernens</u> – insbesondere des unterrichtlichen Lehrens und Lernens – zu <u>erforschen</u>, die gewonnenen Erkenntnisse in einen systematischen Zusammenhang zu bringen und damit eine zuverlässige <u>theoretisch-wissenschaftliche Grundlage für die Unterrichtsarbeit des Lehrers</u> zu schaffen. Dabei stützt sich die Didaktik auf die anderen pädagogischen Disziplinen, vor allem auf die Geschichte der Pädagogik, die Theorie der Erziehung, die Unterrichtsmethodiken, die Vergleichende Pädagogik, aber auch auf die Ergebnisse anderer Wissenschaften (Philosophie, Psychologie, Medizin, Kybernetik, Heuristik und der zum Bildungsgut des Unterrichts beitragenden Fachwissenschaften).

Die Didaktik verallgemeinert vor allem die fortgeschrittenen Erfahrungen der Unterrichtspraxis und versucht, alle didaktischen Erscheinungen in einen systematischen Zusammenhang zu bringen – insofern ist sie <u>Unterrichtstheorie</u>. Der praktisch tätige Lehrer erwartet jedoch nicht nur eine systematische Ordnung didaktischer Kategorien (Gesetze, Prinzipien, Lehrformen usw.), sondern eine sichere Anleitung, eine Hilfe für seine Unterrichtstätigkeit. Die Didaktik soll also zur Beherrschung der Lehrkunst beitragen – insofern ist sie <u>Unterrichtslehre</u>.
(Klingberg o. Jg., S. 43)

Es gibt also im Felde didaktischen Denkens Probleme und Fragestellungen, die fächerübergreifend sind. Zu ihnen zählen u. a.:
- Entwicklung, Überprüfung und Korrektur des Gesamtlehrplans,
- Begründung für die Existenz einzelner Unterrichtsfächer im Kanon der Schulfächer,
- Reflexion auf die geschichtlichen und gesellschaftlichen Bedingungen von Schule, Lehrplan und Unterrichtsfächern,
- Entwicklung einer Theorie des Lernens und Lehrens in der Schule,
- Einbindung schulischen Lernens (schulischer Bildung und Ausbildung) in den übergreifenden Zusammenhang von Lernen und Erziehung überhaupt.

Nun stellt andererseits auch die Allgemeine Didaktik Erwartungen an die Fachdidaktik. Exemplarisch hat G. Otto sie 1970 formuliert:

Aufgabe der <u>Fachdidaktik</u> ist die Erhellung des jeweiligen Fachbereiches im Lehrgefüge, mit der Möglichkeit der Variation und Infragestellung des Gesamtplanes (s. o.). Diesem Anspruch wird der Fachdidaktiker nur dann genügen können, wenn er, über den jeweils fachspezifischen Ansatz hinausgehend, Anschluß an den durch die Allgemeine Pädagogik repräsentierten Grundgedanken über die Stellung des Menschen in der Kultur und Gesellschaft der Zeit gewinnt und zur fachlichen Differenzierung des Lehrgefüges der Allgemeinen Didaktik beiträgt. Werner Loch hat neben anderen auf die Notwendigkeit hingewiesen, daß sich die Pädagogik in der Didaktik konkretisieren und die Didaktik in die Pädagogik hinein verallgemeinern müsse. Für die Fachdidaktik ist also eine doppelte Blickrichtung charakteristisch, die einerseits den Bezug zum Fach, andererseits den Bezug zur pädagogischen Gesamtkonzeption – sei es die eines Schultyps oder die Vorstellung der Gesellschaft bzw. einer Gruppe von Schule überhaupt – herstellt. Der Fachdidaktiker kann seiner Aufgabe nur aus der inneren Bereitschaft genügen, die dauernden Überschreitungen fachlichen Denkens zu den Eigentümlichkeiten seiner Disziplin zu zählen.
(Otto 1970, S. 219 f.)

In der Aufgabenbestimmung von Allgemeiner Didaktik und Fachdidaktik ist andeutungsweise schon ein Begriff vom Verhältnis beider zueinander enthalten: Es wird gedacht als Wechselverhältnis, in dem einerseits die Fachdidaktiken als wichtige Grundlage der Allgemeinen Didaktik gelten, andererseits die Allgemeine Didaktik als grundlegend für die Fachdidaktiken angesehen wird, und zwar dadurch, daß sie 1. Ergebnisse der Fachdidaktiken verallgemeinert und systematisiert und 2. Ergebnisse der Bezugs- bzw. Grundwissenschaften (Psychologie, Soziologie, Philosophie usf.) an die Fachdidaktiken vermittelt.

Exkurs: Die genauere Bestimmung des Wechselverhältnisses – ein Modell

1971 hat Lothar Klingberg eine Vorstellung vorgelegt, die das Verhältnis von Allgemeiner und Fachdidaktik als dialektischen Prozeß begreift. In ihm entfaltet sich die Fachdidaktik aus der Allgemeinen Didaktik zu einer Besonderheit, die sich auf einer höheren geschichtlichen Entwicklungsstufe wieder mit der Allgemeinen Didaktik zu einer höheren Qualität zusammenfindet.

> Hinweis zur Terminologie: Für den in der bundesrepublikanischen Didaktikdiskussion verwendeten Begriff „Allgemeine Didaktik" stehen bei Klingberg die Begriffe *Allgemeine Unterrichtslehre* oder auch *Theorie des Unterrichts*, für den Begriff „Fachdidaktik" die Begriffe *Unterrichtsmethodik* oder auch *Spezielle Unterrichtslehre*.

> *Im Verhältnis von Didaktik und Methodik lassen sich drei Entwicklungsstufen unterscheiden: In der 1. Entwicklungsstufe waren allgemeine und spezielle Unterrichtslehre auf das engste miteinander verbunden. Die Methodik erschöpfte sich in der Anwendung allgemein-didaktischer Prinzipien usw. Auf dieser ersten Entwicklungsstufe zeigte sich die Einheit von Didaktik und Methodik beispielsweise im Formalstufenmodell der Herbart-Schule, dessen Gültigkeit, ja Verbindlichkeit, für alle Unterrichtsfächer postuliert wurde. Eigene wissenschaftslogische Fragestellungen der einzelnen Methodiken waren nur in Ansätzen vorhanden.*
>
> *Die 2. Entwicklungsstufe im Verhältnis von allgemeiner und spezieller Unterrichtstheorie vollzieht sich gegenwärtig besonders ausgeprägt. Diese Stufe ist vor allem durch die Konsolidierung der Unterrichtsmethodiken als wissenschaftliche pädagogische Disziplinen gekennzeichnet. Das Verhältnis von Didaktik und Methodik erschöpft sich nicht mehr in der Relation Allgemeines – Besonderes; die Fragestellung der Methodiken ist nicht mehr auf das Problem der Anwendung allgemeindidaktischer Positionen im speziellen Fall eines Unterrichtsfaches zu reduzieren.*
>
> *Auch auf dem Gebiet der Unterrichtstheorie vollzieht sich eine deutliche Differenzierung. Dieser Prozeß wird in hohem Maße durch außerpädagogische Momente determiniert, vor allem durch die rasche Entwicklung der Fachwissenschaften und das Eindringen neuer wissenschaftlicher Fragestellungen in die Pädagogik (Mathematik, Kybernetik, Ökonomie, Heuristik, Soziologie usw.). Dieser Prozeß der Konsolidierung der Methodiken als relativ selbständige pädagogische Disziplinen vollzieht sich gesetzmäßig, notwendig und bedeutet prinzipiell einen Fortschritt in bezug auf die reiche innere Differenzierung der pädagogischen Wissenschaft. In dieser Phase der Entwicklung besteht allerdings auch die Gefahr einer „Auseinanderentwicklung" der allgemeinen und speziellen Unterrichtstheorie, die Gefahr der Vernachlässigung des gemeinsamen pädagogisch-didaktischen Fundaments aller unterrichtstheoretischen Fragestellungen und Disziplinen.*
>
> *Das Verhältnis von Allgemeiner Didaktik und Methodik wird eine 3. Entwicklungsstufe – die sich bereits abzeichnet – erreichen, in der die Einheit von allgemeiner und spezieller Unterrichtstheorie auf höherer Stufe wiederhergestellt wird. Darunter verstehen wir eine wissenschaftstheoretische Einheit, in der jede Methodik ihr eigenes Profil entwickelt hat, auf der anderen Seite aber durch viele Gemeinsamkeiten, allgemeine Erkenntnisse, Aufgaben usw. mit allen anderen Methodiken und der Allgemeinen Didaktik stärker als bisher verbunden ist. Eine solche höhere (differenzierte, nicht schablonisierte) Einheit aller didaktischen und methodischen Disziplinen ergibt sich aus der Integrationstendenz, die sich auch in der pädagogischen Wissenschaftsentwicklung abzeichnet. Immer mehr setzt sich die Notwendigkeit durch, in allen Unterrichtsfächern das Gemeinsame, Grundlegende, das für die Erziehung des sozialistischen Menschen Fundamentale*

in das Zentrum der Unterrichtsarbeit zu rücken. So ist es zum Beispiel erforderlich, konzentrisch, das heißt aus der Sicht aller Methodiken, das Problem der Befähigung zum schöpferischen Arbeiten in Angriff zu nehmen.

Die allgemeinen, grundlegenden, fachübergreifenden Aufgaben des Unterrichts aller Fächer werden immer bedeutsamer. Damit erhöht sich die Bedeutung einer allgemeinen Theorie des Unterrichts. Die Allgemeine Didaktik erhält eine neue Funktion, insofern sie nicht mehr lediglich Grundlage der Methodiken ist, sondern sich zur echten Integrationsdisziplin entwickelt, in der die speziellen Fragestellungen der einzelnen Methodiken auf ihre fachübergreifenden Züge, auf das für alle Verbindende und Verbindliche durchleuchtet werden.
(Klingberg o. J., S. 38 f.)

Daß sich die Deutung des Verhältnisses von Fachdidaktik und Allgemeiner Didaktik als Wechselverhältnis auch einem nicht-dialektischen Denken erschließt, mag die Fassung des Problems durch G. Otto zeigen (wobei sich eine Analyse im Hinblick auf die Unterschiede lohnen würde):

Wenn wir die mannigfachen Beziehungen zwischen Allgemeiner und fachlicher Didaktik, zwischen Fachunterricht und Fachwissenschaft, zwischen Fach- und Verhaltenswissenschaft, zwischen Wirklichkeitsfeldern, Schulfächern und Einzelwissenschaften nachzuzeichnen suchen, so erkennen wir, wie alle diese Betrachtungsmodi in einem Verhältnis wechselseitiger Bestimmung zueinander stehen. Der Fachdidaktiker sichert die prinzipiellen unterrichtlichen Strukturen, die auch im Fachunterricht aufweisbar sein müssen, weil es sich um Vorgänge des Lehrens und Lernens handelt. Zugleich modifiziert er stets eine „Allgemeinvorstellung" von Lehren und Lernen durch die Struktur der spezifischen Inhalte, die er vermittelt. In Kooperation mit dem Fachwissenschaftler untersucht er die Fachwissenschaft auf die lehrbaren Paradigmata hin, die die Wirklichkeit des Schülers erhellen und die Denkweise der Disziplin spiegeln. Psychologie und Soziologie helfen bei der Klärung soziokultureller Determinierungen aller Lernvorgänge. Der Fachdidaktiker hilft – im allgemeinsten Sinne – bei der „Mitteilung der Welt". Die „Welt heute" Schülern mitzuteilen, schließt zugleich die Aufforderung an jeden Didaktiker ein, nach dem Ort und der Funktion zu fragen, die sein Fach in der „Welt heute" hat, die Wissenschaften und Künste in der gegenwärtigen Welt haben. Präzisiert lautet die Frage, was kann Fach um Fach in der gegenwärtigen Situation zur Interpretation der Welt beitragen.
(Otto 1970, S. 223 f.)

Anstelle einer Zusammenfassung:

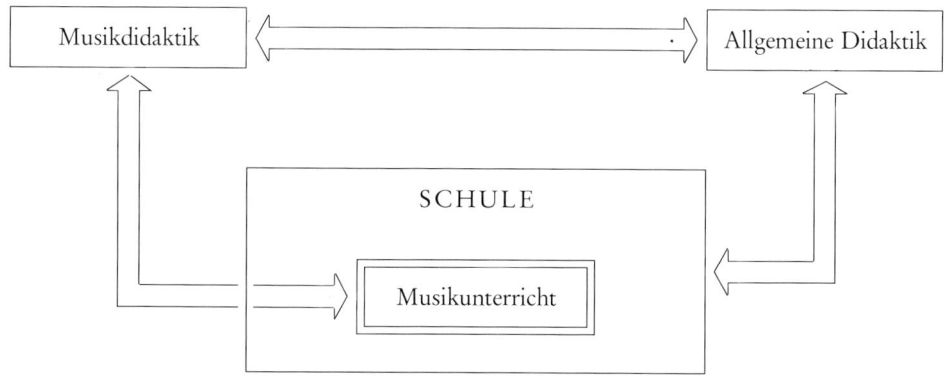

Die vorstehende Grafik verdeutlicht nochmals das Wechselverhältnis von Allgemeiner Didaktik und Musikdidaktik. Dabei setzt sie es in Beziehung zu seinem Tätigkeitsfeld, dem Musikunterricht in der Schule. Sie betont den s t r u k t u r e l l e n Gesichtspunkt.

3. Musikdidaktik und Musikpädagogik

3.1 Das Problem

Dürfen wir Sie ein wenig verwirren?

Musikpädagogik im weitesten Sinne läßt sich definieren als Wissenschaft, die die Voraussetzungen, Bedingungen und Möglichkeiten einer gezielten Förderung und Beeinflussung der vielfältigen Beziehungen zwischen Mensch und Musik (genauer: zwischen Menschen und „Musiken") untersucht. Im engeren Sinne kann Musikpädagogik als „erziehungswissenschaftlich begründete Theorie des Faches Musik" (Gieseler) oder als Wissenschaft der Musikerziehung und des Musikunterrichts beschrieben werden, also als „Musikerziehungswissenschaft" und „Musikunterrichtswissenschaft", wobei beide Bereiche nicht scharf voneinander zu trennen sind. Auch die Grenzen zwischen Musikerziehung und Musikpflege sind fließend und sollten bewußt offen gehalten werden im Sinne der ersten weiten Definition des Begriffes Musikpädagogik.
(Rauhe 1978, S. 231)

Musikalische Erziehung ist Menschenbildung durch das Mittel der Musik, Führung der heranwachsenden Generation zu den Kulturgütern der Musik.

Theorie der musikalischen Erziehung – am besten kurz als Musikpädagogik zu bezeichnen – will dieses praktische Tun in das Licht des Verstandes rücken, seinen Sinn erfassen, es systematisieren, sein allgemeines Ziel und seine Aufgabe bestimmen und Richtlinien gewinnen für Stoffauswahl und methodische Behandlung.

Als Inhaltsbestimmung der Musikpädagogik hätte zu gelten:
In der Musikpädagogik werden alle Fragen der Musik unter dem Gesichtspunkt der Menschenbildung behandelt mit dem Zweck, der Praxis der Musikerziehung zu dienen; Musikpädagogik ist also als angewandte Wissenschaft zu bestimmen.

Erkenntnisse, die ihrem Aufbau dienen, fließen aus zwei Quellen:
a) Befragen der Hilfswissenschaften,
b) umfangreiche Erfahrung in der musikerzieherischen Praxis.
(Kühn 1926, S. 133)

Fachdidaktik bedeutet ein Untersuchungsverfahren theoretischer Art, das zu erhellen versucht, was und wie etwas bei Lernenden zur Wirkung gebracht werden soll. Dadurch wird die musikalische Fachdidaktik gleichsam zu einer Wissenschaftstheorie der Musikpädagogik, eine Meta-Musikpädagogik.
(Krützfeldt 1968, S. 6)

Wir hätten Verständnis, wenn Sie nach der Lektüre der zuvor angeführten Aussagen sich keineswegs in der Lage fühlten, eine eindeutige begriffliche Bestimmung des Verhältnisses von Musikdidaktik und Musikpädagogik zu geben. Die Texte scheinen eher eine solche Aufgabe zu erschweren.

So ist Musikpädagogik für Kühn *Theorie der musikalischen Erziehung*, die alle Fragen der Musik unter dem Gesichtspunkt der Menschenbildung behandelt. Für Rauhe ist sie eine *Wissenschaft* von der Beeinflussung und Förderung der Beziehungen zwischen Menschen und deren musikalischen Objektivationen. Doch setzt man den Kühnschen Begriff der Menschenbildung zu dem Rauheschen der *gezielten Förderung und Beeinflussung* in Verbindung, so erkennt man, daß beide Autoren wohl ein und denselben Sachverhalt meinen. Auch scheinen sich beide Autoren in der Einschätzung des Status' der Musikpädagogik als methodisch geregeltes Nachdenken, das für die Wissenschaften zu einem entscheidenden Gesichtspunkt geworden ist, nicht zu unterscheiden.

Schwierig aber wird eine Antwort darauf, wie beide Autoren die Musikdidaktik von der Musikpädagogik absetzen wollen; denn viele Aspekte, die sie nennen, gehören offenkundig in den Bereich der Musikdidaktik.

Walter Kühn
Musikpädagogik: *Theorie der musikalischen Erziehung*
Gegenstand: Die Musik unter dem Gesichtspunkt ihrer Bildungsbedeutsamkeit
Ziele:
a) in analytischer Absicht:
   – Analyse,
   – Deutung und
   – Systematisierung musikerzieherischer Praxis
b) in konstruktiver Absicht:
   Bestimmung von
   – Ziel,
   – Inhaltsregulativen und
   – methodischen Perspektiven der musikerzieherischen Praxis.
Gerade in der Aufgabenbestimmung der Musikpädagogik durch W. Kühn wird aber die eigentlich musikdidaktische Dimensionierung seiner Argumentation deutlich: Bestimmung von Zielen, Inhalten und Methoden musikerzieherischer Tätigkeit. Gegenstand musikpädagogischer Reflexion ist bei Kühn ganz wesentlich der Musikunterricht in der allgemeinbildenden Schule. Daher können wir festhalten: Musikdidaktik und Musikpädagogik werden begrifflich (noch) nicht getrennt.

Hermann Rauhe
a) Musikpädagogik *im weitesten Sinne:* Musikpädagogik *als Wissenschaft*
   Gegenstand: Das Verhältnis von Menschen und „Musiken"
   Ziel: Klärung der *Voraussetzungen, Bedingungen, Möglichkeiten* einer Förderung und Beeinflussung des Verhältnisses Menschen – Musiken
b) Musikpädagogik *im engeren Sinne:*
   Rauhe bietet hier eine alternative Bestimmung an:
   1. Musikpädagogik *als erziehungswissenschaftlich begründete Theorie des Faches Musik*
   2. Musikpädagogik *als Wissenschaft*
      Gegenstand: Musikerziehung und Musikunterricht
Von der Kühnschen Bestimmung unterscheidet die Rauhesche sich ganz offensichtlich durch eine zweifache Verwendung des Begriffs „Musikpädagogik". Unterschiede zwischen den Begriffen „Musikpädagogik im weitesten Sinne" und „Musikpädagogik im engeren Sinne" bestehen sowohl hinsichtlich ihres Umfangs (Extension) als auch ihres Inhalts (Intension):

Der weiteren Bedeutung des Begriffes Musikpädagogik lassen sich nahezu alle musikbezogenen Vermittlungszusammenhänge unterordnen, solange sie nur dem Kriterium der „zielgerichteten Förderung und Beeinflussung" genügen. Des weiteren sind die Begriffe „Förderung" und „Beeinflussung" so offen, daß darunter ein Spektrum von Tätigkeiten begriffen werden kann, welches von therapeutischen bis hin zu Ausbildungsmaßnahmen im musikalischen Bereich reicht.

Eine gewisse Interpretationsunsicherheit stellt sich bei der Analyse des Begriffs *Musikpädagogik im engeren Sinne* ein. Diese wird zunächst als *erziehungswissenschaftlich begründete Theorie des Faches Musik* bestimmt. In dieser Allgemeinheit kann der Begriff „Fach" wenigstens zweierlei bedeuten: Schulfach und Hochschulfach. Die Bezugnahme auf W. Gieseler (*Grundriß der Musikdidaktik*) macht dann allerdings deutlich, daß hier das Schulfach Musik gemeint ist. Diesem sind Erziehung und Unterricht aufgegeben. Wenngleich auch diese Begriffe noch recht weit sind, so grenzen sie doch ein breites Feld von musikbezogenen Vermittlungstätigkeiten aus, welche die Begriffe „Fördern" und „Beeinflussen" noch umfassen.

Wenn wir uns an die Texte des Kapitels „Was ist Musikdidaktik?" erinnern, wird einsichtig, daß der Begriff *Musikpädagogik im engeren Sinne* jene Sachverhalte meint, die gewöhnlich unter den Begriff „Musikdidaktik" im Sinne einer Theorie des Musikunterrichts fallen. Damit ist aber implizit das Verhältnis von Musikpädagogik und Musikdidaktik definiert: Musikdidaktik (Musikpädagogik im engeren Sinne) ist Teil der Musikpädagogik (im weiteren Sinne). Beide werden von Rauhe als Wissenschaften begriffen.

Werner Krützfeldt
Noch schwieriger gestaltet sich der Versuch einer Verhältnisbestimmung von Musikpädagogik und Musikdidaktik in der Aussage von Krützfeldt. Musikdidaktik wird von der Theorieebene auf die Verfahrensebene, d. h. die wissenschaftsmethodische Ebene geholt. Wie nun allerdings dadurch die Musikdidaktik zu einer Wissenschaftstheorie der Musikpädagogik werden kann, bleibt unerklärt (auch in den dem Textausschnitt vorausgehenden bzw. folgenden Passagen).

Wir haben hier grundlegende Interpretationsschwierigkeiten: Unter der Wissenschaftstheorie eines bestimmten Sektors wissenschaftlicher Tätigkeit versteht man einen mehr oder weniger entfalteten Aussagenzusammenhang über die Struktur, die Möglichkeitsbedingungen, Entstehungs- und Verwertungszusammenhänge einer Wissenschaft, kurz: Es geht um Grundlegungsfragen. Wie nun die Musikdidaktik als ein Feld, in dem bestimmte inhaltliche Fragen wissenschaftlich geklärt werden, zu einer die Musikpädagogik begründenden Theorie sich entfalten kann, bleibt für uns uneinsichtig.

3.2 Lösungsversuche

Wir wollen einen erneuten Versuch machen, das Verhältnis von Musikdidaktik und Musikpädagogik genauer zu bestimmen. Dazu fragen wir zunächst, in welcher Bedeutung uns der Begriff Musikpädagogik begegnet. Wir unterscheiden hier vier Ebenen:

Zunächst steht der Begriff Musikpädagogik für einen bestimmten Bereich kultureller gesellschaftlicher Tätigkeiten. Die Kombination der beiden Begriffe Musik und Pädagogik bildet die diese Tätigkeiten qualifizierende Bestimmung. Dabei muß man beachten, daß auf dieser allgemeinsten Bedeutungsebene der Begriff des Pädagogischen noch recht weit und z. T. auch recht undifferenziert Verwendung findet: Er umfaßt nicht nur Erziehungs- und Bildungsvorgänge, sondern auch Ausbildungstätigkeiten sowie Tätigkeiten, die nur noch sehr entfernt als bildungs- bzw. ausbildungsspezifisch angesehen werden können.

Auf einer zweiten Ebene wird der Begriff Musikpädagogik vornehmlich für praktische Tätigkeiten reserviert. Hierunter fallen Tätigkeiten wie die schulische Musikerziehung, Tätigkeitsfelder des Musikschulbereichs, die Instrumental- und Gesangsausbildung usf.

Auf zwei weiteren Ebenen ist der Begriff Musikpädagogik reserviert für reflektierende Tätigkeiten:

- Einmal steht der Begriff Musikpädagogik für solches Nachdenken und Forschen, das sich primär in analytischer Absicht auf a) tatsächlich gegebene musikpädagogische Praxis und b) auf die systematischen und historischen Möglichkeitsbedingungen musikpädagogischen Tuns richtet.
- Zum anderen steht der Begriff Musikpädagogik für ein Nachdenken und Forschen, das sich primär in konstruktiver Absicht auf zukünftige musikpädagogische Praxis richtet.

Insbesondere bilden die beiden zuletzt genannten Ebenen bzw. ihre Abgrenzung gegeneinander, die Bestimmung ihrer Tätigkeitsfelder und Aufgabenstruktur usf. Diskussionspunkte gegenwärtigen systematischen musikpädagogischen Nachdenkens. Das werden Sie unmittelbar sehen, wenn wir exemplarisch zwei Stimmen aus dieser Diskussion im folgenden heranziehen.

In der Gegenwart ist umgangssprachlich Musikpädagogik als Oberbegriff üblich (auch die ganze Praxis einbeziehend); im fachsprachlichen Gebrauch wird Musikpädagogik i. w. S. als Oberbegriff von Musikdidaktik und Musikpädagogik i. e. S. verwendet. Die Musikdidaktik oder Fachdidaktik Musik lehrt das Musik-Lehren und -Lernen unter dem Aspekt von Unterricht; ihre Forschungsbereiche sind mit Schwerpunkt Unterricht und Curriculum. Gleich an welchem Begriff von Didaktik man sich für eine Fachdidaktik orientiert, so bleibt doch immer die Theorie von Unterrichtsgeschehen die bestimmende Komponente.

... ein Lehr- und Forschungsgebiet Musikpädagogik. Dieses erforscht und sichert die Grundlagen, die der Musikdidaktik begründbare und kontrollierbare Entscheidungen möglich machen, und entwickelt eine historisch weiter reichende Theorie des Musik-Lernens, eine Theorie, die sich nicht verwechselt mit einem musikdidaktischen Konzept bzw. aktuell outrierten Teilkonzepten, eine Theorie vielmehr, die – in Korrespondenz mit musikpädagogischer Grundlagenforschung – die Voraussetzungen, Bedingungen und Möglichkeiten des Musik-Lernens klärt und ordnet, um dadurch Maßstab und Bezugmöglichkeit eben gerade für unterschiedliche musikdidaktische Konzepte, um spezielle Orientierungen abgeben zu können.
(Abel-Struth 1975, S. 18 f.)

Es wäre wünschenswert, die Begriffe „Musikerziehung", „Musikdidaktik" und „Musikpädagogik" trennschärfer zu verwenden, wenn auch erhebliche Schwierigkeiten dem noch entgegenzustehen scheinen. Es wäre denkbar, den Begriff „Musikerziehung" grundsätzlich dem Gesamt der musikerzieherischen Praxis zuzuweisen, während vorläufig die Begriffe „Musikdidaktik" und „Musikpädagogik" beide als Bezeichnungen von Wissenschaft gelten, deren Abgrenzungen weder möglich noch sinnvoll erscheinen. Darüber hinaus hat es sich eingebürgert, den Begriff „Musikpädagogik" im bildungs- und kulturpolitischen Raum als Sammelbegriff für Theorie und Praxis der Musikerziehung zu gebrauchen, während im Gegenüber zur Musikwissenschaft der gleiche Begriff als Bezeichnung eines Wissenschaftszweiges Verwendung findet, der mit dem Begriff „Musikdidaktik" offensichtlich nicht hinreichend umschrieben zu sein scheint.
(Ehrenforth 1978 [b], S. 197)

Wir wollen diese Aussagen, die einander in wesentlichen Teilen widersprechen, genauer untersuchen.

Bei Abel-Struth wird zwischen drei Bedeutungen des Begriffes Musikpädagogik unterschieden:

umgangssprachlich:

> Musikpädagogik als
> Theorie und Praxis

fachsprachlich:

Musikpädagogik im weiteren Sinne als Oberbegriff von

Musikpädagogik im engeren Sinne	Musikdidaktik
Gegenstand: Musikalisches Verhalten 　　a) dessen Voraussetzungen, Bedingungen 　　b) dessen Veränderung durch Lernen Ziel:　Umfassende Theorie des Musiklernens Status:　Wissenschaft (Forschung und Lehre)	Gegenstand: Musikunterricht 　　a) Musiklernen 　　b) Musiklehren 　　c) Curriculum Ziel:　Entwicklung begründbarer und kontrollierbarer Entscheidungen für Musikunterricht Status:　Wissenschaft (Forschung und Lehre)

Die Notwendigkeit einer Unterscheidung von Musikpädagogik im engeren Sinne und Musikdidaktik ergibt sich für Abel-Struth aus einer Unterschiedlichkeit der grundlegenden Perspektiven: Grundlagenforschung, die zu einer allgemeinen Theorie des Musiklernens einerseits, zu einer Theorie des Musikunterrichtsgeschehens andererseits führt.

Mit einer derartigen Bestimmung ist nun auch das gegenseitige Verhältnis definiert: Unter dem Oberbegriff „Musikpädagogik" werden die Musikdidaktik und die Musikpädagogik i. e. S. zusammengefaßt. Als wissenschaftliche Disziplinen bilden sie einen *zusammengehörigen Fachbereich um den gemeinsamen Gegenstand Musik-Lernen* (Abel-Struth, a. a. O. S. 19) mit inhaltlich und methodisch verschiedenen Forschungs- und Lehrschwerpunkten. Unverkennbar bleibt dabei die Musikdidaktik auf Forschungsergebnisse der Musikpädagogik i. e. S. angewiesen, die Grundlagen- und Orientierungswissen für jene bereitstellt und deren kritisches (ideologiekritisches) Gewissen bildet.

Die Notwendigkeit, die Musikdidaktik von der Musikpädagogik zu unterscheiden, ergibt sich für Abel-Struth also aus einer Verschiedenartigkeit der Aufgaben.

Ehrenforth dagegen erscheint die gegenseitige Abgrenzung *weder möglich noch sinnvoll*. Zwar benennt auch er drei Bedeutungsvarianten des Begriffes Musikpädagogik, die sich aus ebenso vielen Bezugssystemen ergeben; doch fließen auf der Ebene musikbezogener pädagogischer Wissenschaften die Begriffe Musikdidaktik und Musikpädagogik ineinander:
- Musikpädagogik als Sammelbegriff für Theorie und Praxis der Musikerziehung;
- Musikpädagogik als Bezeichnung einer Wissenschaft, die innerhalb des Systems musikbezogener Disziplinen die Musikdidaktik mit umfaßt;
- Musikpädagogik und Musikdidaktik als Bezeichnungen einer einzigen, in sich nicht weiter differenzierbaren Wissenschaft.

Wenn Ehrenforth im Kontext des Systems von musikbezogenen Wissenschaften, das hier durch die Musikwissenschaft repräsentiert wird, auf die Enge des Musikdidaktik-Begriffes gegenüber dem Musikpädagogik-Begriff hinweist, so muß das Konsequenzen auch für das interne Verhältnis Musikdidaktik – Musikpädagogik haben: Unterschiede, die in systematischer Perspektive deutlich werden, können auch im internen Verhältnis Musikdidaktik – Musikpädagogik nicht übersehen werden.

Aber so wie 1978 formulierte Ehrenforth nicht immer. Noch 1977 akzeptierte er de facto – durch eine explizite Aufgabendifferenzierung – Musikpädagogik und Musikdidaktik als voneinander unterscheidbare Wissenschaftsbereiche:

So ist eine kooperative Arbeitsteilung zwischen Musikpädagogik und Musikdidaktik anzustreben, die dem gemeinsamen Ziel einer „Theorie der Musikerziehung" gewidmet ist. Der Musikpädagogik wären dann folgende Aufgaben zuzuordnen: a) die empirisch-sozialwissenschaftlich-psychologische Ermittlung der musikkulturellen Bedingungen und Voraussetzungen des Musiklernens (dies in enger Zusammenarbeit mit Musikpsychologie und Musiksoziologie) und b) die Aufarbeitung und Verarbeitung der von den anthropologischen und soziologischen Nachbarwissenschaften erzielten Erkenntnisse und Theoreme, soweit sie für eine „Theorie der Musikerziehung" förderlich und von Nutzen sind. Der Musikdidaktik wäre aufgetragen, a) alle Aspekte der unterrichtlichen Vermittlung von Musik zu bedenken und aufeinander zu beziehen und b) Zielvorstellungen musikalischer Bildung zu entwickeln, die ihre entscheidenden Maßstäbe aus der Antwort auf die Frage gewinnen muß, was die Musik als geschichtliches und gegenwärtiges Phänomen unaustauschbar und über die Offenheit allgemeiner Lernzielvorstellungen hinaus zur Personwerdung des Menschen beitragen kann. Solche Zielvorstellungen sind als Alternativen für bildungs- und kulturpolitische Entscheidungen zu entwerfen, auf die eine Fachdidaktik nicht ungestraft verzichten kann. (Ehrenforth 1977, S. 98)

Damit läßt sich folgende Gliederung vollziehen:

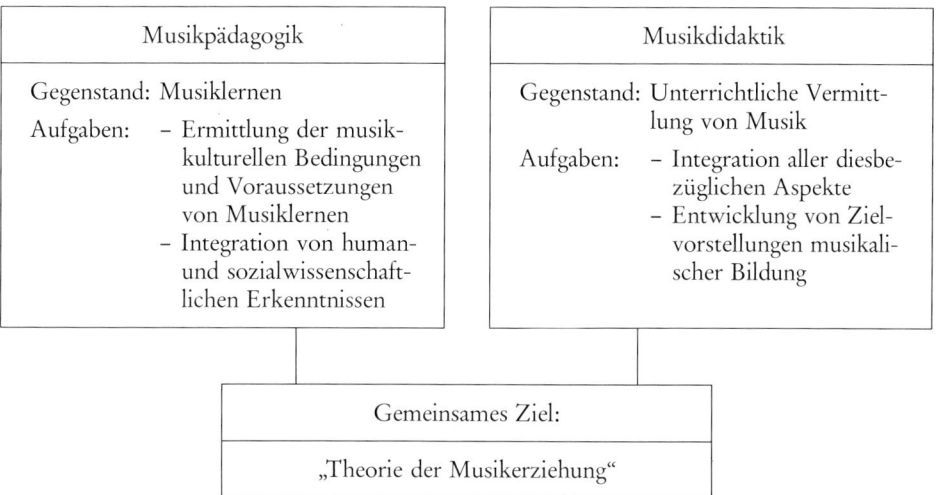

Nun wird in Ehrenforths Verteilung von Aufgaben an Musikdidaktik und Musikpädagogik, deren deutliche Abgrenzung gegeneinander sowie Unter- oder Überordnung er ablehnt, gerade ein entscheidendes Argument f ü r die Differenzierung zweier, durch Gegenstand und Forschungsziel voneinander verschiedener Bereiche vorgetragen: Im Begriff der „musikalischen Bildung" wird der Rahmen musikdidaktischen Denkens grundsätzlich überschritten. Denn ein derartiger Bildungsbegriff muß von jeglicher Musikdidaktik immer schon v o r a u s g e s e t z t werden, damit sie ihr wissenschaftliches Geschäft überhaupt aufnehmen kann. Die didaktische Aufgabe als

Reflexion einerseits und die unterrichtliche Praxis andererseits können erst dann einsetzen, wenn die Notwendigkeit, die Struktur und der Umfang musikalischen Lernens dargetan werden können. Das aber ist ohne einen entfalteten Lern-, Bildungs- und letztlich auch Gesellschaftsbegriff unmöglich. Kurz: Der Begriff „musikalische Bildung" muß von der Musikdidaktik deshalb vorausgesetzt werden, weil er mehr umfaßt als nur u n t e r r i c h t l i c h vermittelte musikalische Einsichten, Fertigkeiten und Einstellungen. Erst in einem übergreifenden Zusammenhang von musikalischer Bildung gewinnen letztere ihre Bildungs b e d e u t s a m k e i t .

Dabei bleibt – über Ehrenforths Überlegungen hinausgehend – nicht nur systematisch, sondern auch historisch gesehen die Frage unbeantwortet, ob ein B i l d u n g s begriff der didaktischen Forschung und Unterrichtskonstruktion gegenwärtig überhaupt noch einen begründenden Hintergrund geben kann, oder ob es sich um den anachronistischen Versuch der Wiederbelebung einer pädagogischen Konzeption handelt, die zur Zeit ihrer Entstehung im 18. und 19. Jahrhundert ihr Recht hatte. Denn es darf nicht übersehen werden, daß „Bildung" – bis weit ins 18. Jahrhundert hinein Privileg von Adel und Klerus – ein wesentliches Instrument darstellt, durch welches das aufkommende Bürgertum seinem ökonomischen und politischen Erstarken Ausdruck gibt. Durch Bildung, und hier spielt m u s i k a l i s c h e Bildung eine zentrale Rolle, definiert es sich geradezu als „bürgerliche" Gesellschaft, wie es dann in der Folge das 19. Jahrhundert ganz ausgeprägt zeigt.

Die musikpädagogische (und mit ihr die musikdidaktische) Diskussion der letzten zwanzig Jahre hat aus dem Fehlen eines verbindlichen Begriffes von musikalischer Bildung Konsequenzen zu ziehen versucht, indem sie Leitbegriffe, die historisch weniger belastet und verbraucht waren, wie Musiklernen, musikalische Sozialisation o. ä., an seine Stelle setzte. Der Pluralismus musikdidaktischer Konzeptionen, den wir im übrigen keineswegs als Nachteil empfinden, ist geradezu Beleg für die fehlende Verbindlichkeit e i n e s B i l d u n g s begriffes.

Vergegenwärtigt man sich den Stand der Diskussion zum Verhältnis von Musikdidaktik und Musikpädagogik, so läßt sich folgendes festhalten:

1. Der Begriff „Musikdidaktik" steht durchweg für die Theorie von Musikunterricht. Dabei ist die stillschweigend vollzogene Eingrenzung auf den Unterricht in der allgemeinbildenden Schule historisch erklärbar, theoretisch aber nicht zwingend.
2. Neben weiteren Feldern, in denen unterrichtlich eingebundenes, also intentionales Musiklernen stattfindet und denen jeweils ein spezifisches didaktisches Interesse gilt (z. B. instrumentales Lernen – Instrumentaldidaktik), finden sich bedeutsame Bereiche funktionalen Musiklernens. Die langjährige Fixierung musikdidaktischen und musikpädagogischen Nachdenkens auf die Institution Schule hat übersehen lassen, daß musikbezogene Aneignungsvorgänge in der Schule – wenn auch einen sehr wichtigen, so doch nur einen ganz kleinen und zunehmend noch kleiner werdenden Bereich im Gesamtzusammenhang musikalischer Aneignungs- und Vermittlungsprozesse darstellen. Wenngleich diese von der Musikdidaktik nicht ausgeklammert werden können, so bilden sie doch nicht deren genuinen Forschungs- und Vermittlungsgegenstand. Die Aufarbeitung dieser Bereiche als außerordentlich bedeutsame Felder individueller und gesellschaftlicher Aneignung musikalischer Sachverhalte, aber auch ihre Synthese (inklusive der Musikdidaktik) zu einem in sich differenzierten Gegenstandskomplex ist u. E. Aufgabe der Musikpädagogik als kultur- und sozialwissenschaftliche Disziplin.
3. Wir können weiter festhalten, daß sich in den letzten Jahren zunehmend eine Differenzierung an den wissenschaftlichen Hochschulen und Musikhochschulen durchgesetzt hat von einerseits stärker an musikdidaktischen Fragestellungen interessierten, andererseits stärker auf Grundlagenfragen ausgerichteten Lehr- und Forschungsschwerpunkten. Sie ist durch eine zunehmende Gegenstands- und Aufgabenvielfalt verursacht.

4. Musikdidaktik und Musikwissenschaft

Funktionsbestimmungen und Aufgabenzuweisungen im Verhältnis zwischen Musikdidaktik und Musikwissenschaft waren für die Musikdidaktik in der Vergangenheit fast ausnahmslos über die Musik p ä d a g o g i k vermittelt. Es gibt allerdings gute Gründe dafür anzunehmen, daß dieser Dialog die Musikdidaktik immer mitumfaßt hat:
1. Die an der Diskussion beteiligten Musikpädagogen haben sich immer ganz wesentlich auch als Musikdidaktiker verstanden. Eine Binnendifferenzierung zwischen Musikdidaktik und Musikpädagogik erfolgt zunehmend erst in den letzten Jahren.
2. Musikwissenschaftliche Beiträge thematisieren das Problem der Erziehungsbedeutsamkeit musikalischer Sachverhalte fast ausnahmslos unter s c h u l m u s i k a l i s c h e n Gesichtspunkten.

4.1 Das Problem

1953 behauptete W. Gurlitt auf dem Kongreß der Gesellschaft für Musikforschung in Bamberg:

> ... gibt es keinen eigenen Gegenstandsbereich der Musikpädagogik. Es gilt vielmehr die musikerzieherischen Momente aufzuspüren, die in der musikologischen Forschung und Lehre implizit enthalten sind. Die Erscheinungen der Musikerziehung werden vielmehr durch eine spezifische Sichtweise zusammengehalten, die ebenso von ihrem pädagogischen Ausgangspunkt her bestimmt ist wie von ihrer Blickrichtung, dem Gegenstand, auf den sie zielt. Und dieser eben betrifft die zentrale Frage nach dem heute als lebendig, wahr und gültig erfahrenen Musikbegriff unserer Zeit.
> (Gurlitt 1954, S. 37)

Versuchen Sie einmal, solche *musikerzieherischen Momente* innerhalb der Musikwissenschaft ausfindig zu machen... Wenn Ihnen das nicht gelingen will, muß das nicht unbedingt an Ihrem Unvermögen liegen. Es könnte darin begründet sein, daß die Musikwissenschaft (solange sie sich als Musik-Wissenschaft versteht) musik e r z i e h e r i s c h e Momente weder implizit noch explizit enthält bzw. enthalten kann: Musikwissenschaftliche Forschung hat es mit dem Herstellungsprozeß, mit dessen Ergebnis und der Wirkung musikalischer Sachverhalte zu tun. Dabei ist ihr die pädagogisch motivierte Absicht einer methodisch kontrollierten Einflußnahme auf die Prozesse der Aneignung und Vermittlung eben jener Sachverhalte zunächst völlig fremd. Im Gegensatz dazu versteht sich die Musikdidaktik weitgehend als „praktische Wissenschaft", d. h. der Zweck musikerzieherischer Praxis dient der Theorie zum Prinzip (Ritzel 1973, S. 120). Mit dieser Formulierung wird der prinzipiell praxisorientierte und praxisorientierende Charakter der Musikdidaktik (und auch der Musikpädagogik) begriffen, und zwar in mehrfacher Hinsicht:
1. Musikdidaktische Theorie hat es immer mit einer vorgängigen, d. h. bereits existierenden Lehr-/Lernpraxis zu tun.
2. Musikdidaktische Theorie hat es gleichzeitig immer mit zukünftiger Lehr-/Lernpraxis zu tun.
3. Musikdidaktische Theorie will – ganz allgemein – zu pädagogischem Handeln anleiten.
4. Der Begriff der Praxis-Orientierung umfaßt nicht zuletzt die Anleitung zu „richtigem" pädagogischen Tun, d. h. die Frage nach der Konstitution musikdidaktischen Handelns durch Normen kann nicht ausgeklammert werden.

Die Behauptung Gurlitts ist aber noch unter dem Gesichtspunkt der internen Stimmigkeit zu überprüfen:
1. Um musikerzieherische Momente im musikologischen Wissen entdecken zu können, muß ich wissen, was musikerzieherisch bedeutsam ist. D. h., ich muß einen B e g r i f f v o n E r z i e -

hung voraussetzen, um dann die von der Musikwissenschaft erarbeiteten und bereitgestellten Sachverhalte auf ihre erzieherische Bedeutung befragen zu können. Die Entfaltung eines Begriffs von Musikerziehung ist jedoch nicht Aufgabe der Musikwissenschaft, kann ihr daher auch nicht abverlangt werden.

2. Gurlitt vertritt die Auffassung, daß die Erscheinungen der Musikerziehung durch eine spezifische Sichtweise zusammengehalten werden. Die Entwicklung dieser spezifischen Sichtweise aber ist es, die den Gegenstand der Musikpädagogik bzw. der Musikdidaktik, wenn es sich um schulisches Musiklernen und Musiklehren handelt, ausmacht. Wie die Geschichte zeigt, ist diese Sichtweise vielfältigen Entwicklungen unterworfen. Sie ist letztlich nichts anderes als die auf einen je spezifischen Musikerziehungsbegriff zurückgehende Bestimmung von musikalischen Sachverhalten als erziehungsbedeutsame Sachverhalte.

Wir halten fest: Die Form der Verneinung eines eigenen Gegenstandsbereichs der Musikpädagogik durch Gurlitt zeigt gerade die Existenz eines derartigen Gegenstandes.

3. Gurlitt läßt die spezifische Sichtweise, welche die Erscheinungen der Musikerziehung zusammenhält, durch ihren pädagogischen Ausgangspunkt wie von ihrer Blickrichtung, dem Gegenstand als Ziel, bestimmt sein. In dieser Formulierung aber zeigt sich – wenn auch noch rudimentär – ein ganz spezifischer Begriff von Musikerziehung: Er beinhaltet zumindest, daß der musikpädagogische Prozeß, das Musiklernen und Musiklehren, im Gegenstand, dem musikalischen Sachverhalt, seine Bestimmung findet. Kurz: Gurlitt formuliert auf knappem Raume das Prinzip kunstwerkorientierter Musikdidaktiken. Das kann er nur deshalb tun, weil er – ohne sich dessen bewußt zu sein – den Rahmen „seiner" Wissenschaft, der Musikwissenschaft, überschreitet und musikpädagogisch argumentiert.

Nun haben sich seit den fünfziger Jahren sowohl auf seiten der Musikpädagogik/-didaktik als auch auf seiten der Musikwissenschaft das Selbstverständnis, aber auch das Verhältnis zueinander entwickelt. Wenngleich man nicht von einem kontinuierlichen Dialog zwischen beiden Disziplinen sprechen kann, so herrscht doch auf beiden Seiten die Meinung, daß Kooperation das Gebot der Stunde sei. Dafür sprechen sowohl sachliche als auch fach- und bildungspolitische Gründe. Die folgende Darstellung bringt ein Beispiel für eine derartige Kooperation.

4.2 Das Zusammenspiel von Musikwissenschaft und Musikdidaktik: Ein Beispiel

1972 veröffentlichte H. H. Eggebrecht Überlegungen zum Musikunterricht, die er folgendermaßen einleitete:

Schulmusik und Musikwissenschaft begegnen sich und wirken zusammen im Konzept des wissenschaftsorientierten Schulmusikunterrichts. Was immer in den Schulen aller Arten und auf allen ihren Stufen im Fach Musik geschieht, ... steht unter dem Anspruch und Aspekt der wissenschaftlichen, der rationalen, intellektuellen Durchdringung des Gegenstands, der ... im Musikunterricht durch die Totalität der Musik in Gegenwart und Geschichte zu umschreiben ist.
(Eggebrecht 1972, S. 29)

Wenn man diese Aussage Eggebrechts mit derjenigen von Gurlitt vergleicht, dann wird der Einstellungswandel der Musikwissenschaft im Hinblick auf die Musikpädagogik/-didaktik offenkundig.

Der Einstellungswandel äußert sich aber nicht nur in einem veränderten Selbst- und Fremdverständnis, sondern auch darin, daß die Musikwissenschaft, hier vertreten durch Eggebrecht, sich der Anwendungssituation ihrer Ergebnisse stellt, indem sie Ziele und Gegenstandsbereiche schulischen Musikunterrichts zu bestimmen unternimmt:

- *musikalische Analyse ... in Verbindung mit musikalischer Reproduktion ...*
- *Analyse stets in Richtung von Sinn-Zusammenhang ... und Gehalt, ...*
- *Auseinandersetzung mit moderner Musik ... als Ausgangs- und Bezugspunkt der Beschäftigung auch mit historischer Musik ... sowie im Blick auf Grundfragen und Invarianten musikalischer Formung ...*
- *Interpretation verbaler Texte zur Musik ...*
- *soziologische Durchleuchtung des heutigen „Musiklebens" in Wechselbeziehung zum sozialkritischen Verständnis der musikgeschichtlichen Vergangenheit, der Rezeptionsgeschichte und der bisherigen Musikgeschichtsschreibung;*
- *Heranziehung der Musik und der Musikwissenschaft ... des sozialistischen Realismus der Oststaaten ...*
- *Einbeziehung aller gegenwärtigen Arten der Musik ...*
- *Überwindung der bürgerlichen Musikästhetik (als Ästhetik des musikalischen „Oben") in Richtung einer universalen Ästhetik, ...*
- *Erweiterung des musikalischen Bewußtseins in Richtung der außereuropäischen Musik, ...*

(Eggebrecht 1972, S. 29)

Zu diesen Vorstellungen hat der Musikdidaktiker K. H. Ehrenforth 1978 Stellung bezogen:

Das unbestreitbare Verdienst dieses mehr als Diskussionsgrundlage gedachten Konzepts ist es, daß hier – in dieser Form wohl zum ersten Mal – von Seiten der Musikwissenschaft die Mitverantwortung für die Lehrerausbildung bekundet und auch inhaltlich verdeutlicht worden ist. Überlegungen über die Stellung der Musikwissenschaft in den Studiengängen des Schulmusikers können daran nicht vorübergehen.
Dennoch ist zu fragen:
1. Kann Eggebrecht die Bereitschaft der universitären Musikwissenschaft in toto, sich dieser Aufgabe zu stellen, voraussetzen?, wenn er fordert:
„Dem wissenschaftsorientierten Musikunterricht in der Schule entspräche eine praxis-, so auch schulmusikalisch orientierte Musikwissenschaft. Lange genug hat die universitäre Musikwissenschaft, befangen in einem praxisfernen Wissenschaftsbegriff, die Schulmusik im Stich gelassen."
2. Kann die Musikwissenschaft nach dem heutigen Stand des musikologischen Wissens den von Eggebrecht genannten Themenkatalog gerade in seiner musiksoziologischen Zuspitzung realisieren oder bleibt vieles Postulat, Überforderung, allenfalls Denkanstoß?
3. Wie soll die Fülle der Studienbereiche vom Lehrerstudenten bewältigt werden, der doch kein musikwissenschaftliches Hauptfachstudium zu absolvieren gedenkt? Wie schwierig die sinnvolle Integration der Themenkomplexe sein dürfte, darauf deutet die Interpretation des Eggebrechtschen Vorschlages durch Martin Geck hin:
„Unter ‚wissenschaftsorientierter Schulmusik' versteht Eggebrecht ... nicht das Kennenlernen einzelner Teilbereiche der Musikwissenschaft wie Geschichte, Ästhetik, Soziologie usw., sondern die Betrachtung von Musik als der Gesamtheit aller durch Kompositionen und analoge Akte vermittelten gesellschaftlichen Verhältnisse unter verschiedenen Aspekten."
4. Wird die Stellung der Musik in unserer Gesellschaft und des Schulfachs im Rahmen des Fächerkanons nicht überschätzt, wenn behauptet wird:
„Musik in der Schule wird auf der Basis von Analyse und Interpretation zu dem, was sie nur in der Verkennung nicht ist:
- *zu einer Herausforderung des Intellekts (wie Mathematik),*
- *zu einer Schrift, die man lesen lernt,*
- *einer Sprache, die man zu lernen und zu verstehen hat wie Deutsch und Latein,*

> – *einem Objekt begrifflichen Erkennens und kritischer Stellungnahme wie Brecht oder Goethe,*
> – *einem Medium des Verstehens in der Gegenwart, die – höchst exemplarisch – in Musik sich abspielt und spiegelt."?*
> 5. *Entspricht die ausdrückliche Wissenschaftsorientierung des Schulfachs Musik der bildungspolitischen Erwartung, die diesem Fach entgegengebracht wird – zu Recht oder zu Unrecht? Zweifellos läßt sich eine an musischen Vorstellungen orientierte Schulmusik nicht mehr vertreten, obwohl ihr viele Bildungspolitiker noch unbewußt anhängen. Dennoch sollte man warnen vor dialektischen Radikalkuren, die nach der musischen eine wissenschaftsorientierte Schlagseite im Selbstverständnis des Schulfachs Musik verursachen müssen. Erst die Vermittlung verschiedener Zugänge zur Musik im Regelkreis von musikalischer Er-fahrung und musikalischer Erkenntnis dürfte angesichts der Gefahr einer rationalistischen Verengung von Schule und Gesellschaft die zukunftsträchtige Chance der Schulmusik sein.*
> (Ehrenforth 1978 [a], S. 435 f.)

Man kann die Argumentation Ehrenforths auf zwei grundlegende Perspektiven zurückführen. Er fragt nach dem Realitätsbezug der Eggebrechtschen Vorstellungen, wenn er
– die bisherige universitäre Lehr- und Forschungspraxis der Musikwissenschaft,
– den gegenwärtig erreichten musikwissenschaftlichen Sachstand und
– die hochschuldidaktische Bedeutung der Eggebrechtschen Formulierungen anspricht.
Er legt eine bildungspolitische Perspektive zugrunde, wenn er
– kulturpolitisch (Stellung der Musik in unserer Gesellschaft),
– curricular (Musik im Fächerkanon der Schule) und
– fachgeschichtlich argumentiert.
Nun ist in unserem Zusammenhang der Beziehungsaspekt, wie er in der Argumentation und Gegenargumentation von Eggebrecht und Ehrenforth zum Vorschein kommt, wichtiger noch als die konkrete Inhaltlichkeit der Aussagen.

Die Verwirklichung der Beziehung zwischen Musikwissenschaft und Musikdidaktik durch Eggebrecht und Ehrenforth in unserem Beispiel zeigt folgende Modalitäten:
1. Der Musikwissenschaftler Eggebrecht wendet sich ausdrücklich schulmusikalischer Wirklichkeit zu.
2. Er argumentiert „didaktisch", indem er nach möglichen Zielen und Gegenstandsbereichen des Musikunterrichts fragt.
3. Er hat sich eine grundlegende Perspektive der erziehungswissenschaftlichen Diskussion jener Zeit, im Strukturplan des Deutschen Bildungsrates von 1970 für das gesamte schulische Bildungswesen formuliert, zu eigen gemacht: die Wissenschaftsorientierung des Unterrichts.
4. Er geht von einer kooperativen Vorstellung im Verhältnis zur Musikdidaktik aus.

Von der anderen Seite betrachtet ergibt sich:
1. Der Musikdidaktiker Ehrenforth wertet den aus der Musikwissenschaft kommenden Anstoß als didaktisch bedeutsame Äußerung.
2. Er mißt der Äußerung Eggebrechts den Stellenwert einer nicht-hintergehbaren Aussage hochschuldidaktischer Art bei.
3. Er weiß die historische Bedeutung des Eggebrechtschen Versuchs, die bewußte Hinwendung der Musikwissenschaft zu einem musikpädagogischen Tätigkeitsfeld, wohl einzuschätzen.
4. Die Analyse und Bewertung der Eggebrechtschen Vorschläge durch Ehrenforth zeigt, daß die Bestimmung des Verhältnisses Musikwissenschaft – Musikdidaktik als Kooperationsverhältnis von diesem angenommen worden ist.
5. Andererseits wird aber auch deutlich, daß der Musikdidaktiker sich den musikwissenschaftlichen Vorstellungen nicht kritiklos verschreibt: Er realisiert die ureigenste Aufgabe des Didak-

tikers, indem er die Stimmigkeit der Eggebrechtschen Zielsetzungen prüft und sie auf ihre Realisierbarkeit befragt. Das geschieht vor dem Hintergrund musikunterrichtlicher Wirklichkeit, kulturpolitischer Erwägungen und der Geschichte des Unterrichtsfaches Musik. Kurz: Die Musikdidaktik – hier vertreten durch K. H. Ehrenforth – verfährt nicht länger „abbilddidaktisch". (Unter einer abbilddidaktischen Konzeption versteht man die Vorstellung, daß Musikunterricht eigentlich nichts anderes darstellt als die vereinfachte entsprechende Fachwissenschaft, die Musikwissenschaft.)

Die zuvor an einem Beispiel gewonnenen einzelnen Einsichten lassen sich zusammenfassen und von der Musikdidaktik her auf zwei Grundfragen zurückführen: 1) Welche Informationen kann die Musikwissenschaft der musikdidaktischen Reflexion zuführen? 2) Welche Erwartungen stellt die Musikdidaktik an die Musikwissenschaft?

Die Antwort auf diese Fragen kann hier zwangsläufig nur recht formal ausfallen: Die Musikwissenschaft stellt dem Musikdidaktiker Informationen zu folgenden Bereichen zur Verfügung:
- Sie vermittelt Erkenntnisse, die den (Unterrichts-)Gegenstand Musik und sein Zustandekommen betreffen.
- Sie vermittelt Erkenntnisse, welche die Musik hörenden Subjekte betreffen.
- Sie versteht die musikalischen Sachverhalte, deren Produzenten und Rezipienten nicht als abstrakte Größen, sondern stellt sie, indem sie diese miteinander vermittelt, in den Zusammenhang geschichtlicher und gesellschaftlicher Bestimmtheit.

Gerade der zuletzt genannte Gesichtspunkt macht auf die Ungenauigkeit unseres bisherigen Sprachgebrauchs aufmerksam: Der Begriff „die Musikwissenschaft" vernachlässigt die Binnendifferenzierung, welche diese Wissenschaft - insbesondere in den letzten beiden Jahrzehnten - an sich erfahren hat.

Im Selbstverständnis als „Systematische Musikwissenschaft" bestimmt sie sich als eine Wissenschaft, die aus verschiedenen Teilgebieten mit jeweils spezifischen Aufgaben besteht. Dabei weist der Begriff „systematisch" darauf hin, daß die Teilbereiche zusammen ein geordnetes und gegliedertes und aufeinander bezogenes Ganzes (ein System) ergeben.

Mit dieser Bestimmung grenzt sich die Musikwissenschaft gegen Sichtweisen ab, die sie nur als historische Wissenschaft im engsten Verstande ansehen. Das nämlich würde sie dazu verurteilen, nur noch beschreibend vergangenen Formationen von Musik nachzugehen und darauf zu verzichten, nach Gesetzmäßigkeiten von musikalischen Zusammenhängen und von diesen mit anderen kulturellen, sozialen usf. Erscheinungen zu suchen.

Insofern wäre es vielleicht angemessener, von „Musikwissenschaften" zu sprechen. Wenn man dies nicht tut und weiter von „der Musikwissenschaft" spricht, so sollte doch immer die Vielfalt von Forschungsperspektiven, die einerseits eine gewisse Selbständigkeit aufweisen, andererseits im Zusammenspiel ein gegliedertes Ganzes bilden, bewußt gehalten werden.

Anmerkung:
Diese Differenzierung und Verselbständigung bestimmter Forschungsbereiche ist nun keineswegs ein zufälliges Produkt innerfachlicher Diskussion. Die gewandelten Produktions- und Rezeptionsbedingungen von Musiken sind es, welche die Verselbständigung bestimmter Teilaspekte zur Musiksoziologie, zur Musikpsychologie usf. erzwungen haben; man denke nur an die Problematisierung der Autonomievorstellung von Musik durch das gewichtiger werdenden Funktionsgedanken, die Entwicklung einer Massenmusik, die durch Glättungen (Dynamikreduktion, Kürzungen, Uminstrumentationen usf.) ermöglichte Einbindung der Kunstmusiken in kommerzielle und rein konsumatorische Verwertungszusammenhänge, der zeitweilige Rückzug der Kunstmusik in die Enklave des Expertenpublikums, der Umschlag in einen neuen Romantizismus…

Nun wartet die Musikdidaktik nicht nur auf Ergebnisse musikwissenschaftlicher Forschung, die sie für eine unterrichtliche Wirklichkeit auf- und umarbeitet, sondern sie stellt ihrerseits auch bestimmte Erwartungen an die Musikwissenschaft, an die *Sachwissenschaft der Musikdidaktik* (Abel-Struth 1982 [b], S. 177). Diese Erwartungshaltung wird besonders in Situationen sichtbar, in denen neue musikalische Erscheinungen nicht oder anscheinend nicht aus der musikalischen Tradition heraus verstanden werden können. Die zeitweilig vorhandenen Spannungen im Verhältnis von Musikpädagogik/-didaktik und Musikwissenschaft sind nicht zuletzt durch das Auseinanderfallen der Erwartungshaltung der Musikdidaktik an die Musikwissenschaft und des Entgegenkommens der Musikwissenschaft gegenüber den dringenden, z. T. der Tagesaktualität entsprungenen Sachanforderungen, in die sich die Musikdidaktik eingebunden sieht, zu erklären. Das belegt auch der folgende Text des Musikwissenschaftlers Chr.-H. Mahling:

> *Aus diesem Tatbestand des Verhaftetseins in der Tradition ist letztlich wohl auch zu erklären, warum die Musikwissenschaft zunächst nicht oder nur sehr zögernd reagierte, als sie plötzlich auf akute Probleme, etwa der Rezeption oder der Vermittlung von Musik, angesprochen wurde. Zu den hilfesuchenden Fragestellern gehörte unter anderem die Musikpädagogik, und sie fühlte sich zu Recht im Stich gelassen, als Antworten ausblieben. Eine Abkehr der Musikpädagogik von der historischen Musikwissenschaft war die Folge, und der seinerzeit entstandene Riß konnte bis heute nicht gekittet werden, obwohl die Musikwissenschaft sich in den letzten Jahren wesentlich gewandelt hat. Das Erkennen dieses Wandels fällt allerdings nicht zuletzt deswegen schwer, weil Fragestellungen, die den engeren Kreis der historischen Musikwissenschaft überschreiten, jedoch aus diesem heraus gestellt werden – wie etwa Fragen zur musikalischen Sozialgeschichte – sofort der sogenannten Systematischen Musikwissenschaft zugeordnet werden. Daß andererseits die unter diesem Oberbegriff zusammengefaßten Teilbereiche eine größere Affinität zu den Fragestellungen und Problemen der Musikpädagogik und dadurch zugleich in deren Augen eine Aufwertung erfahren haben, ist offensichtlich und daher keineswegs überraschend. Doch auch Vorwürfe, gegen die Musikwissenschaft noch vor einigen Jahren berechtigt erhoben, können inzwischen nicht mehr aufrecht erhalten werden, so etwa, daß sie sich nicht um zeitgenössische oder um triviale Musik kümmere.*

(Mahling 1978, S. 63 f.)

Gegenseitige Mißverständnisse gründen letztlich in der Perspektivenverschiedenheit von Musikpädagogik/Musikdidaktik einerseits und Musikwissenschaft andererseits bei gleichzeitiger Bindung an den identischen (zumindest als identisch angenommenen) Sachverhalt „Musik".

Musikwissenschaftlicher Forschung geht es um eine möglichst umfassende Analyse und Deutung musikalischer Erscheinungen. Ausgangs- und Endpunkt bildet also der musikalische Sachverhalt.

Der Musikdidaktik geht es um die Frage „Welche Bedeutung gewinnen musikalische Erscheinungen in einem unterrichtlich ausgelegten Erziehungsprozeß, in dem – neben der Musik – viele andere Sachverhalte gleichzeitig ihr Recht beanspruchen?" Musikdidaktische Reflexion findet ihr Prinzip und ihren Zielpunkt im sich entwickelnden und lernenden jungen Subjekt. Dieses ist – musikpädagogisch und musikdidaktisch gesehen – r e g u l a t i v e s P r i n z i p, die musikdidaktisches Denken und Handeln leitende Vorstellung.

*

Den Abschluß unserer Überlegungen, den Ort musikdidaktischer Reflexion im Zusammenhang der sie u n m i t t e l b a r berührenden Disziplinen zu bestimmen, soll die folgende Graphik bilden. Sie ist als Prozeßmodell angelegt. Das heißt, Musikdidaktik und ihr Gegenstand, der Musikunterricht, werden einander zugeordnet und auf das beide beeinflussende wissenschaftliche und gesellschaftliche Umfeld bezogen. Dabei bleiben die Wechselbezüge dieser Einflußfaktoren untereinander hier außer Betracht. (Das letzte Kapitel dieses Buches greift exemplarisch einen ganz wesentlichen Faktor dieses Bezugssystems gesondert auf.)

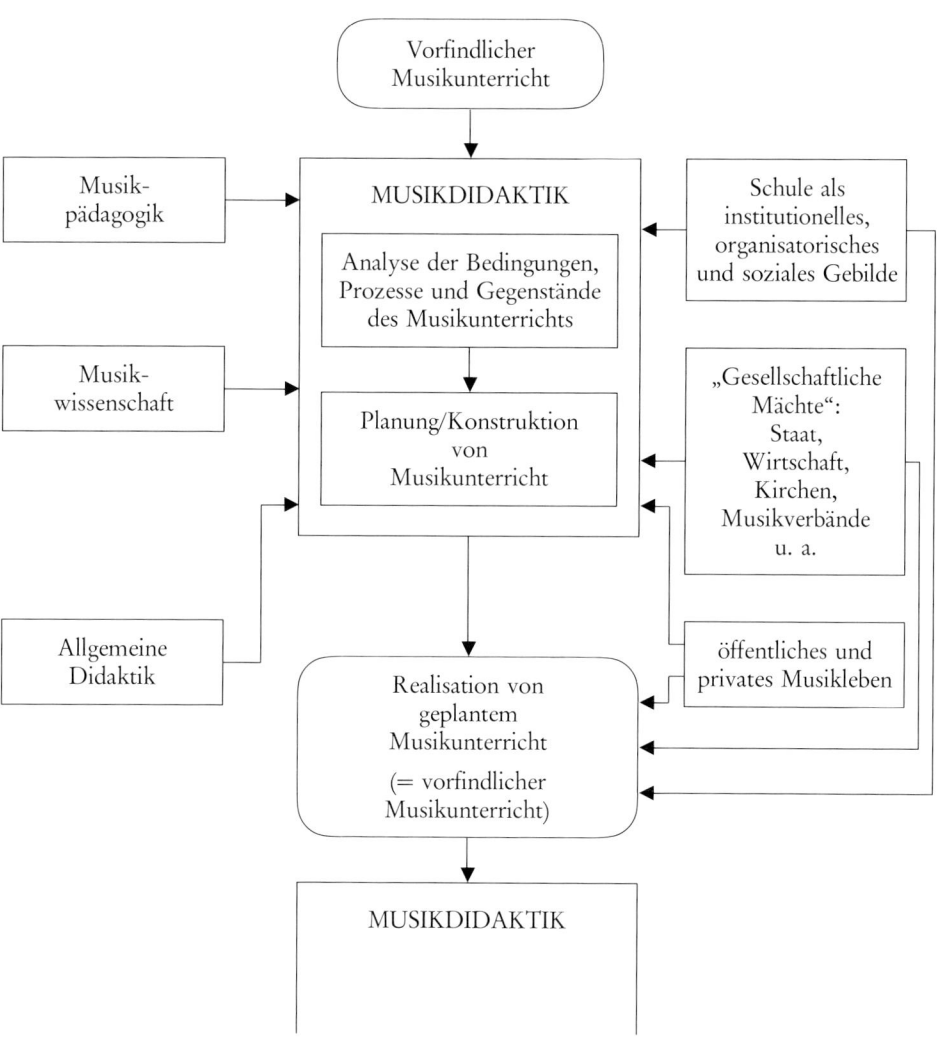

C. UMGANGSWEISEN MIT MUSIK

1. Einführung

Der Unterricht in Bildender Kunst und Musik entfaltet die Gemütskräfte und weckt die Freude am eigenen Gestalten. In der geistigen Auseinandersetzung mit dem bildnerischen und musikalischen Kunstwerk soll der Schüler Einsicht in die Ordnungen, die stilistische Eigenart und die menschliche Bezogenheit des Kunstwerks gewinnen. Hierdurch wird das Verständnis für die Kunst der Vergangenheit und Gegenwart erschlossen sowie die Urteilsfähigkeit und der Sinn für Wert und Unwert ausgebildet. ...

Der Musikunterricht soll auf den Wegen des intuitiven Erlebens und des geschulten Erkennens den Sinn für musikalisches Geschehen entwickeln. Hierbei müssen sich lebendiges Tun (Singen, Spielen, Improvisieren) und bewußtes Hören gegenseitig ergänzen.
(Lehrpläne für die Gymnasien Baden-Württembergs vom 4. Februar 1957. In: Nolte (Hg.) 1975, S. 182)

Der Musikunterricht hat die Aufgabe, den Schüler zunehmend so zu befähigen, daß er in Gegenwart und überschaubarer Zukunft sachkundig und selbständig an musikalischer Kommunikation teilnehmen kann.

   Ein Unterricht, der zu offenem kritischem Verhalten gegenüber allen Erscheinungsformen und Wirkungen von Musik und ihren Bedeutungen für den Menschen und die Gesellschaft hinführt, leistet einen nicht verzichtbaren und nicht austauschbaren Beitrag zur Gesamtaufgabe der Erziehung.
   Die Gesamtaufgabe des Musikunterrichts gliedert sich wie folgt:
Erste Teilaufgabe
Fortschreitende Verfeinerung der Unterscheidungsfähigkeit für musikalische Daten als Grundlage selbständiger Orientierung und Wertung
...
Zweite Teilaufgabe
Fortschreitende Entwicklung der Fähigkeit, übergreifende Zusammenhänge in Musik aufzuspüren als Grundlage für die Erfahrung musikalischer Bedeutungen
...
Dritte Teilaufgabe
Befähigung zu kritischer Reflexion über musikalische Kommunikationsprozesse und ihre vielschichtigen Abhängigkeiten
...
Vierte Teilaufgabe
Befähigung zu gestaltendem und mitgestaltendem Eingreifen in musikalische Kommunikationsprozesse, d. h. Entwicklung und Durchsetzung eigener und gemeinsamer Vorstellungen bei Erfindung, Vermittlung und Verwendung von Musik
...
(Der Kultusminister des Landes NW, *Vorläufige Richtlinien und Lehrpläne für das Gymnasium – Sekundarstufe I*, Köln 1978, S. 8 f.)

Bevor Sie weiterlesen, überdenken Sie bitte die folgende Frage für sich: Worin besteht der grundlegende Unterschied zwischen den beiden Texten?

Hebt man die wesentlichen Bestimmungen heraus, so ergibt sich für den 1. Text:
- Entfaltung der Gemütskräfte,
- Freude am eigenen Gestalten,
- über die geistige Auseinandersetzung sollen Elemente bestimmt werden, die das Kunstwerk charakterisieren.

Ziel des Musikunterrichts ist die Entwicklung von
- Verständnis für gegenwärtige und vergangene Kunstwerke,
- Urteilsfähigkeit im Hinblick auf die (Un-)Werte eines Werkes,
- Wertbewußtsein.

Die Aussagen des ersten Textes beziehen sich wesentlich auf den G e g e n s t a n d der Aneignungsprozesse, wobei die Aneignungsprozesse selbst nicht näher bestimmt werden.

Für den 2. Text ergeben sich folgende Bestimmungen:
- Verfeinerung der Unterscheidungsfähigkeit → Orientierung und Wertung,
- Aufspüren übergreifender Zusammenhänge in der Musik → Erfahrung von Bedeutungen,
- kritische Reflexion über musikalische Kommunikation und deren Abhängigkeiten,
- gestaltendes/mitgestaltendes Eingreifen in Erfindungs-, Vermittlungs- und Verwendungszusammenhänge.

Im Unterschied zum ersten weist der zweite Text entschiedener auf die S u b j e k t e der musikalischen Aneignungsprozesse, wobei die Prozesse selbst näher bestimmt werden.

2. Zur Terminologie

Die Aufgaben des Musikunterrichts in den nordrhein-westfälischen Richtlinien sind auf dem Hintergrund der Vorstellung zu sehen, daß sich die verschiedenen Umgangsweisen mit musikalischen Sachverhalten letztlich auf wenige grundlegende zurückführen lassen:
- Hören/Wahrnehmen (Aufnehmen, Rezeption u. a.),
- Nachdenken (Reflexion, Wissen von/über, Information u. a.),
- Darstellen (Realisation, Reproduktion, Rekomposition u. a.),
- Erfinden (Produktion, Komposition u. a.),
- Abbildung eines musikalischen Sachverhalts in ein anderes Medium (Transposition, Transformation, Umgestalten u. a.).

Diese grundlegenden Umgangsweisen mit Musik werden in der musikdidaktischen Literatur unter ganz unterschiedlichen Oberbegriffen zusammengefaßt. Man findet sie wieder unter Begriffen wie *Funktionsfelder des Musikunterrichts* (Alt), *Unterrichtsfelder* (Antholz), *Musikalische Verhaltensweisen* (Venus), *Musische Prinzipien* (Lemmermann), *Lernfelder* (Grundschulrichtlinien NW, Musik von 1973), *Sektoren* (Ettl).

Eine derartige Kategorisierung ist natürlich nicht neu. Bereits 1927 spricht G. Schünemann auf der Reichsschulmusikwoche in Darmstadt von den musikalischen Anlagen und Eigenschaften der Aufnahme, Wiedergabe und Hervorbringung musikalischer Zusammenhänge.

W i r werden in diesem Zusammenhang zukünftig von „Umgangsweisen mit Musik" sprechen, und zwar aus folgendem Grunde:

Der Begriff des „Verhaltens" ist ein ursprünglich psychologisch definierter Begriff. Hier meint er im allgemeinen alle beobachtbaren und prinzipiell für meßbar gehaltenen Aktivitäten lebender Organismen. Diese Vorstellung lag dadurch nahe, daß man solche Aktivitäten als mit bestimmten Auslösern (Reizen) verbunden sah, die entweder gattungsspezifisch mitgegeben oder erlernt worden sind. An dieser Definition änderte sich auch nichts Wesentliches durch die weitergehende

Differenzierung des Verhaltens, z. B. die Einführung der Kategorien „offenes" und „verdecktes" Verhalten (letzteres meint zumeist die physiologischen Korrelate des offenen Verhaltens).

Der Reflexivität menschlichen Verhaltens glaubte man durch den Begriff des „Sich-verhaltens" gerecht werden zu können.

Im didaktischen Zusammenhang handelt es sich jedoch nicht um ein psychologisches, sondern um ein pädagogisches Terrain, in dem ein bestimmter Begriff verwendet wird. Pädagogisches Tun aber bedeutet – das ist aus dem Begriff gefolgert – intentionales, d. h. absichtsvolles und auf Wechselseitigkeit bedachtes „Verhalten". Der Begriff Umgangsweise will also die Reflexivität und die Aktivität menschlicher Tätigkeit hervorheben. (Es ist nicht uninteressant, daß man in den Konzeptionen, die sich ganz ausdrücklich als didaktische verstehen, den Begriff „Umgangsweisen mit Musik" gleichfalls findet: z. B. Antholz 1970, S. 136 und Richter 1982, S. 252.)

3. Struktur und didaktische Funktion der Umgangsweisen mit Musik

Sichtet man die musikdidaktische Literatur der vergangenen zwanzig Jahre, so erkennt man, daß
1. die weitergehende Differenzierung der vier bzw. fünf Grundformen des Umgangs mit Musik sehr verschieden ausfällt und
2. den Umgangsweisen mit Musik von den einzelnen Autoren und Positionen eine ganz unterschiedliche Funktion im Rahmen musikdidaktischer Reflexion zugewiesen wird.

Umgangsweisen mit Musik erscheinen
1. als Inhalte,
2. als Methoden des Musikunterrichts,
3. als Ziele sowie
4. als konstituierende Momente eines übergreifenden didaktischen Zusammenhangs.

3.1 Umgangsweisen mit Musik als Inhalte des Musikunterrichts

a) Die uneingeschränkte Deutung der Umgangsweisen als Inhalte

1969 legte Dankmar Venus einen Vorschlag zur Klassifikation von Umgangsweisen mit Musik vor, der – in den einzelnen Kategorien nicht neu – in seiner Zusammenstellung und Ordnung so durchschlagend war, daß er auch gegenwärtig noch unterschwellig oder ganz ausdrücklich den Hintergrund nahezu aller didaktischen Konzeptionen und Richtlinien für das Schulfach Musik bildet. Daher wird er hier zum Modell, auf das wir uns im folgenden hin und wieder vergleichend beziehen. (Den Ansatz einer Synopse vollzieht Zimmerschied 1978, S. 46.)

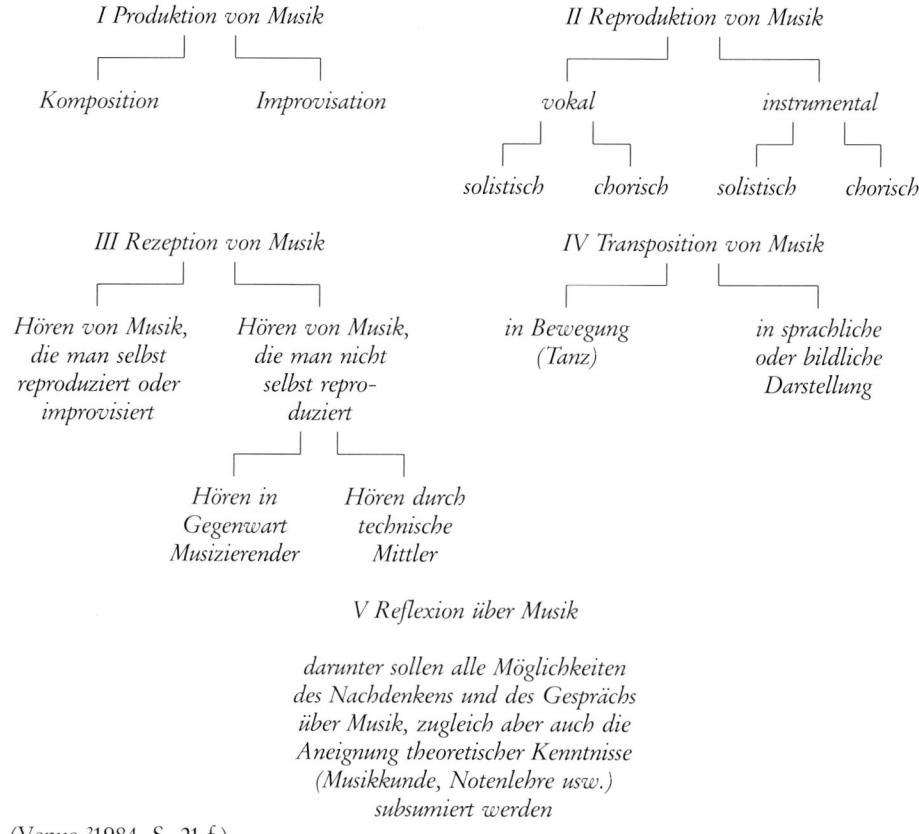

(Venus ²1984, S. 21 f.)

Venus betrachtet die o. g. Umgangsweisen als **eigenständige und grundständige Unterrichtsinhalte**. Sie bilden für Musikunterricht und musikdidaktische Reflexion ein analytisches und konstruktives Kategoriengefüge, das jeweils vom 1. bis zum 13. Schuljahr klassen- bzw. stufenspezifisch zu entfalten ist.

Die Durchschlagskraft des Venusschen Vorschlages ist u. a. damit zu erklären, daß er zu einer Zeit gemacht wurde, als der in den frühen sechziger Jahren in der allgemeinen Didaktik vollzogene Wandel von der gegenstands- zur verhaltensbezogenen didaktischen Reflexion von der Musikdidaktik in größerem Ausmaß rezipiert wurde.

Dieser Wandel ist nicht so sehr aus immanent didaktischen Motiven zu erklären, sondern auf zwei gesellschaftliche Gegebenheiten bzw. Bedürfnisse zurückzuführen:
1. Das Angebot an Inhalten, welches die moderne Zivilisation und Kultur zu Lernzwecken bereitstellt, war so unüberschaubar geworden, daß sich die Vorstellung entwickelte, die bis heute nichts an Aktualität verloren hat, Schüler müßten vor allem die verschiedenen Arten des Umgehens mit Sachverhalten und nicht so sehr bestimmte Inhalte, die aus politischen, kulturellen, religiösen u. a. Vorstellungen entwickelt werden, lernen.
2. Vor allem im wirtschaftlich-technischen Bereich erwartet(e) man von Menschen, die gelernt haben, ihr Verhalten zu instrumentalisieren, d. h. situationsspezifisch adäquates Verhalten an

den Tag zu legen, eine größere Anpassungsfähigkeit an wechselnde gesellschaftliche und ökonomische Verhältnisse.
Es ist überhaupt nicht zu bezweifeln, daß der Venussche Vorschlag wie eine Initialzündung für die musikdidaktische Reflexion und vor allem für die Konstruktion von Musikunterricht gewirkt hat. Er ist, wenn auch nicht Verursacher, so doch entscheidender Anreger einer veränderten Auffassung von Musikunterricht. Er hat der sich anbahnenden Lösung von den Resten der Musischen Bewegung in den sechziger Jahren einen unverkennbaren Schub in Richtung auf den aktuellen Stand der damaligen allgemeindidaktischen Diskussion gegeben.

Es ist naheliegend, im Rückgang auf „musikalische Verhaltensweisen" als Inhalte oder Ziele des Musikunterrichts eine bestimmte Spielart formaler Bildungstheorien zu erkennen.
Unter formalen Bildungstheorien versteht man solche Konzeptionen, die nicht von bestimmten Inhalten und ihrer objektiven Bedeutung her, sondern von den Subjekten und der Entfaltung ihrer spezifischen Möglichkeiten und Fähigkeiten her argumentieren. Am Beispiel vereinfacht: Für musikbezogene formale Bildungstheorien ist die Klaviersonate op. 110 von Beethoven nicht als Gegenstand akkumulierter musikalisch-gesellschaftlicher Erfahrung, gefiltert und zum Ausdruck gebracht von der geschichtlichen Person Beethoven, von Interesse, sondern als Anlaß, um daran ein bestimmtes musikalisches Verhalten zu erlernen bzw. eine bestimmte Fähigkeit (z. B. „Musik rezipieren können") zu entwickeln.
Die dabei stillschweigend gemachte Voraussetzung besteht in der Erwartung, daß sich die an einem Sachverhalt entwickelten Umgangsweisen mit Musik auf die Bewältigung anderer Problemsituationen übertragen lassen. Die Schwäche einer solchen Konzeption macht der folgende Hinweis sofort deutlich: Die von Beethovens Klaviersonate op. 110 geforderte Weise des Hörens (der Rezeption) ist keinesfalls ohne weiteres auf die 2. Klaviersonate von Boulez übertragbar. Von dieser Transfermöglichkeit aber müssen formale musikalische Bildungstheorien ausgehen. In letzter Konsequenz heißt das, formale musikalische Bildungstheorien müssen sich den Vorwurf gefallen lassen, sie verführen ungeschichtlich und würden damit gerade nicht dem gestellten pädagogischen Ziel gerecht, junge Menschen mit Instrumentarien zur Bewältigung zukünftiger Lebenssituationen auszustatten.
Das Absehen von der Eigengesetzlichkeit der Gegenstände, d. h. von den Inhalten der Lernprozesse, in formalen musikalischen Bildungstheorien gibt sich aber noch einer weiteren Täuschung hin: Die Inhalte spielen „unter der Hand" eben doch eine Rolle: Das Resultat einer Hörerziehung an op. 110 wird sich ganz beträchtlich von dem an Boulez' zweiter Sonate unterscheiden, und zwar auf Grund des andersartigen Inhalts des Lernprozesses. Vordergründig gesehen handelt es sich in der Tat um den von H. de la Motte-Haber beklagten *Verlust der Inhalte* (1975, S. 122 ff.). Bei Einklammerung dieses Vordergrundes aber zeigen sich gewissermaßen „Inhalte 2. Ordnung", deren Eigengesetzlichkeit didaktisch nicht mehr reflektiert wird. Werden also „musikalische Verhaltensweisen", wir sprechen ja von Umgangsweisen mit Musik, direkt zu Inhalten des Musikunterrichts gemacht, so müssen – um den gezeigten konzeptionellen Schwächen zu entgehen – Theorien formaler musikalischer Bildung doch noch zusätzlich in eine Diskussion der Inhalte eintreten.
Formale Bildungstheorien haben aber einen nicht zu übersehenden Vorteil. Dieser wird in der Gegenüberstellung zu Theorien materialer musikalischer Bildung deutlich:
Materiale Bildungstheorien, dies sagt bereits der Begriff, denken von den Inhalten her, die sich letztlich aus einem inhaltlich definierten Rahmen von Bildung legitimieren. Sie neigen zur Fixierung eines Kanons von Inhalten, der das, was als Bildung begriffen wird, repräsentieren soll.

Das Problem besteht hier allerdings in der Unmöglichkeit, die Verbindlichkeit dieses Rahmens zu sichern. Denn diese Inhalte gewinnen ihre Legitimität immer aus der Geschichte: Zu Inhalten wird das, was sich „bewährt" hat. Materiale Bildungstheorien sind demzufolge immer „konservativ", da sie die Bildungsbedeutsamkeit von Sachverhalten allein aus der Vergangenheit entwickeln und auf Zukunft hin festschreiben können.

Der entscheidende Einwand gegen Theorien materialer musikalischer Bildung macht zugleich den prinzipiellen Vorzug von Theorien formaler musikalischer Bildung sichtbar: Materiale Theorien argumentieren letztlich nicht pädagogisch, da sie die Bildungsbedeutsamkeit der Inhalte nicht von den Subjekten her, die sie sich erarbeiten sollen (wollen), entwickeln, sondern von bestimmten und bestimmenden Kulturvorstellungen, Wissenschaften oder von (religiösen, politischen o. ä.) Überzeugungen her. Sie haben es von ihrem Prinzip der a u ß e r p ä d a g o g i s c h e n Konstitution her schwer, sich als p ä d a g o g i s c h e Theorien zu qualifizieren.

Allerdings trifft man materiale Bildungstheorien im musikpädagogischen Raume sehr viel seltener an als in anderen Bereichen pädagogischer Theoriebildung. Den Grund dafür sehen wir darin, daß für die Sache Musik das „Herstellen" (sei es produzierend oder reproduzierend) eine konstitutive Rolle spielt. Dieses Herstellen, die lebendige Musikpraxis, setzt eine möglichst hoch entwickelte Technik des Erstellens voraus. Die Ausbildung von Fertigkeiten, die von einem auf den anderen Gegenstand übertragen werden, hat hier immer eine Rolle gespielt und notwendigerweise spielen müssen, wie sie z. B. für Wissenschaftsbereiche, die in die Schule hineinragen, nicht in dieser Weise gegeben ist.

Nun hatten wir zuvor schon auf Schwächen von formalen Bildungstheorien hingewiesen und angedeutet, daß sie eine Diskussion um die Sachverhalte als Inhalte des Musikunterrichts nicht umgehen können. Die folgenden Abschnitte zeigen zwei Versuche, formale und materiale, d. h. fertigkeits- und gegenstandsbezogene Gesichtspunkte miteinander zu verbinden.

b) Umgangsweisen mit Musik als Moment der Inhaltskonstitution

Wir finden in der musikdidaktischen Diskussion der letzten beiden Jahrzehnte nicht nur Konzeptionen, in denen die Umgangsweisen mit Musik unvermittelt als Inhalte des Musikunterrichts ausgewiesen werden. So legte Heinz Lemmermann 1977 einen Ansatz vor, in dem einzelne G e g e n s t ä n d e und T ä t i g k e i t e n (Umgangsweisen), zu *sinnvollen Einheiten zusammengeschlossen*, I n h a l t e des Musikunterrichts bilden (Lemmermann ²1978, S. 100 und 107). D. h., die Umgangsweisen mit Musik werden durch ihre Zuordnung zu bestimmten musikalischen Gegenständen zu Inhalten des Musikunterrichts erhoben. Im Zuge dieser Überlegungen gelangt Lemmermann zu einer Variante des Venusschen Kategoriengefüges.

Im Rückgang auf die Diskussion um die „Musische Erziehung", die bekanntlich nicht nur eine m u s i k a l i s c h e Erziehung anstrebte, nennt er vier m u s i s c h e P r i n z i p i e n
1. Das Prinzip des G e s t a l t e n s
2. Das Prinzip des N a c h g e s t a l t e n s
3. Das Prinzip des U m g e s t a l t e n s
4. Das Prinzip des e m o t i o n a l w i e k o g n i t i v b e s t i m m t e n h ö r e n d e n E r s c h l i e ß e n s.
Zu diesen musischen Prinzipien gesellen sich zwei weitere, j e d e Form von Unterricht bestimmende:
5. Das Prinzip des I n f o r m i e r e n s
6. Das Prinzip des R e f l e k t i e r e n s.
Lemmermann behauptet, daß sich die vier zuvor genannten musischen Prinzipien *in Verhaltensweisen niederschlagen* (²1978, S. 23), die f a c h s p e z i f i s c h sind.
So entfaltet sich
aus dem Prinzip des Gestaltens   – das Komponieren,

aus dem Prinzip des Nachgestaltens	– das Rekomponieren (= Singen und Spielen von Komponiertem),
aus dem Prinzip des Umgestaltens	– das Transformieren (= Singen, Tanzen, Malen, Verbalisieren von Musik),
aus dem Prinzip des emotional wie kognitiv bestimmten hörenden Erschließens	– das Akzipieren (= Hören von Komponiertem).

Insgesamt nennt Lemmermann sechs Formen des Umgangs mit Musik:
1. *Komposition (Produktion von Klanggestalten: Fixierungen, Improvisationen, Experimente, polyästhetisches Gestalten)*
2. *Rekomposition (Reproduktion oder Realisation schon vorhandener Klanggestalten; vokal, instrumental)*
3. *Akzeption (Perzeption, Apperzeption, Rezeption von Klanggestalten)*
4. *Transformation (in Spiel, Bewegung, Tanz, Bild, Sprache)*
5. *Information (über Klanggestalten; ihre Struktur, ihre Bezeichnungen, ihre Funktionen usw.)*
6. *Reflexion (Nachdenken über Klanggestalten, über Verhaltensweisen 1–5)*

(Lemmermann ²1978, S. 109)

Komposition
Die Umgangsweise Komponieren läßt sich noch nach vier weiteren Gesichtspunkten differenzieren:
1. Fixierung von Klanggestalten
2. Improvisation von Klanggestalten
3. Erprobung, Verbesserung, Offenlassen von Klanggestalten
4. Polyästhetische Gestaltungen (Collagen, Multi-Media-Aktionen usw.)

Rekomposition
Rekomponieren lassen sich bereits vorhandene Klanggestalten über:
1. das Medium der Stimme,
2. das Medium des Instruments.

Akzeption
Akzeption nennt Lemmermann den Bereich von musikbezogenen Umgangsweisen, der gemeinhin unter dem Begriff Rezeption gefaßt wird. Die Begründung für diese ungewöhnliche Bezeichnung ergibt sich daraus, daß Lemmermann das Gesamtfeld dieser Umgangsweise dreifach unterteilt und darin den Begriff Rezeption der dritten Stufe vorbehält (vgl. dazu Lemmermann ²1978, S. 109). Akzeption umfaßt:
Perzeption = allgemeine, oberflächliche Wahrnehmung,
Apperzeption = wesentlich emotional bedingte Zuwendung,
Rezeption = bewußtes Hören, bewußte Zuwendung, die sowohl emotional als auch kognitiv bestimmt ist.

Transformation
Transformation bedeutet – ähnlich wie bei Venus – *Umsetzen eines Höreindrucks in ein anderes Ausdrucksmedium: eben Spiel, Bewegung, Tanz, Bild, Sprache. Es kann sich sowohl um einen produktiven ... wie um einen reproduktiven Vorgang handeln ...* (a. a. O. S. 110). Beispielhaft nennt Lemmermann:

produktive Transformation = Kinder malen nach Musik,
reproduktive Transformation = Kinder führen festgelegte Tanzfiguren aus.
Der entscheidende Gesichtspunkt liegt darin, daß im Transformationsvorgang ein **musikalischer** Zusammenhang in ein anderes, *selbstwertiges Ausdrucksmedium* überführt wird.

Information
Die unter diesem Begriff angestrebte musikbezogene Verhaltensweise nennt Lemmermann: *Informationsoffenheit*. Es handelt sich also dabei mehr um eine Einstellung, eine Grundhaltung der Schüler als um ein offenkundiges „Verhalten". Wir halten diesen Begriff nicht für sehr günstig; denn die dem Informationsbegriff korrespondierende Umgangsweise mit Musik wäre – genau genommen – **Wissen über Musik**. Man könnte dem Begriff „Information" als Bezeichnung einer Umgangsweise mit Musik einen Sinn abgewinnen, wenn man ihn reflexiv interpretierte als „Sich-informieren".

Reflexion
Reflexion meint *jede Art von Nachdenken, Überlegen, Besinnen, In-Zusammenhang-Bringen* (Lemmermann ²1978, S. 110). Letztlich lassen sich auch hier wieder Differenzierungen im Gesamtspektrum der Umgangsweise „Reflexion" ausmachen. So entfaltet sich das Tätigkeitsfeld über die Aktivitäten
- *Urteilen*
- *Begründen*
- *Kritisieren*

(Den weiterhin genannten Begriff *Verbessern* halten wir für nicht glücklich gewählt, weil sich in den Tätigkeiten *Begründen*, insbesondere *Kritisieren* das Verbessern bereits verbirgt.)

Lemmermann ist zweifellos in der Bestimmung des didaktischen Stellenwertes der Umgangsweisen mit Musik der Theorie der *Kategorialen Bildung* von Wolfgang Klafki verpflichtet. Dieser hatte über die Auseinandersetzung mit H. Nohl und Th. Litt zu einem Bildungsbegriff gefunden, in dem Sache und Person in spezifischer Weise miteinander verbunden werden:

Bildung nennen wir jenes Phänomen, an dem wir – im eigenen Erleben oder im Verstehen anderer Menschen – unmittelbar der Einheit eines objektiven (materialen) und eines subjektiven (formalen) Momentes innewerden. Der Versuch, die erlebte Einheit der Bildung sprachlich auszudrücken, kann nur mit Hilfe dialektisch verschränkter Formulierungen gelingen: Bildung ist Erschlossensein einer dinglichen und geistigen Wirklichkeit für einen Menschen – das ist der objektive oder materiale Aspekt; aber das heißt zugleich: Erschlossensein dieses Menschen für diese seine Wirklichkeit – das ist der subjektive oder formale Aspekt zugleich im „funktionalen" wie im „methodischen" Sinne.

Entsprechendes gilt für Bildung als Vorgang: Bildung ist der Inbegriff von Vorgängen, in denen sich die Inhalte einer dinglichen und geistigen Wirklichkeit „erschließen", und dieser Vorgang ist – von der anderen Seite her gesehen – nichts anderes als das Sich-Erschließen bzw. Erschlossenwerden eines Menschen für jene Inhalte und ihren Zusammenhang als Wirklichkeit.

Diese doppelseitige Erschließung geschieht als Sichtbarwerden von allgemeinen, kategorial erhellenden Inhalten auf der objektiven Seite und als Aufgehen allgemeiner Einsichten, Erlebnisse, Erfahrungen auf der Seite des Subjekts. Anders formuliert: Das Sichtbarwerden von „allgemeinen Inhalten", von kategorialen Prinzipien im paradigmatischen „Stoff", also auf der Seite der „Wirklichkeit", ist nichts anderes als das Gewinnen von „Kategorien" auf der Seite des Subjekts. Jeder erkannte oder erlebte Sachverhalt auf der objektiven Seite löst im Zögling nicht eine subjektive, „formale" Kraft aus oder ist Übungsmaterial solcher subjektiven Kräfte oder for-

mal verstandener Methoden, sondern er ist – in einem übertragenen Sinne – selbst Kraft, insofern – und nur insofern – er ein Stück Wirklichkeit erschließt und zugänglich macht.
(Klafki 1963, S. 43 f.)

Das Problem besteht, und zwar nicht nur für Lemmermann, in dem hohen Abstraktionsgrad eines solchen Bildungsbegriffes, dessen Konkretisierung beträchtliche Interpretationsspielräume läßt. Das zeigt sich auch bei Lemmermann, wenn dieser Unterrichtsinhalte als s i n n v o l l e n Zusammenschluß von Gegenständen und Verhaltensweisen bestimmt. Damit wird ein Sinn gefordert, der „jenseits" der Gegenstände und Verhaltensweisen liegt; denn um b e i d e zusammenschließen zu können, muß er außerhalb der Gegenstände und der Verhaltensweisen gesucht werden.

Ein weiteres, auf der Theorieebene kaum zu lösendes Problem liegt in der „Multifunktionalität" der Umgangsweisen mit Musik (der Verhaltensweisen): Nahezu jeder musikalische Sachverhalt läßt – von der Umgangsweise „Komponieren" vielleicht einmal abgesehen – j e d e Form des musikalischen Umgangs mit ihm zu. Welche b e s t i m m t e Form gewählt wird, ergibt sich weder aus dem Gegenstand noch aus der Umgangsweise allein, noch aus einer irgendwie gearteten Automatik ihres Zusammenspiels. Gefragt ist also nach einem Objekt- und Subjektseite, materiale und formale Bildung v e r m i t t e l n d e n Sinn. Gefragt ist also nach einem Begriff von Bildung. Den aber entfaltet Lemmermann nicht. Statt dessen argumentiert er:

Verhaltensweisen (Subjektbezüge) werden m. E. besser an Gegenständen (Objektbezüge) festgemacht und nicht umgekehrt. Gegenstände haben im Gegensatz zu Verhaltensweisen eine meist klar bestimmbare Struktur und Bedeutsamkeit.
(Lemmermann ²1978, S. 100)

Wenn musikalischen Gegenständen im Gegensatz zu Verhaltensweisen eine klar bestimmbare Struktur und Bedeutsamkeit zugesprochen wird, so fragt sich, ob das wirklich zutrifft. Eine einfache Überlegung mag den Zweifel verdeutlichen: Sowohl Struktur als auch Bedeutsamkeit eines musikalischen Gegenstandes werden jeweils verschieden ausfallen, je nachdem es sich bei dem lernenden Subjekt um einen zehnjährigen oder achtzehnjährigen Schüler handelt, ob dieser Sachverhalt in der Schule erarbeitet wird oder ob er, womöglich über Freunde vermittelt, in der Freizeit die Aufmerksamkeit eines jungen Menschen fesselt, ob man sich den Gegenstand praktisch erspielt oder ob man ihn sich über Tonträger vermittelt aneignet. Struktur und Bedeutsamkeit eines Gegenstandes bleiben von der Form seiner Aneignungsprozesse nicht unberührt: Ein musikalischer Gegenstand wird erst über einen konkreten Aneignungsprozeß zu einem Gegenstand f ü r ein bestimmtes Subjekt, in dem das „An-sich" eines musikalischen Gegenstandes immer nur als abstraktes Moment zugegen ist.

Unsere kritischen Fragen sollen jedoch nicht verdecken, daß Lemmermann die Zuordnung von Umgangsweisen und Gegenständen pragmatisch in z. T. äußerst anregender Form durchspielt, und zwar in den Bereichen Lied, Komplexe Musik und Schlager.

c) Umgangsweisen mit Musik in der Verfahren-Inhalt-Relation

1. Der Ansatz

Bisher haben wir zwei Möglichkeiten, Umgangsweisen mit Musik als Unterrichtsinhalte zu definieren, kennengelernt. Die musikdidaktische Literatur zeigt aber noch eine weitere Art, die dadurch zustandekommt, daß der Begriff Unterrichts i n h a l t dynamisch, prozessual gefaßt wird. Damit wird eine gängige Vorstellung überholt, die Unterrichtsinhalt im Sinne eines fertigen musikalischen oder musikwissenschaftlichen „Stoffes", der nur noch schulgerecht zugeschnitten werden muß, versteht. Unterrichtsinhalt wird so eine oder ein Ensemble von zielgerichteten musikbezogene(n) Tätigkeit(en):

Die „Technizität" der Musik sperrt sich einer scharfen Trennung von Stoff und Methode. Auch ist nicht auszumachen, ob etwa Proben oder Aufführen, Probieren oder Erfinden höheren Bildungswert besitzen. Verfahren sind Inhalte der Musik und des Musikunterrichts, ihre Inhalte sind Verfahren, Prozesse. Was wir als Verfahren bezeichnen, sind nicht eigentlich schulische oder schulmusikalische Methoden, sondern musikkulturelle Verhaltens- und Umgangsweisen (wie der Mensch mit Musik „verfährt"): Üben und Proben. Vorführen, Aufführen und Aufnehmen (mit Ohr und technischem Mittler). Interpretation und Analyse, Besuchen von Veranstaltungen sowie Sprechen und Diskutieren darüber, Probieren und Experimentieren mit musikalischem Material usw. Unterricht in Musik, der Musik lernen lehrt, hat diese Umgangs- und Verhaltensweisen einzuüben.
(Antholz ³1976, S. 136 f.)

Aus dieser Bestimmung wollen wir das zentrale Argument herausheben:
– Musik wird als Prozeß definiert, in dem spezifische Formen kultureller Tätigkeit konstitutive Momente der Musik selbst sind.
– In dieser strukturellen Bestimmung von Musik werden die Umgangsweisen mit Musik zu Inhalten des Musikunterrichts; denn die „musikkulturellen Verhaltens- und Umgangsweisen" erscheinen im Musikunterricht als von den Schülern zu lernende und zu übende Verhaltens- und Umgangsweisen, d. h. sie werden in ihrer ureigensten Form als musikstrukturelle Momente pädagogisch bedeutsam.

Über den Verfahrensbegriff gewinnen die Umgangsweisen mit Musik unterrichtsmethodische Bedeutsamkeit: Die Muster des musikkulturell bedingten Übens, Probens, Aufführens usf. bilden zugleich methodische Muster des Unterrichts in Musik.

Allerdings bleibt hier die Frage offen, wie dieses zu geschehen hat. Grundsätzlich ist dasselbe Argument, welches gegen eine Abbilddidaktik geltend gemacht wird, auch im Hinblick auf eine „Abbildmethodik" zutreffend: Die in einem wissenschaftlichen oder künstlerischen Kulturbereich adäquaten methodischen Zugriffe und Verfahren können nicht ohne weiteres in die Unterrichtspraxis hineingenommen werden. Auch sie erfahren ihre „pädagogische Brechung" an einem impliziten oder expliziten Begriff von musikalischer Bildung, d. h. sie gewinnen ihre curriculare Legitimation nicht nur aus dem betreffenden Wissenschaftsfeld oder aus der einschlägigen kulturellen gesellschaftlichen Praxis, sondern ganz wesentlich aus einer pädagogischen Intentionalität, die sie unterrichtlich transformiert.

2. Struktur und Funktion der Umgangsweisen mit Musik

Antholz sieht das Ziel schulmusikalischer Erziehung in der *Introduktion in Musikkultur*. Der Begriff der Musikkultur gewinnt bei ihm eine zweifache Dimensionierung. Musikkultur meint a) die objektive Musikkultur der Gegenwart und b) die subjektive Musikkultur, d. h. Hörkultur.

Die subjektive Musikkultur verkörpert jenen Bereich, dessen Existenz von der Entfaltung angemessener Umgangsweisen mit Musik abhängt. Dabei bildet Hörerziehung, Antholz nennt sie – anknüpfend an die traditionsreiche Unterscheidung von materialer (d. h. Aneignung bestimmter Inhalte) und formaler Bildung (d. h. Entfaltung bestimmter Fertigkeiten des Lernenden) – die formale Aufgabe des Musikunterrichts, die Ausbildung jener Umgangsweise, welche für alle anderen den grundlegenden und verbindenden Kontext abgibt.

Bei Antholz erscheinen Umgangsweisen mit Musik in vier Unterrichtsfeldern:
- *Instruktion* (über Grundlagen der Musik- und Formenlehre),
- *Rezeption* (von Musikwerken),
- *Reproduktion* (von Musikstücken),
- *Information* (über Musikkultur in der heutigen Gesellschaft).

Der Begriff „Unterrichtsfeld" signalisiert den Unterschied zu den Konzeptionen von D. Venus und H. Lemmermann. Unterrichtsfelder entstehen dadurch, daß bestimmte Umgangsweisen mit Musik jeweils unter einer Zielperspektive zusammengefaßt werden. (So faßt z. B. der Begriff „Rezeption" die Umgangsweisen „Vorführung oder Aufführung, Auslegung [mit Teilanalyse] von Musikwerken" unter dem Zielgesichtspunkt „Sachverständiges kritisches Werkhören, Überblick über Musik in Geschichte und Gegenwart" zu einem Unterrichtsfeld zusammen. Vgl. dazu Seite 41 ff.)

Der Begriff „Unterrichtsfeld" scheint hier – im Gegensatz z. B. zum Begriff „Lernfeld" – zunächst zu suggerieren, daß die Umgangsweisen mit Musik aus der Lehrerperspektive formuliert würden. Das trifft jedoch nicht zu: Der Begriff „Unterrichtsfeld" erfährt seine Berechtigung dadurch, daß – von den Umgangsweisen mit Musik her entfaltet – zentrale Dimensionen des Musikunterrichts, Ziel – Inhalt – Methode, verknüpft werden. Die von den lernenden Subjekten her formulierte Zielstellung sichert das Recht eben dieser Lernenden.

Instruktion
Im Untertitel zum Begriff *Instruktion* bestimmt Antholz die dadurch zu gewinnende Umgangsweise mit Musik als *werkendes Hören* (³1976, S. 128). Wenn er jedoch die Instruktion in allen Einzelheiten darstellt, erscheint sie als *hörendes Werken*.

Instruktion geschieht über das Instrument:

Der Klassenunterricht, der Hörübung betreiben will, muß differenzierter verfahren und das instrumentum „einbauen". Auf den Einbau (instructio) des instrumentum und seine didaktischen Implikationen verweisen bereits die etymologischen Ursprünge. Instrumentum meint zunächst handliches Gerät, Werkzeug, Rüstzeug, dann Mittel, technisches Hilfsmittel, Beweismittel, Zeugnis. Das instrumentum musicum ist da, um Musik zu „machen", aber auch zuhanden, um sich technisch und mnemotechnisch über Musik zu verständigen, von Musik Kenntnis zu geben. Das Musikinstrument „instruiert" über Musik. Es bedeutet also „instruktive" Hilfe, Musik zu greifen und gegenständlich zu begreifen, in sie hineinzuschauen und -zuhören. Das Instrument ist zu fassen, es lockt daher, sich mit ihm und mit Musik zu befassen.
(Antholz ³1976, S. 138)

Wie Sie sehen, gewinnt Antholz durch den Rückgriff auf die Etymologie die den Begriffen Instrument und Instruktion gemeinsame sprachliche Wurzel, aber zugleich auch Zugang zur lernpsychologischen Perspektive:

Der Einbau des instrumentum ermöglicht also nicht nur intensives reproduktives Lernen durch tätige Hörübung (learning by doing), prägt dem Ohr nicht bloß Werkmittel, -strukturen und -formen ein, sondern leitet auch produktives Lernen ein, selbsttätigen, auch selbständigen musikalischen Erkenntniserwerb (learning by thinking about we are doing) und kreative Erfahrung (schöpferisches musikalisches Denken). Damit erst erhält Instruktion eine Dimension, die ihren Rang eines eigenen künstlerisch-technischen Unterrichtsgebietes über propädeutische Lehre und Übung hinaus rechtfertigt. Instruktion meint nicht im Stil der Belehrungs- und Lernschule „Einführung der Synkope am Beispiel von Praetorius' musica-Kanon" und ihre „Einübung" durch

> *Kanonsingen. Sie erschöpft sich auch nicht in der unreflektierten Aktivität eines improvisatorischen Musizierens, in dem zufällig auch Synkopen vorkommen und als apriorische Sinngestalten unbewußt perzipiert werden. Sie läßt das Phänomen „wie neu" finden und mit ihm Musik aus Sachkenntnis und klangsinnlicher Erfahrung „wie erstmalig" erfinden (discovery-learning). Instruktion führt also zur „originalen Begegnung" mit musikalischen Dingen, will „tote Sachverhalte in lebendige Handlungen rückverwandeln...: Gegenstände in Erfindungen und Entdeckungen, Werke in Schöpfungen, ... Lösungen in Aufgaben, Phänomene in Urphänomene.*
> (Antholz ³1976, S. 149)

Wir haben soeben zwei Begründungen, eine didaktische und eine lernpsychologische, für den Zusammenhang von Instrument und Instruktion kennengelernt. Antholz formuliert noch eine dritte, eine fachgeschichtliche: Die Geschichte der schulmusikalischen Unterweisung hat deutlich gemacht, daß ein hauptsächlich am Singen orientierter Musikunterricht nicht zur *Vergegenständlichung und Verinnerlichung von elementaren Begriffen als Hörerscheinungen* gelangt (³1976, S. 137).

Zusammenfassend wollen wir festhalten:
1. Im Unterrichtsfeld Instruktion soll der Schüler einen Umgang mit Musik erlernen, der als „werkendes Hören" bzw. als „hörendes Werken" charakterisiert ist. Diese Doppelbezeichnung macht auf die Wechselwirkung von Hören und Tun aufmerksam:

> *1. Instruktion: Hantieren, Probieren und Experimentieren mit musikalischem Material und „Instrument", „Entdecken" musikalischer Ordnungen und Formen sowie Erfinden von Übungsmodellen und kleinen Musikstücken,*
> *Hör- und Gestaltungsübungen.*
> *Ziel: „instruktiv" erworbenes Hörwissen, Hörgewissen.*
> (Antholz ³1976, S. 128)

2. Instruktion, vermittelt über das Instrument, ermöglicht musikalische Grunderfahrungen; dabei gewinnt das Wort „Grunderfahrung" drei Bedeutungen: Einmal meint es e l e m e n t a r e, zum anderen u r s p r ü n g l i c h e und schließlich p r i n z i p i e l l e, d. h. grundlegende Erfahrungen, die den Aufbau komplexer Erfahrungssysteme ermöglichen.

Nun stellt sich allerdings der Verwendung des Instruments innerhalb des Unterrichtsfeldes „Instruktion" ein Problem: Klassenunterricht auf dem Instrument erscheint fragwürdig, weil unrealisierbar. Daher muß zwangsläufig der Begriff „Instrument" und der Instrumentengebrauch eine erweiterte Bestimmung gegenüber bis dahin üblichen Verwendungsformen gewinnen:

> *Natürlich kann im Klassenverband der Schule nicht Instrumentalunterricht als Unterricht im Instrumentalspiel erteilt werden. Instrumentalisierung der Hörerziehung meint nicht Werke auf Instrumenten spielen lernen, sondern werkendes Lernspiel mit Instrumenten, um hören zu lernen. Dabei muß jeder Schüler ein instrumentum, besser: mehrere zur Hand haben, um hantieren zu können und Höraufgaben einsichtig und einsichtbar zu lösen (und auch selbst zu stellen). Er lernt diese „Instrumente" nebenbei handhaben und spielen. Instrumente der Hörübung sind also nicht nur und sogleich die „richtigen" Musikinstrumente, sondern alles „Zeug", das hilft, über Musik zu instruieren, sie zu objektivieren, Technik zu verdeutlichen, musikalisch-technische Intelligenz zu fördern.*
> (Antholz ³1976, S. 140)

Rezeption
Das zweite Unterrichtsfeld, in dem die Schüler bestimmte Formen des Umgangs mit Musik entwickeln sollen, nennt Antholz *Rezeption*. Folgende Tätigkeiten fallen unter diese Kategorie:

> *Vorführung oder Aufführung, Auslegung (mit Teilanalyse) von Musikwerken.*
> *Ziel: Sachverständiges kritisches Werk<u>hören</u>; Überblick über Musik in Geschichte und Gegenwart.*
> (Antholz ³1976, S. 128)

Antholz befindet sich in der Schwierigkeit, eine treffende Bezeichnung für das zur Diskussion stehende Unterrichtsfeld zu finden. Das hat seine Gründe in der Geschichte des Faches und der fachdidaktischen Diskussion:

> *Eine stimmige Bezeichnung des nun zu behandelnden Unterrichtsfeldes ist bisher nicht gefunden. Man pflegt seine Inhalte in der Praktikerliteratur wohl noch unter dem Sammelbegriff einer Musikkunde mitzuerfassen. Damit wird zwar bedeutet, daß die kunstwissenschaftliche Werkanalyse für den Musiklaien lebenshermeneutisch zu übersetzen ist. Doch „Kunde" trifft nicht eigentlich Ausbildung im Hören des Musikwerks, worauf es uns hier ankommt. „Musikhören" allein expliziert noch keine spezifische Differenz zu den anderen Unterrichtsinhalten und -verfahren, während „Werkhören" sich klarer vom Werken in der Instruktion und vom nachgestalteten Musizieren in der Reproduktion absetzt. Indessen erschöpfen sich Unterrichtsinhalt und -verfahren ja nicht, wie etwa im Konzert, im „Hören" von Musik. Solche begrifflichen Unschärfen scheint die häufig anzutreffende Bezeichnung „Werkbetrachtung" zu beheben. Sie wird aber der prozessualen Dynamik der Klang-Zeit-Kunst nicht gerecht, so legitim visuell-statische Anschauungshilfen sein mögen. Ganz abwegig ist es, in akademischer Abstraktion von „Musikgeschichtsunterricht" (...) zu sprechen. Denn zumal im Blick auf unsere Altersstufen ist zu bedenken: <u>Das Kunstwerk erschließt sich dem Schüler in der Grund- und Hauptschule primär nicht historiographisch, sondern ideographisch</u>, d. h. nicht als ein geschichtliches Dokument, sondern als gegenwärtige, existentielle Aussage, wenngleich sein geschichtlich-gesellschaftlicher Kontext im Unterricht nicht auszuklammern ist.*
> (Antholz ³1976, S. 164 f.)

Halten wir fest: Unter dem Begriff „Rezeption von Musikwerken" soll eine Tätigkeit begriffen werden, die dem musikalischen Gegenstand (dem Musikwerk) entgegenkommt, zugleich aber darin die Passivität des nur-Aufnehmens auf eine aktive Komponente hin überschreitet. Beide Momente finden im Begriff „Begegnung" zusammen. Daher gewinnt bei Antholz der Begriff „Rezeption" die folgende positive Bestimmung:

> *Wir fassen Rezeption, wie schon angedeutet, als Korrespondenzbegriff von Produktion. Beide konvergieren in der produktiven Rezeptivität des Höraktes. Rezeption ist ein „Angriffsakt" (wie E. Jünger einmal rechtes Sehen kennzeichnete). Re-ceptio als offene Aufnahme, als hörende Entgegennahme ist zugleich Entgegnung, Rück-wirkung auf das Hörwerk, Rückantwort, rezeptive Spontaneität (...). Der Topos von der Begegnung mit dem Kunstwerk, worauf es im Unterricht ankomme, ist ästhetisch und lerntheoretisch dialogisch zu bedenken und zu profilieren.*
> (Antholz ³1976, S. 165)

Antholz verwendet den Begriff der *produktiven Rezeptivität*. Diese Vorstellung hat Konsequenzen für den Prozeß des Auslegens, des Interpretierens von Musik, in dem es daher nicht um Nacherleben, sondern um N a c h k o n s t r u k t i o n geht:

> *Das Kunstwerk rückt in den Reflexionskreis der kunstdidaktischen Analyse als ein Mach-Werk. Denn es hat – sagen wir behutsam: auch – eine „künstliche Realität", weil „es wesentlich (nicht nur zufällig) nicht ‚gegeben', sondern ‚gemacht' ist". Der Umschlag der kunstwerklichen Konzep-*

tion vom Sicheinschwingen in das Wirk-Werk zur gegenständlichen Auseinandersetzung mit dem Mach-Werk soll die Didaktik der Rezeption nicht an einer modernen Ästhetik und ihren „naturwissenschaftlichen Grundlagen" ausrichten (wenngleich sie gerade von der Informationsästhetik noch Aufschlüsse über die kunstwerkliche Kommunikation erwarten dürfte). Indessen tragen poetologische Aspekte des Kunstwerks der Rezeption „handliche" Verfahren an, die wir schon in der Instruktion bevorzugten. Diese ermöglichen kognitive und „intelligente" Leistungsformen des „Nachkonstruierens und Nachdenkens" schon auf frühen Stufen.
(Antholz ³1976, S. 170 f.)

Reproduktion

Mit dem Begriff *Reproduktion* umschreibt Antholz ein drittes Unterrichtsfeld. Die musikbezogene Tätigkeit, die innerhalb dieses Feldes ausgebildet werden soll, nennt er *hörendes Nachgestalten* (a. a. O. S. 128):

Reproduktion meint die angemessene klingende Wiedergabe eines Musikwerkes, die sich Zuhörern als schöpferische Nachgestaltung mitteilt, sei es in unmittelbarer Darbietung (Vortrag), sei es über technische Mittler (Aufnahme) oder auch in beiden Vermittlungsformen zugleich (Vortrag, auf Band aufgenommen). Reproduktion ist eine Kategorie der Musik, ja, ihr Existential. Denn Musik braucht die Aufführung. Daher auch ist Reproduktion aus dem Musikunterricht, der auf Introduktion in Musikkultur zielt, nicht zu eliminieren.
(Antholz ³1976, S. 182)

Wie Sie sehen, wird die didaktische Begründung dieses Unterrichtsfeldes daraus abgeleitet, daß Reproduktion als *Existential* der Musik gedeutet wird. Dieser der Existenzphilosophie Martin Heideggers entnommene Begriff meint die Art und Weise der Existenz, den „Seinscharakter" der Musik: Musik ist nur in der verklanglichenden Reproduktion existent. Ziel des hörenden Nachgestaltens ist daher die „werkgerechte Aufführung" bzw. - wie oben formuliert – *die angemessene klingende Wiedergabe eines Musikwerkes*.

Die Organisation des Musikunterrichts an der allgemeinbildenden Schule in Form von Klassenunterricht läßt keine Unterweisung im Instrumentalspiel zu. Reproduktion als Umgangsweise der Schüler mit Musik bedeutet somit vornehmlich Sing-Praxis, und zwar eine solche, die mit zunehmendem Alter der Schüler sich aus dem Klassenunterricht heraus in klassenübergreifende schulische und außerschulische Aktivitäten hineinverlagert. Dennoch soll im Zusammenspiel mit Instruktion und Reflexion die angemessene Wiedergabe von Musikstücken Element des reproduzierenden Umgangs mit Musik bleiben. Sie wird, wie Antholz doppelsinnig meint, zum *Kunststück* des Musikunterrichts (³1976, S. 188).

Antholz unterscheidet drei Qualitätsstufen des reproduzierenden Umgangs mit Musik. Sie sind für ihn so wichtig, daß er sie in die Abgrenzung des gesamten Unterrichtsfeldes einbezieht: Übung – Probe – Aufführung.

<u>*Reproduktion:*</u> *Üben und Proben, Aufführen und Aufnehmen (Tonband) von Musikstücken unter ständiger Kontrolle des Mit- und Abhörens.*
Ziel: hinreichende Fertigkeiten für werkadäquate Nachgestaltung.
(Antholz ³1976, S. 129)

Information

Der durch Michael Alt 1968 in die musikdidaktische Diskussion eingebrachte Begriff *Information* wird von Heinz Antholz – trotz eines logisch-begrifflichen Bedenkens – übernommen: Information ist ein jegliche Form von Unterricht kennzeichnendes Moment. Folglich muß der Begriff im Hinblick auf den Musikunterricht näher bestimmt werden, sofern er dort als strukturierendes Moment gelten will. Antholz vollzieht dies über eine Bestimmung der Aufgaben musikunterrichtlicher Information:

> *Aufgabe der Information im Musikunterricht ist es, den jungen Menschen als „Empfänger" von Musik mit ihren breit gestreuten „Sendern", deren Einrichtungen und Veranstaltungen, Wirken und Wirkung, Produzenten und Konsumenten, kurz: mit dem öffentlichen „Musikwesen" bekannt zu machen, und zwar möglichst „vor Ort", um Orientierungshilfen in der aktuellen Hörumwelt zu geben und Auffassungskategorien und Auswahlprinzipien bereitzustellen.*
> (Antholz ³1976, S. 191)

Antholz nennt dieses Ziel der Information auch *Hörerziehung im Horizont des „Verbrauchers"* (³1976, S. 191). Diesen Aspekt der Information formuliert Antholz noch in einer zweiten Form:

> *Introduktion in Musikkultur vollzieht sich auf dem Feld der Information weniger am* Was *der Musik, sondern richtet sich mehr auf das* Wo, Wie *und* Warum *der Produktion von Musik, ihrer technischen Reproduktion und gesellschaftlichen Funktion. Um es an zwei Beispielen deutlich zu machen: Ist der Schlager in der Rezeption Gegenstand der musikalischen und textlichen Analyse (wie er „gemacht ist", was er aussagt), interessieren in der Information mehr seine gesellschaftlichen Determinanten einschließlich der kommerziellen Momente (wie er „fabriziert wird", auf den Markt kommt und „sich verkauft"). Der Information geht es nicht um die Rezeption und Interpretation einer Oper, sondern um den (vielleicht ersten) Besuch eines Opernhauses, möglichst auch um seine „Besichtigung", und sei es nur an Hand von Bildmaterial und Beschreibung räumlicher, technischer und organisatorischer Details. Der junge Besucher soll nicht nur* auf *die Musik hören und auf die Bühne schauen, sondern quasi auch* hinter *die Musik und ihre Szene. Das gilt besonders für die medienvermittelte Musik.*
> (Antholz ³1976, S. 191 f.)

Schließlich arbeitet Antholz an der Information noch einen dritten Aspekt heraus:

> *Information im Unterricht in Musik ist mithin nicht nur ein Beitrag zur Introduktion in objektive und subjektive Musikkultur, sondern auch ein Stück kulturpolitischer und politischer Bildung.*
> (Antholz ³1976, S. 196)

Für den Hauptschulbereich (wir dürfen schließen: für die gesamte Sekundarstufe I) werden vier Bereiche, Problemkreise der Information genannt:

  1. *Musik und Gesellschaft*
  2. *Musik und Politik*
  3. *Musik und Wirtschaft*
  4. *Musik und Bildung*

Diese Problemkreise sind als Rahmen zu betrachten; denn eine inhaltliche Füllung wird unter den sich sehr schnell ändernden „Realgegebenheiten" des Musiklebens immer wieder neu zu entwickeln sein.

Zum Schluß die zusammenfassende Antwort von Heinz Antholz auf unsere Frage „Welche Umgangsweisen mit Musik werden unter dem Begriff I n f o r m a t i o n zielgerichtet zu einem Unterrichtsfeld verknüpft?":

Information: Beobachtung oder Besuch von Ereignissen, Einrichtungen und Persönlichkeiten des öffentlichen Musiklebens.
Bericht, Gespräch oder Diskussion darüber.
Ziel: Orientierung in den vielfältigen Erscheinungen heutiger musikalischer Hörwelt, ihren Institutionen und Medien, Gewinnung von Ordnungsvorstellungen und Maßstäben.
(Antholz ³1976, S. 129)

3.2 Umgangsweisen mit Musik und Methodenreflexion

Wir sahen, daß bei Heinz Antholz die Frage ins Blickfeld rückte, ob nicht den Umgangsweisen mit Musik zugleich eine unterrichtsmethodische Bedeutung zukäme. Bei ihm – wir erinnern uns – unterblieb die detaillierte Ausarbeitung von Folgerungen aus dieser Überlegung. Im Zuge der auch in der Musikdidaktik sich vollziehenden Rückbesinnung auf das Problem der Unterrichtsmethode, ein lange Jahre vernachlässigtes Gebiet, machte Wilfried Fischer 1982 einen Vorschlag zur Verknüpfung von Umgangsweisen mit Musik und unterrichtsmethodischen Gesichtspunkten. Unter Rückgriff auf den Methodenbegriff der *Berliner Schule der Didaktik* (Heimann/Otto/Schulz) und unter Einbeziehung der Venusschen Klassifikation der Umgangsweisen argumentiert er:

Es kann nämlich kaum ein Zweifel daran bestehen, daß sich seit Erscheinen der „Unterweisung im Musikhören" das musikdidaktische Methodendenken primär an den musikalischen Verhaltensweisen orientiert, und zwar in einem Maße, das fast von einer Verabsolutierung dieser einen Ebene des Methodenproblems zu sprechen erlaubt. Dies geht soweit, daß in Lehrerbänden neuerer Unterrichtswerke Vorschläge für einen Wechsel der Sozialform, da sie nur selten vorkommen, den Charakter mehr „akzidentieller" methodischer Anleitungen gewinnen gegenüber den „essentiellen" Vorschlägen zum Wechsel der musikalischen Aktionsformen.
(Fischer 1982, S. 130 f.)

Das heißt, Methodenwechsel im Musikunterricht konkretisiert sich als Wechsel der Umgangsweisen mit Musik, und zwar durchaus unter Beibehaltung eines einzigen „Gegenstandes", sofern dies notwendig erscheint.
  Fischer stellt sich die Verknüpfung von Umgangsweisen mit Musik und Unterrichtsmethode in der Weise vor, *daß man den geplanten Unterrichtsinhalt nach einem an diesem System* (sc. der Umgangsweisen mit Musik) *orientierten Raster aufschlüsselt, genauer: die musikalischen Verhaltensweisen der Reihe nach daraufhin befragt, welchen methodischen Beitrag sie zum Unterrichtsverlauf leisten können* (Fischer 1982, S. 132).
  In Anlehnung an Venus stellt Fischer ein System von Umgangsweisen mit Musik vor, das in seiner weitergehenden Differenzierung die unterrichtsmethodischen Möglichkeiten aufzeigen will:

SINGEN/SPIELEN/ IMPROVISIEREN	*mit der Stimme und/oder Instrumenten umgehen im Sinne von: realisieren, begleiten, experimentieren, improvisieren, verklanglichen und darüber nachdenken*
HÖREN	*zuhören, erkennen, bestimmen, vergleichen, ordnen, zuordnen, über das Gehörte nachdenken, Vermutungen über noch nicht Gehörtes anstellen*
MIT NOTATION UMGEHEN	*mit traditioneller oder graphischer Notation umgehen im Sinne von: notieren, Notationen zuordnen, Klangerwartungen zusammentragen, über Notation nachdenken*

MUSIK IN BEWEGUNG, SZENE, BILD UMSETZEN	*Musik in Bewegungen umsetzen, tanzen, Musik mimisch, gestisch, szenisch darstellen und über die Darstellung nachdenken, musikalische Eindrücke in Form und Farbe übertragen*
ERFINDEN/BASTELN	*erfinden von Texten, Szenen, Tonbandcollagen, experimentieren im Zusammenhang mit der Einführung in die Grundlagen der Akustik bzw. der Medientechnologie, Instrumente basteln*
NACHDENKEN	*sich mit musikalischem Material, der Musikkultur, der musikalischen Umwelt auseinandersetzen im Sinne von: analysieren, schlußfolgern, begründen, erklären, zuordnen, Aufgaben lösen usw.*

(Fischer 1982, S. 133)

Der Vergleich mit der Venusschen Klassifikation läßt zwei Änderungen erkennen:
1. Die Venusschen Kategorien *Reproduktion* und *Produktion* werden zu *Singen/Spielen/Improvisieren* zusammengefaßt, weil in der Schulpraxis, wie Fischer meint, *sich die entsprechenden musikalischen Aktivitäten: Singen, Spielen und Improvisieren ständig überschneiden* (1982, S. 132).
2. Hinzugefügt werden die Kategorie *Mit Notation umgehen*, weil hierin der besonderen methodischen Bedeutung des musikalischen Zeichensystems Rechnung getragen werden kann, und die Kategorie *Erfinden/Basteln*.

Fischer sieht zweifellos etwas sehr Richtiges, wenn er die Umgangsweisen mit Musik und unterrichtsmethodische Gesichtspunkte eng miteinander verknüpft. Jegliche unterrichtsmethodische Gesamtperspektive, ja, jedes Detail des gesamten Arrangements musikalischen Lernens und musikalischer Aneignungsprozesse in der Schule zielen darauf ab, den Schüler zu einem tätigen Umgang mit Musik und Musiken, zu dem auch das Nachdenken, die Reflexion zählt, zu veranlassen. Dadurch reichen die Formen des Umgangs mit Musik strukturell weit in die methodische Konzeption von Musikunterricht hinein. Ansatzweise hatte Heinz Antholz diesen Gesichtspunkt bereits 1970 vorgetragen, wie wir gesehen haben. Wilfried Fischer arbeitet ihn aus und konkretisiert ihn. Dabei kommt die implizit methodische Potenz der Umgangsweisen mit Musik zum Vorschein. Fischer trägt dem „Zugzwang" Rechnung, der von ihnen auf die methodischen Strukturmomente – auf die Sozial- und Aktionsformen (= Kooperationsformen), auf das Verhältnis von musikalischen zu sprachlichen Kommunikationsanteilen, auf die Regulative des Mediengebrauchs usf. – ausgeht.

    Eine jede didaktische Konzeption wirft – indem sie eine n e u e Sichtweise eröffnet – zugleich eine Reihe von Fragen auf, die sie selbst noch nicht beantwortet bzw. beantworten kann, die aber einer Antwort harren. Fischers Überlegungen machen diesen für jede Wissenschaft charakteristischen Sachverhalt besonders gut sichtbar, weil sie zu einer Vielzahl von Fragen anregen und damit ein Weiterdenken ermöglichen. Wir wollen das im folgenden verdeutlichen.
- Die erste Frage gilt der Begrifflichkeit: Fischer greift die Terminologie von Lemmermann auf, in der V e r f a h r e n d e r H ö r e r z i e h u n g als U n t e r r i c h t s m e t h o d e n bestimmt werden (vgl. Lemmermann ²1978, 281 ff.). Wir dagegen meinen, daß Verfahren der Hörerziehung E l e m e n t e von Unterrichtsmethoden sind, und zwar deshalb, weil ihre Qualität und ihr Ort im U n t e r r i c h t s g e s c h e h e n erst durch eine grundlegende Handlungsperspektive des Musiklehrers, eben eine U n t e r r i c h t s m e t h o d e, bestimmt wird. So kann zwar die von Fischer mit Hinweis auf Lemmermann erwähnte Methode der Hörerziehung *Auffälligkeitssammlung* der Umgangsweise „Hören" zugeordnet werden; doch ist damit ihre u n t e r r i c h t s m e t h o d i s c h e Qualität, ihr Ort, an dem sie im Kontext weiterer methodischer Elemente angesiedelt ist, noch nicht bestimmt. Diese Bestimmung kann erst in dem Augenblick erfolgen, in dem darüber entschieden ist, ob eine musikbezogene Tätigkeitsform als Z i e l bzw.

Inhalt oder als Element innerhalb des Gesamts der Kooperationsformen einer Musikstunde, einer Unterrichtsreihe usf., d. h. als Baustein einer methodischen Gesamtkonzeption der betreffenden unterrichtlichen Einheit gesetzt worden ist (vgl. dazu Kapitel C. 3.1, 3.3 und 3.4). Daher können Hörerziehungsmethoden wie „Methode der *Liedbrücke*" (ein Lied, das in einem Werk verwendet wird, wird vorweg behandelt), *Auffälligkeitssammlung* usf. (Fischer 1982, S. 133) ganz unterschiedliche unterrichtsmethodische Funktionen einnehmen.

- Eine Aussage wie *die Tatsache der weitgehenden Analogie von Methoden und musikalischen Verhaltensweisen* (Fischer 1982, S. 143) oder eine These wie die, *daß sich der musikdidaktische Methodenbegriff im wesentlichen am System der musikalischen Verhaltensweisen orientiert* (Fischer 1982, S. 134 f.), legen die Vermutung nahe, daß Umgangsweisen mit Musik absolute Größen seien und ihre Ordnung einem systematischen Kriterium folge: Der Begriff *System der musikalischen Verhaltensweisen* verweist im Systembegriff auf eine hierarchische Ordnung und im Begriff der musikalischen Verhaltensweisen auf eine eindeutige Bestimmbarkeit von und eine Invarianz der musikalischen Tätigkeitsformen.

  Die bisherige Diskussion der Umgangsweisen mit Musik hat bereits gezeigt, und die folgenden Erwägungen werden diesen Eindruck verstärken, daß die Anzahl der Umgangsweisen, deren Ordnungsprinzip und die zugewiesene didaktische Qualität – je nach Autor – ganz unterschiedlich ausfallen; nur in der Tatsache, daß es überhaupt Umgangsweisen mit Musik gibt und daß sie alle miteinander in irgendeiner Weise zusammenhängen, ist man sich innerhalb der musikdidaktischen Fachdiskussion einig. Es scheint kein notwendiges und kein hinreichendes Prinzip für die Anzahl und die Ordnung von Umgangsweisen mit Musik zu geben. Alle bisher gemachten Vorschläge der Sammlung und Systematisierung haben ein gewisses Maß an Plausibilität.

- Fischer berührt mit seinen Überlegungen ein weiteres Problem, das man – in Anlehnung an Hilbert Meyers Überlegungen zur Inhaltsfrage (1971) – als „Deduktionsproblem der Unterrichtsmethode" bezeichnen kann. Fischer ist der Ansicht, daß erst nach Abklärung der Möglichkeiten handlungsorientierter Zugänge zu einem Unterrichtsgegenstand die Abfolge der Lernphasen (d. h. die Artikulation des Unterrichts), die Folge von Kooperationsformen und der sinnvolle Medieneinsatz festzulegen seien (Fischer 1982, S. 143). Demgegenüber wird man wohl daran festhalten müssen, daß erst die an einer bestimmten Zielvorstellung orientierte Wechselwirkung verschiedener unterrichtsmethodischer Elemente eine bestimmte Musikunterrichtsmethode konstituiert (vgl. dazu das Kapitel „Methoden des Musikunterrichts").

  Ähnliches gilt für den Unterrichtsgegenstand, wenn von diesem Zugänge, also Umgangsweisen mit Musik abgeleitet werden. Es dürfte unmittelbar einleuchten, daß jeder musikalische Zusammenhang prinzipiell alle Umgangsweisen mit Musik zuläßt: an einem Lied z. B. können alle Umgangsweisen mit Musik zur Geltung gebracht werden; aber welche Umgangsweise(n) mit Musik der Lehrer in einer konkreten Unterrichtssituation bei seinen Schülern sich entfalten lassen will, das geht keineswegs allein aus dem Unterrichtsgegenstand hervor. Dieser ist Resultat einer Entscheidung, die auf dem Hintergrund einer bestimmten Ziel- und Methodenkonzeption in Verbindung mit einem bestimmten musikalischen Sachverhalt diesen Unterrichtsgegenstand als Unterrichtsinhalt erst hervorbringt.

Abschließend wollen wir einige weiterführende Hinweise, die man aus den vorstehenden Überlegungen für die Erörterung von Umgangsweisen mit Musik gewinnen kann, zusammenfassen:
1. Bei zukünftigen Überlegungen wird man verstärkt Unterrichtsmethode im Sinne von einzelnen Unterrichtsverfahren, Unterrichtstechniken einerseits und Methode im Sinne

einer den Musikunterricht als – zeitlich jeweils begrenzte – prozessuale Einheit von Schüler- und Lehrerhandeln anregenden und leitenden Vorstellung andererseits konsequent auseinanderhalten müssen.
2. Man wird sehr genau darauf achten müssen, ob sich unterschwellig eine zirkuläre Begründungsstruktur geltend macht. Sie zeigt sich z. B., wenn eine unterrichtliche *Handlungsstrategie, die sich in allen Bereichen des Musiklernens und allen inhaltlichen Zusammenhängen mit gleichem Gewinn anwenden läßt* (Fischer 1982, S. 131 f.) aus dem „System der musikalischen Verhaltensweisen" abgeleitet wird: Man wählt einen Unterrichtsinhalt. Ihn zerlegt man in musikalische Verhaltensweisen. Dann befragt man *die musikalischen Verhaltensweisen daraufhin (...), welchen Beitrag sie zum Unterrichtsverlauf leisten können*. Das Problem liegt auf der Hand. Man leitet etwas aus demjenigen ab, was man zuvor eigentlich schon vorausgesetzt haben muß: Wenn ich musikalische Verhaltensweisen daraufhin befrage, welchen Beitrag sie zum Unterrichtsverlauf leisten können, dann muß ich bereits einen Unterrichtsverlauf antizipiert haben, d. h. ich muß die einzelnen unterrichtstechnischen Elemente bereits zu einem methodischen Konzept für die betreffende Unterrichtseinheit oder Unterrichtsreihe zusammengebunden haben. Kurz, um musikalische Verhaltensweisen als Momente von Unterrichtsmethode bestimmen und nutzen zu können, muß ich nicht nur einen Begriff von Methode, sondern die Methode selbst bereits voraussetzen.
3. Schließlich machen Fischers Überlegungen darauf aufmerksam, daß zukünftig verstärkt nach einem **didaktischen Prinzip** zur Bestimmung, Ordnung und Gewichtung von Umgangsweisen mit Musik geforscht werden muß. Ansätze dazu finden sich in einigen musikdidaktischen Konzeptionen bereits: So wird in der Theorie von Heinz Antholz das Prinzip „Hörerziehung" in einer Weise gewichtig, daß es – auch begrifflich – alle Unterrichtsfelder, und damit die darin angesiedelten Umgangsweisen mit Musik durchwirkt. Ähnlich ist die Situation bei Alt. Sein Prinzip der *Orientierung am Kunstwerk* führt zu einer deutlichen Dominanz des Funktionsfeldes „Interpretation". Ein drittes, in dieser Hinsicht recht überzeugendes Beispiel bildet das Konzept der *Didaktischen Interpretation* von Ehrenforth und Richter. Darin führt das Postulat der *Horizontverschmelzung eines Hörobjekts und eines Hörsubjekts* (Richter 1976, S. 7; vgl. auch Ehrenforth 1971, S. 34) zu einer spezifischen Gewichtung interpretatorischer Tätigkeit.

3.3 Umgangsweisen mit Musik in der Lernzieldiskussion

1974 legte Klaus Füller eine Arbeit zur *Lernzielklassifikation und Leistungsmessung im Musikunterricht* vor. Hierin arbeitete er für die Musikpädagogik einen Forschungsstand auf, der wesentlich auf die Arbeiten einer amerikanischen Forschergruppe um Benjamin S. Bloom seit 1948 zurückgeht.

Die Publikation von Forschungsergebnissen dieser Gruppe erfolgte 1956 (deutsch: Bloom u. a. 1972) und 1964 (deutsch: Krathwohl u. a. 1975). Diese Arbeiten werden auch unter dem Begriff des „taxonomischen Ansatzes" in der Lehrplan- und Curriculumforschung geführt.

Wir wollen zunächst die folgenden Begriffe bzw. Sachverhalte einer ersten Klärung zuführen: 1. Was ist eine Taxonomie? und 2. Was hat diese mit Umgangsweisen mit Musik zu tun? Beide Fragen wollen wir vorerst nur soweit abklären, daß ein elementares Verständnis sich herausbilden kann.

Unter einer Taxonomie versteht man ganz allgemein ein Ordnungs- bzw. Klassifikationsschema (τάξις = griech. Ordnung, Reihenfolge und νόμος = griech. Grundsatz, Regel).

Wird der Begriff Taxonomie in allgemeinpädagogischen oder musikpädagogischen Zusammenhängen verwendet, versteht man darunter eine Vorschrift zur Ordnung von L e r n z i e l e n, die man ihrerseits als Erziehungsergebnisse bestimmen kann (vgl. Bloom u. a. 1972, S. 24).

Im Begriff „Erziehungsergebnis" ergibt sich der Übergang zu unserer zweiten Frage und damit zu den Umgangsweisen mit Musik:

Die Unzufriedenheit mit zu weitschweifigen, manchmal auch zu hochtrabenden Lernzielen (die musikpädagogische und musikdidaktische Literatur bis in die sechziger Jahre hinein ist voll davon!) der älteren Didaktik hat dazu geführt, daß man zunehmend bestrebt war, Lernziele als vom Schüler bzw. Lernenden zu erwerbende Verhaltensweisen zu definieren. Diese Verhaltensweisen sollen beobachtbar und damit empirisch überprüfbar sein. R. F. Mager gibt ein anschauliches (ironisches) Beispiel für den musikpädagogischen Bereich, für das Lernziel „Musikverständnis entwickeln". Für Mager entscheidet sich an der Schlüsselfrage „Was tut der Lernende, wenn er nachweist, daß er das Ziel erreicht hat?" (im konkreten Fall: Was tut er, wenn er nachweist, daß er Musik versteht?), ob eine bestimmte Formulierung als Lernziel qualifiziert ist oder nicht. D. h., in einem Lernziel gibt man die Operationen an, die – sofern sie ausgeführt werden – als Beleg der Zielerreichung durch den Lernenden gelten. Unter diesem Gesichtspunkt ist ein Lernziel wie „Musikverständnis entwickeln" viel zu ungenau; denn alle der im folgenden genannten „Verhaltensweisen" könnten als Beleg für das erworbene entwickelte Musikverständnis gelten:

(1) Der Lernende seufzt ekstatisch, wenn er Bach hört.
(2) Der Lernende kauft eine Hi-fi-Einrichtung und Schallplatten im Werte von 500 Dollar.
(3) Der Lernende beantwortet 95 Auswahl-Antwort-Fragen zur Musikgeschichte richtig.
(4) Der Lernende schreibt einen flüssigen Aufsatz über die Bedeutung von 37 Opern.
(5) Der Lernende sagt, „Mann, glaub mir, ich bin Fachmann. Es ist einfach großartig".
(Mager 1972, S. 15; vgl. S. 107 des vorliegenden Buches)

Wir wollen festhalten:
Im taxonomischen Curriculumansatz laufen zwei Bemühungen zusammen:
1. Lernziele sollen bestimmten Prinzipien entsprechend geordnet werden (können).
2. Lernziele sollen handlungs(verhaltens)bezogen definiert werden.
Im folgenden stellen wir die Taxonomie von musikbezogenen Lernzielen, wie sie Füller 1974 vorgelegt hat, im einzelnen vor:

I Musikkundliche Kenntnisse

Kognitiver Bereich	*Affektiver Bereich*	*Psychomotorischer Bereich*
1) *Kenntnis von Daten und Fakten* *Bsp.: Biographische Daten, Entstehungs- und Aufführungsdaten, verbale Zuordnung Werk/Komponist*	1) *Beachtung musikkundlicher Kenntnisse* *Bsp.: Programmhefte, Plattenhüllen etc. beachten*	1) *Referieren musikkundlicher Kenntnisse*
2) *Kenntnis über das musikalische Material und seine Eigenschaften* *Bsp.: Arten der Klangerzeugung*	2) *Auf Anweisung musikkundliche Kenntnisse erwerben* *Bsp.: Kürzere Abschnitte in Lehr- und Fachbüchern lesen*	2) *Schriftliche oder graphische Darstellung musikkundlicher Kenntnisse*
3) *Kenntnis von Symbolen und Terminologie* *Bsp.: Zeichen für Klangeigenschaften*	3) *Interesse an musikkundlichen Kenntnissen zeigen* *Bsp.: Selbständig musikbiographische, musikhistorische und musikwissenschaftliche Darstellungen lesen*	3) *Transformation musikkundlicher Kenntnisse, z. B. bewegungsmäßig*
4) *Kenntnis von Zeichen- und Ordnungssystemen* *Bsp.: Prinzipien musikalischer Ordnung (Wiederholung, Kontrast), satztechnische Ordnungen (Kontrapunkt, Homophonie), Periodenbildung, taktliche und tonale Ordnungen*	4) *Freude am Sammeln und Ordnen musikkundlicher Kenntnisse finden* *Bsp.: Literatur zu einem speziellen Thema sammeln (Komponist, Werk), monographische Darstellung eines musikkundlichen Themas*	
5) *Kenntnis von Konventionen und Definitionen* *Bsp.: Partituraufbau, begriffliche Abgrenzungen*		
6) *Kenntnis von Beurteilungskriterien* *Bsp.: Entwicklungsgesetze musikalischer Gestaltung (Reihenformen, Entwicklungsformen), Spannungs- und Entspannungsabläufe, Entsprechung von Form und Inhalt*		
7) *Kenntnis von Struktur- und Entwicklungszusammenhängen*		

II Musikhören

Kognitiver Bereich	Affektiver Bereich	Psychomotorischer Bereich
Rational strukturierendes Hören	Emotional betontes Hören	
1) Differenzierendes Hören ohne Bezug zur Notenschrift	1) Hörbereitschaft gegenüber gestaltetem Hörbaren entwickeln	1) Bewegung als Reaktion auf Musik
2) Verfolgen eines musikalischen Ablaufs in einer anderen Kommunikationsform (Notenschrift, Graphik, Bewegung)	2) Aufnahmebereitschaft für Musik verschiedenster Arten entwickeln (ästhetische Toleranz)	2) Musikmachen als Reaktion auf Musik
3) Übertragung einer Kommunikationsform in eine andere, z. B. Musik – Sprache, Musik – Graphik, Musik – Bewegung	3) Funktionsgebundenheit und Ausdrucksqualität von Musik erfahren	3) Malen als Reaktion auf Musik
4) Formungsprinzipien in einem Musikstück wiedererkennen, z. B. Wiedererkennen der Prinzipien Kontrast, Wiederholung etc., formale Identifikation eines Musikstückes	4) Interesse am Hören von Musik verschiedenster Art entwickeln	
5) Formungsprinzipien aus einem Musikstück herausabstrahieren, z. B. sprachliche Beschreibung von Formungsprinzipien aufgrund von Höreindrücken	5) Musikhören als Mittel persönlicher Bereicherung empfinden	
6) Formungsprinzipien als Gestaltungsmittel erkennen		

III Reproduktion

A) *Innere Reproduktion (Ton- bzw. Klangvorstellung)*
B) *Äußere Reproduktion (Ton- bzw. Klangrealisation):* a) *vokal*
　　　　　　　　　　　　　　　　　　　　　　　　　b) *instrumental*
　　　　　　　　　　　　　　　　　　　　　　　　　c) *mimisch*
　　　　　　　　　　　　　　　　　　　　　　　　　　 gestisch
　　　　　　　　　　　　　　　　　　　　　　　　　　 tänzerisch

Kognitiver Bereich	Affektiver Bereich	Psychomotorischer Bereich
1) Graphisch initiierte Reproduktion Bsp.: Vom Blatt spielen oder singen	1) Freude am Reproduzieren allein und/oder in Gruppen	1) Imitation

Umgangsweisen mit Musik

Kognitiver Bereich	Affektiver Bereich	Psychomotorischer Bereich
2) Abstrahierend gliedernde Reproduktion Bsp.: Manuelle, optische und logische Gliederung	2) Inneres Miterleben beim Reproduzieren	2) Manuelle Automatisierung
3) Bewußt von übergeordneten Gesichtspunkten her gestaltende Reproduktion	3) Reproduzieren als Mittel persönlicher Bereicherung erfahren	3) Eingehen auf spezielle mündliche oder schriftliche Anweisungen
4) Gedächtnismäßig reflektierte Reproduktion Bsp.: Auswendig spielen oder singen	4) Reproduzieren als Mittel des Selbstausdrucks erfahren	4) Unabhängigkeit von äußeren Vorbildern
		5) Bewußte Handlungsgliederung hinsichtlich übergeordneter Prinzipien
		6) Nachschaffende künstlerische Gestaltung

IV Interpretation

Kognitiver Bereich	Affektiver Bereich	Psychomotorischer Bereich
1) Wiedererkennen von Musikwerken (singulär oder gattungsmäßig) Bsp.: Sinfonie in h-Moll von Schubert, Klaviersonate von Beethoven	1) Vertrautheit mit individuellen Musikstücken	
2) Anwendung von Kenntnissen, Hörerfahrungen und Reproduktionserfahrungen auf die Analyse von Musikstücken Bsp.: Einordnung eines gegebenen Werkes nach Komponist, Gattung, Stil, Zeit u. ä.	2) Personal-stilistische Einordnung eines Musikstückes aufgrund des Gesamteindruckes	
3) Zergliederung eines Musikstückes in seine konstituierenden Elemente Bsp.: Formaler Aufbau, Instrumentierung, Klangfarbe, Programm etc.	3) Gefühl für die vergleichende Wertung von Musikstücken	
4) Verhältnis der Elemente zueinander und zum Werkganzen	4) Aufbau einer differenzierten Wertungshaltung, die flexibel ist	

Kognitiver Bereich	Affektiver Bereich	Psychomotorischer Bereich
Bsp.: Beurteilung der formalen Ausgewogenheit, Gliederung des Ablaufs in wichtige und weniger wichtige Teile	Bsp.: Gegensätzliche Gesichtspunkte beim Werten angemessen berücksichtigen können	
5) Erkennen von Organisationen, Strukturen, Gattungen und Formen in differenzierter Art		
6) Einordnung eines Werkes in biographische, historische und soziologische Bezüge anhand der Hör- und Reproduktionserfahrung		
Bsp.: Umfassende monographische Darstellung eines Musikwerkes unter Berücksichtigung aller Quellen und der Sekundärliteratur		

V Produktion

Kognitiver Bereich	Affektiver Bereich	Psychomotorischer Bereich
1) Gegebenes Material nach vorgegebenem Plan verändern	1) Freude am Bearbeiten vorgegebenen Materials	1) Spontane Veränderung von gegebenem Material aufgrund vorgegebener manueller Modelle
Bsp.: Zu einer Liedmelodie eine ostinate Begleitung entwerfen		
2) Gegebenes Material nach eigenem Plan verändern	2) Versuch, als wertvoll Erkanntes zu realisieren	2) Veränderung und Gestaltung aufgrund bewußter Vorstellungen und Prinzipien
Bsp.: Freie Variationen über ein gegebenes Thema	Bsp.: Versuch ein funktionsgebundenes Musikstück zu schreiben	
3) Eigenes Material nach Plan schaffen		3) Veränderung und Gestaltung aufgrund spieltechnischer Zweckmäßigkeit
Bsp.: Komposition einer Fuge		
4) Eigenes Material frei schaffen		
Bsp.: Vertonung eines Textes		
5) Ästhetische und philosophische Theorien über Materialproduktion entwickeln		

(Füller 1974, S. 60 ff.)

Eine Analyse zeigt:
Füller entnimmt der fachdidaktischen Diskussion der Jahre zwischen 1968 und 1971 fünf Umgangsweisen mit Musik, welche das Gesamt möglicher Umgangsweisen mit Musik repräsentieren sollen:
- Musikkundliche Kenntnisse,
- Musikhören,
- Reproduktion,
- Interpretation,
- Produktion.

Füller behauptet weiterhin, daß diese fünf Verhaltensweisen zusammengesehen eine H i e r a r c h i e bilden, d. h. musikkundliche Kenntnisse bilden die Voraussetzung für Musikhören, Musikhören die Voraussetzung für Reproduktion usf. (Füller 1974, S. 57 f.).

Diese Verhaltensklassen der Musik gegenüber werden in sich d r e i f a c h d i m e n s i o n i e r t, d. h. nach kognitiven, affektiven und psychomotorischen Anteilen aufgesplittert.

Die einzelnen nach Verhaltensdimensionen aufgegliederten Umgangsweisen mit Musik erfahren eine weitergehende innere Differenzierung. Dabei übernimmt Füller das strukturierende Prinzip der zunehmenden Komplexität der Lernziele von Bloom und Mitarbeitern und ergänzt dieses um das der *zunehmenden Relevanz hinsichtlich musikalischer Leistungen*.

Die Binnendifferenzierung der fünf Grundkategorien ist n i c h t h i e r a r c h i s c h sondern a d d i t i v zu verstehen. Das soll heißen: Innerhalb z. B. des kognitiven Bereichs der Lernzielklasse „Musikhören" ist ein Lernziel, das in die 6. Unterklasse (Formungsprinzipien als Gestaltungsmittel erkennen) fällt, nicht erst nach Erreichen der vorausgegangenen 5 Lernzielebenen anzusteuern, sondern alle 6 Lernzielklassen ergänzen sich gewissermaßen zu der Gesamtheit: Kognitive Dimension des Musikhörens.

Bezieht man die Füllersche Zusammenstellung von Umgangsweisen mit Musik auf die zeitlich vorhergehenden Konzeptionen von Venus und Antholz, so zeigt sich:
- Begriffe, die bei Venus eher für e i n z e l n e Umgangsweisen reserviert werden, z. B. Reproduktion, Produktion usf., decken bei Füller Felder von Umgangsweisen ab.

    Gegenüber Antholz, bei dem zwar auch bereits einzelne Kategorien für ein Gefüge von Umgangsweisen stehen, erweitert Füller die Felder 1. durch eine Differenzierung der Umgangsweisen in Teilhandlungen, die zur Auflistung einer Vielzahl von Umgangsweisen mit Musik führt, 2. durch eine dreifache interne Gliederung der Felder, die eine entsprechende Verortung einzelner Umgangsweisen auf angenommenen Dimensionen menschlichen Verhaltens erlaubt.
- Die Kategorie „Musikhören" verselbständigt sich: Bei Venus bildet das Hören implizit, bei Antholz explizit den alle einzelnen Umgangsweisen mit Musik verknüpfenden Hintergrund. Hier nähert sich Füller einem Vorschlag M. Alts, der – zwar innerhalb des Funktionsfeldes „Interpretation" – Hören bereits als Kategorie für eine Mehrzahl entsprechender rezeptiver Tätigkeiten herausgehoben hatte (vgl. Kap. C. 4.1).

Nun dürfte es naheliegen, sämtliche Probleme, die wir zuvor anhand des Begriffes „formale musikalische Bildungstheorien" angedeutet haben, auch im Füllerschen Vorschlag wiederfinden zu wollen. Man muß da allerdings eine wichtige Einschränkung machen: Füller versteht seine Taxonomie als a n a l y t i s c h e s und nicht als k o n s t r u k t i v e s Instrumentarium, d. h., sie gibt keine Hinweise darauf, welche Umgangsweisen mit Musik als Ziele des Musikunterrichts g e l t e n s o l l e n, sondern sie erlaubt, sich vollziehenden Musikunterricht und dessen Planung auf Schwerpunktsetzungen hin zu prüfen. Füller formuliert also explizit keine Bildungstheorie! Dennoch besteht die Gefahr, daß die analytische Funktion dieser Klassifikation von Umgangsweisen konstruktiv m i ß d e u t e t wird. Dann wird aus einem analytischen Instrumentarium eine Bildungstheorie. Der Grund hierfür ist in folgendem zu suchen: Zu schnell liegt der Schluß nahe, daß solche Systematisierungen 1. alle nur denkbaren Formen des Umgehens mit musikalischen Sachverhalten erfassen und 2. die dort vorgeschlagenen Ordnungen sachlogisch zwingend seien. Hier zeigt allerdings bereits die Fachgeschichte, daß davon keine Rede sein kann: Die vielfältigen Vorschläge, Umgangsweisen mit Musik zu ordnen, zeugen von der Ergänzungsbedürftigkeit eines jeden Modells.

3.4 Umgangsweisen mit Musik im Konstitutionszusammenhang von Subjekt, Ziel, Methode und Gegenstand

In seinem 1982 erschienenen Beitrag *Methodische Ansätze der Höranalyse – Hören als Aufgabe und Ziel der didaktischen Interpretation* formuliert Christoph Richter:

> *Als Teilbereiche der didaktischen Interpretation sind zu nennen:*
> 1. *didaktische Interpretation durch Hören,*
> 2. *didaktische Interpretation durch Analysieren und Deuten,*
> 3. *didaktische Interpretation durch philologische Arbeit (Aufhellen biographischer, musikhistorischer, kulturhistorischer, allgemeinhistorischer, sozialgeschichtlicher u. a. Aspekte und Zusammenhänge der Musik),*
> 4. *didaktische Interpretation durch Musizieren,*
> 5. *didaktische Interpretation durch Bewegung,*
> 6. *didaktische Interpretation durch Materialgestaltung.*
>
> (Richter 1982, S. 252)

Der Vergleich mit anderen in dieser Arbeit vorgestellten Konzepten zeigt, daß die dort genannten Umgangsweisen mit Musik – Richter spricht gleichfalls von Umgangsweisen mit Musik (vgl. Richter 1982, S. 252; Richter 1983, S. 25) – auch im Konzept der *Didaktischen Interpretation von Musik* eine zentrale Rolle spielen. Folgende Zuordnungen lassen sich vollziehen:

Richter:	Venus, Lemmermann u. a.:
Hören	– Rezeption
Analysieren und Deuten	– Interpretation
Philologische Arbeit	– Reflexion
	– Information
Musizieren	– Reproduktion
Bewegung	– Transposition
Materialgestaltung	– Produktion

Indem Richter die Teilbereiche didaktischer Interpretation an sechs Umgangsweisen mit Musik festmacht, werden zugleich die didaktische Funktion des Gesamtkonzepts wie auch der Stellenwert der einzelnen Umgangsweisen bestimmt: 1. Das Konzept der *Didaktischen Interpretation von Musik* läßt sich als Zusammenhang musikbezogener Tätigkeiten verstehen. 2. Die einzelnen Tätigkeiten oder Umgangsweisen mit Musik werden durch den Begriff der *Didaktischen Interpretation* einer leitenden und synthetisierenden Perspektive unterworfen. 3. Der Begriff der Interpretation setzt ein zu Interpretierendes voraus. Alle Umgangsweisen mit Musik werden infolgedessen in den Dienst der zu interpretierenden musikalischen Sachverhalte gestellt.

> Anmerkung:
> Die konzeptionelle Nähe zur didaktischen Theorie Michael Alts ist offenkundig: Sowohl die leitende ästhetische Vorstellung des (Kunst-)Werks als auch die dadurch gegebene didaktische Dominanz der Umgangsweise „Interpretation" finden sich im Konzept der *Didaktischen Interpretation von Musik* (vgl. Kap. C. 4.1).

So ist es nur konsequent, wenn als grundlegende Aufgabe der *Didaktischen Interpretation von Musik* die planende und vorbereitende Ableitung von Unterricht aus den Gegenständen des Faches gefordert wird (Richter 1976, S. 12). Dieser Ableitungszusammenhang besteht aus drei Ebenen:
1. Die Begründung des Zusammenhangs von Ziel- und Inhaltsentscheidungen.
2. Der Zusammenhang von Objekt und Subjekt, von Sache und Schüler im musikalischen Lernen.
3. Die methodisch-technischen Fragen der Unterrichtsführung.

Didaktische Interpretation von Musik beschäftigt sich mit der zweiten Ebene:

> *Ich nehme mich vielmehr eines Mittelstückes aus dem didaktischen Denkzusammenhang an. Dabei handelt es sich um den Versuch, jene Stelle zu erfassen, an der die fachwissenschaftliche Untersuchung von Gegenständen für den Musikunterricht übergehen muß in Gedanken darüber, inwiefern und in welcher Weise diese Gegenstände die Vermittlung von Musikverstehen gestatten. Mein Ansatz ist also die Sache – das einzelne Musikstück oder das musikalische Phänomen –, und zwar in einem Zustand, in dem man noch nicht von ihr sagen kann, ob und wie mit ihr (oder von ihr ausgehend) eine sinnvolle Vermittlung zwischen Schüler und Musik und ihrem Wesen möglich sein wird.*

(Richter 1976, S. 13)

Richter thematisiert die Umgangsweisen mit Musik in seinen Überlegungen zur Methodenfrage. Er verdeutlicht seine Vorstellungen an der Umgangsweise „Hören". Dabei zeigt sich, daß die zuvor genannten Begriffe von „Hören" bis „Materialgestaltung" jeweils für eine Vielzahl von Umgangsweisen stehen:

> *Hören meint vielmehr eine Vielzahl verschiedenartiger Verhaltensweisen, zu denen Musik einlädt: konzentriertes Hören auf Details, auf den Gestaltzusammenhang oder auf den musikalischen Sinn; Hören als Erkennen allgemeiner, zeitbedingter, ethnisch bedingter, kulturhistorischer ... musikalischer Prinzipien; Hören als Verstehen und Mitdenken eines kompositorischen Problems und seiner Lösung: Hören als Erfahrung von historischen Situationen, von menschlichem Befinden, von menschlicher Haltung, Hoffnung oder Resignation; Hören als Meditieren, d. h. als Mittel, sich aufzuheben in das, was die Musik offenbart; Hören als Belebung, als Linderung von Depression, als Er-Innerung oder als Bewältigung der eigenen Biographie (oder einiger Stationen aus ihr); Hören als Entspannung (wobei es Varianten gibt zwischen Sich-treiben-lassen, Konzentration, Beruhigung usw.); Hören als Lebenssteigerung; Hören als Kontrolle beim Musizieren; Hören als Hören auf den anderen, der musiziert oder der ein Stück Musik zum Hören anbietet usw.*

(Richter 1982, S. 253)

Die Kategorie „Hören" umfaßt also nahzu alle Formen des aufnehmenden Umgangs mit Musik. Unter dieser Voraussetzung kann die Zielrichtung dieses Hörens sehr weit gefaßt werden: Es richtet sich auf Gestalt, Funktion, Wirkung und Sinn von Musik(en) (Richter 1982, S. 253).

Anmerkung:
In der oben herangezogenen Textstelle wird ein konzeptionelles Problem der *Didaktischen Interpretation von Musik* in besonderer Weise offenkundig:
1. Die verhältnismäßig hohe Bestimmtheit und begriffliche Schärfe, welche die Umgangsweisen mit Musik in den Jahren seit 1969 erreicht haben, werden (zumindest in weiten Teilen) wieder geopfert: Wenn Hören als Erkennen, als Verstehen und Mitdenken, als Meditieren usf. begriffen wird, dann versammelt dieser Begriff wieder so viele z. T. heterogene Bestimmungen unter sich, daß er als d i d a k t i s c h e Kategorie wenig tauglich wird.
2. Dieser hohe Allgemeinheitsgrad erschwert die Kontrolle über die Verwirklichung der Postulate der *Didaktischen Interpretation von Musik*, wenn sie nicht gar ganz unmöglich wird: Wann ist z. B. *Hören als Meditieren, d. h. als Mittel, sich aufzuheben in das, was die Musik offenbart*, erreicht?

3. Durch den hohen Allgemeinheitsgrad der Aussagen und den damit verbundenen umfassenden Anspruch wird der Musiklehrer letztlich die allein verantwortliche und belastete Instanz im Vermittlungszusammenhang von Musik. Denn ihm wird zwangsläufig die Entwicklung der benötigten Zwischenschritte bis hin zur konkreten Unterrichtspraxis aufgetragen. Und da gibt es eine ganz einfache „Rechnung": Je abstrakter das Konzept, desto zahlreicher die Zwischenschritte. Je zahlreicher die Zwischenschritte, desto höhere Anforderungen an die Ingeniösität desjenigen, der sie zu entwickeln hat und desto höher seine Verantwortlichkeit. Je höher die Verantwortlichkeit, desto schwerer der Legitimationsdruck.
4. Der hohe spekulative Gehalt in der hier und andernorts verwendeten Begrifflichkeit der *Didaktischen Interpretation von Musik* leistet der Gefahr einer Beliebigkeit unterrichtlicher Entscheidungen Vorschub: In dem Augenblick, in dem fachdidaktische Theorien nicht mehr Tätigkeiten beschreiben, die, wenn auch sehr vermittelt, zu bestimmten Handlungsresultaten führen, sondern letztlich eine Anthropologie entfalten, ist die Rückbezüglichkeit unterrichtlichen Handelns auf die Unterrichtstheorie logisch und sachlich zwingend kaum noch vollziehbar.

So weit der Begriff Hören gefaßt ist, so umfassend sind die musikalischen Erfahrungen, die in der *Didaktischen Interpretation von Musik* durch diese Umgangsweise vermittelt werden sollen:

1. Musik kann als freies und „absolutes" Spiel ihrer Materialien und Strukturen aufgenommen, genossen und konzentriert verfolgt werden. Der Begriff „Spiel" verweist dabei auf den Versuch von Freiheit in der menschlichen Auseinandersetzung mit den Dingen und Erscheinungen seiner Umwelt.

2. Musik kann als ein „Fenster zur Welt" verstanden werden. Sie dokumentiert dann eine bestimmte historische und/oder menschliche Situation, Weltsicht, Selbsteinschätzung oder Spielart des Verhaltens. Diese Dokumentation stellt sich in der Form einer musikalischen Wirklichkeit dar, die aber von übermusikalischer Wirklichkeit ausgelöst wird, selbst übermusikalische Wirklichkeit auslöst und auf sie verweist.

3. Musik kann als Ausdruck der eigenen Befindlichkeit und des eigenen Verhaltens erfahren werden, und zwar entweder in mehr reflexiver Richtung als Identifikation und verstärkende Bestätigung – oder als Herausforderung und Zumutung, das eigene Befinden zu verändern und sich auf Neues einzulassen.

(Richter 1982, S. 254)

Anmerkung:
Die vorstehende Textstelle macht – über die Formulierung von möglichen musikalischen Erfahrungen hinaus – auf einen Zusammenhang aufmerksam, der uns intensiver im folgenden Kapitel beschäftigen wird, auf die Abhängigkeit einer spezifischen begrifflichen Fassung der Umgangsweisen von einem zugrundegelegten Begriff von Musik. Bestimmungen von Musik als Spiel, in dem menschliche Freiheit sichtbar wird, als Fenster zur Welt oder als Ausdruck der eigenen Befindlichkeit und des eigenen Verhaltens bewegen sich in einer Terminologie und damit in einem Verständnis von Musik, denen sich die begriffliche Fassung der Umgangsweise des „Musikhörens" zwangsläufig anpassen muß. In welch starkem Maße das geschieht, zeigt der Textauszug auf Seite 56.

Wir können hier die Philosophie der Musik, wie sie der *Didaktischen Interpretation von Musik* zugrundeliegt, verlassen, da wir die Umgangsweisen mit Musik unter dem Gesichtspunkt ihrer didaktischen Funktion, die ihnen die verschiedenen musikdidaktischen Positionen zuweisen, thematisieren. In diesem Zusammenhang ist wesentlich, daß Richter sich der Ergebnisse einer Diskussion bedient, ohne ausdrücklich auf sie zu verweisen, die seit Mitte der sechziger Jahre bis heute in der Allgemeinen Didaktik eine Rolle spielt.

1965 formulierte Wolfgang Schulz (in Zusammenarbeit mit Paul Heimann und Gunter Otto) ein didaktisches Konzept, welches als Lerntheoretische Didaktik für die erziehungswissenschaftliche Diskussion, die Lehrerausbildung und den konkreten Unterricht nachhaltig gewirkt hat. In ihm wird als ein Prinzip der Unterrichtsgestaltung das der „Interdependenz", d. h. der widerspruchsfreien Wechselwirkung der Planungsmomente (anthropogene, sozial-kulturelle Voraussetzungen des Lernenden und Lehrenden, Intentionalität, Thematik, Methodik und Medienwahl) als grundlegend für jeden Unterricht angesehen. Die Forderung, diesem Prinzip bei der Unterrichtsplanung Rechnung zu tragen, erwächst aus der Einsicht, daß die Planungsmomente zugleich Strukturmomente des Unterrichts bilden.

Die These von der Interdependenz der Strukturmomente wurde in den folgenden Jahren weiterentwickelt. Für die einzelnen Stationen dieser Entwicklung stehen die Begriffe *Implikationszusammenhang* (Blankertz u. a.), *Gegenstandskonstitutive Funktion von Methode* (Kaiser, Kaiser-Menck u. a.) und schließlich *Generative Didaktik* als Radikalisierung der Konstitutionsthese (Loser 1977, Terhart 1978; insbesondere Terhart 1983).

Allen diesen Konzeptionen ist, in unterschiedlicher Schärfe, der Gedanke gemeinsam, daß Ziele und Inhalte (Gegenstände) von Unterricht nicht ohne den Weg, die Methode, und ohne die personalen und organisatorisch-institutionellen Bedingungen des Lernens gedacht werden können.

Ganz in der Tradition dieser Vorstellungen kommt Richter zu folgendem Resultat:

Die Überlegungen zum Verhältnis von Methode einerseits und Gegenstand, Ziel und Subjekt andererseits, die im gegebenen Rahmen nur angedeutet werden konnten, lassen sich in vier Grundsätzen zusammenfassen:
- *Methode, Gegenstand, Ziel und Subjekt stehen im Verhältnis gegenseitiger Beeinflussung und Konstituierung.*
- *Der Weg, auf welchem Hören und Hörenlernen sich ereignen, erlebt werden und zu Verstehen führen, ist wichtiger als ein Ziel, das als Ergebnis formuliert werden kann: Der Weg ist das Ziel.*
- *Zwischen Methoden und Zielen besteht ein aufsteigender Zirkel.*
- *Der Einfluß der Subjektivität auf die Gegenstände, Methoden und Ziele ist unverzichtbarer Bestandteil des „Hörens als Weise der didaktischen Interpretation von Musik".*

(Richter 1982, S. 260)

In welcher Form diese Grundsätze sich in didaktischen Regulativen niederschlagen, zeigt der folgende Gedankengang:

Didaktische Bemühungen um das Hören von Musik, die von der These ausgehen, daß die <u>Ziele</u> des Hörens eigentlich in den <u>Weisen</u> und <u>Wegen</u> des Hörens bestehen, oder umgekehrt: daß die Wege und Weisen des Hörens – schon in allen Phasen des Unterrichts – stückweise das Hören (als Verstehen im Sinne der Hermeneutik) erfüllen, müssen eben dies als ersten und wichtigsten Grundsatz beachten: Jede Phase des Unterrichts ist nicht nur ein (geplanter) Weg zum verstehenden Hören, sondern auch immer schon eine gültige Weise des Hörens; sie bereitet nicht auf etwas vor, das später einmal – im Musikleben, zu Hause, im Konzert ... – Verstehen genannt werden könnte, sondern ist als Vorbereitung, als „Auf-dem-Weg-sein", schon vollgültiges Hören.
(Richter 1982, S. 251)

Der Weg, die Methode, diese spezifische Form menschlicher Tätigkeit, sei sie theoretischer oder praktischer Natur, „beeinflußt" Ziel und Gegenstand, wie auch umgekehrt Ziel und Gegenstand den Weg zu ihnen nicht „unbeeinflußt" lassen. Die Art und Weise dieser wechselseitigen Beeinflussung freilich, die über das philosophische gerade auch ein lernpsychologisches und institutionelles Problem für Musikunterricht darstellt, wird in jeder Aneignungs- und Vermittlungssituation immer wieder neu zu bestimmen sein, weil die beteiligten Subjekte, Schüler und Lehrer, dieses notwendig machen.

Anmerkung:
Wir fragen uns, ob die Begründung dieses Zusammenhanges aus dem Hermeneutikverständnis Gadamers der Sache gerecht wird: Sowohl in erkenntnistheoretischer als auch in praktischer (hier im philosophischen Sinne ge-

meint) Hinsicht ist der Zusammenhang von Subjekt, Ziel, Gegenstand und Methode radikaler gefaßt worden. (Aus dem Zusammendenken beider bezieht denn auch J. Habermas 1973, S. 46 f., die Argumente gegen Gadamer!): Die Grundlagen in erkenntnistheoretischer Hinsicht für die Interdependenztheorie sind in der Kantschen Transzendentalphilosophie zu suchen. Die darin formulierte gegenstandskonstitutive Funktion des menschlichen Denkens hat die „kopernikanische Wende" erbracht. Die Grundlagen in praktischer Hinsicht finden sich in der Marxschen Vorstellung, daß die Menschen sich über die Arbeit, in der Tätigkeit und Ziel (Zwecksetzung) zusammenfließen, vergegenständlichen. Die Gadamersche Deutung des Verstehens als *Seinsweise des Daseins selber* bildet so womöglich doch nur eine Verharmlosung eines – auch gesellschaftspolitisch gesehen – hochbrisanten Zusammenhangs. Die Konsequenzen gehen über die, auch von Richter an anderer Stelle, geforderte neue Schule hinaus.

Wir wollen dieses Kapitel abschließen, indem wir noch einmal die für die Umgangsweisen mit Musik wesentlichen Perspektiven der *Didaktischen Interpretation von Musik* zusammenfassen:
1. Richter vollzieht die längst überfällige Integration eines unterrichtstheoretischen Sachstandes in die musikdidaktische Diskussion an einem konkreten Beispiel.
2. Er verknüpft die Umgangsweisen mit Musik – am Beispiel „Hören" – mit allen für den Musikunterricht konstitutiven Momenten: Hören ist nicht nur ein Instrument des Umgangs mit Musik, sondern zugleich immer auch Ziel des Musikunterrichts; Hören ist nicht nur Gegenstand, sondern zugleich auch immer Methode der Aneignung und insofern Element von Unterrichtsmethode. Darüber hinaus ist Hören keine „überindividuelle" Technik, sondern immer Tätigkeit eines lebensgeschichtlich definierten Subjekts, das diese Lebensgeschichte in die Aneignungsvorgänge von Musik mit einbringt.

4. Die Bindung der Umgangsweisen an ästhetische Grundvorstellungen

4.1 Musikbegriff und Umgangsweisen mit Musik

Wir haben zuvor auf den historischen Kontext, die Wendung der allgemeindidaktischen Diskussion vom inhalts- zum lernzielorientierten Unterricht, aufmerksam gemacht. Innerhalb dieser Entwicklung haben die Umgangsweisen mit Musik eine zentrale Bedeutung für den Musikunterricht an allgemeinbildenden Schulen und für die musikdidaktische Diskussion gewonnen.

Für das Erscheinungsbild der Umgangsweisen mit Musik ist der vorausgesetzte M u s i k b e g r i f f keineswegs unerheblich, kurz: Die jeweilige musikästhetische Konzeption hat bestimmenden Charakter für die didaktische Struktur und Funktion der Umgangsweisen mit Musik. Den Nachweis für diese Behauptung wollen wir an einem Beispiel führen, das für diesen Zusammenhang besonders repräsentativ ist und das für die musikdidaktische Diskussion sehr folgenreich geworden ist, an der *Didaktik der Musik* von Michael Alt.

Diese 1968 von Alt vorgelegte Erörterung bildet den ersten Versuch einer Systematisierung der Umgangsweisen vor dem Hintergrund der in den sechziger Jahren in der allgemeinen Erziehungswissenschaft geführten Lernziel- und Curriculumdiskussion. Obgleich bereits 1966 die in ihrer Langzeitwirkung auf den Musikunterricht nicht hoch genug zu veranschlagende Arbeit *Musik als Schulfach* von H. Segler und L. U. Abraham erschienen war, welcher zudem eine Art Initialzündungsfunktion für die m u s i k d i d a k t i s c h e Diskussion jener Jahre zukommt, merkt man der Diktion Alts noch die Umbruchsituation an:

Diese endgültige Umwandlung des Gesangsunterrichts in einen Musikunterricht kann nur vermöge einer neuen „kunstwerklichen Konzeption" erfolgen, in der das Werkhören und die Interpretation in Führung gehen und die Auswahl und Schichtung der Inhalte des Sachgebiets Musik vornehmen.
(Alt 1968, S. 19)

Diese Situationsbestimmung enthält zugleich das ästhetisch und didaktisch entscheidende Stichwort „Kunstwerk". Es wird sich zeigen, daß es völlig konsequent erscheint, wenn Alt 1968 auch noch nicht von musikalischen Verhaltensweisen, musikalischen Lernfeldern o. ä. spricht, sondern von *Funktionsfeldern des Musikunterrichts* (1968, S. 9) bzw. von *Funktionsfeldern der Musikpädagogik* (1968, S. 41). Die in den einzelnen Funktionsfeldern thematisierten Inhalte aber sind nichts anderes als die Umgangsweisen mit Musik. (Einen Beleg für die Richtigkeit dieser Behauptung bilden die *Richtlinien für den Musikunterricht an den Grundschulen des Landes Nordrhein-Westfalen* von 1973, die wesentlich die Handschrift M. Alts tragen: Anstelle des Begriffs „Funktionsfeld" erscheint der Begriff *Lernfeld*, ohne daß sich konzeptionell etwas ändert.)

Musikunterricht spielt sich für Alt in den folgenden vier Funktionsfeldern ab:
- *Reproduktion,*
- *Theorie,*
- *Interpretation,*
- *Information.*

Reproduktion
Der folgende Textausschnitt entfaltet einen programmatischen Aspekt und enthält Bestimmungen des Reproduktionsprozesses.

Die Auseinandersetzung mit dem musikalischen Kunstwerk erfolgt im Musikunterricht vorzüglich in gestaltendem Nachvollzug, in der künstlerischen Wiedergabe des Werkes durch Stimme oder auch Instrument. Diese Reproduktion stellt einen mehrschichtigen Vorgang dar: Er ist körperlicher Natur, insofern er sich auf die Funktion von Muskelgruppen stützt, er beschließt weiter in sich ein bewußtes Formen und Führen der Töne, Tongestalten, Tonfolgen, dazu tritt endlich ein nachschöpferisches Gestalten der musikalischen Gedanken, der Form und des Ausdrucks im Werk. Dieser vielteilige Vorgang wird diszipliniert, verfeinert, laufend vervollkommnet und einheitlich gesteuert durch die anhaltende Kontrolle des Bewußtseins und durch das künstlerische Inbild, das der reproduzierende Künstler oder Ensembleleiter in sich trägt und dem Chor oder der Instrumentalgruppe mitteilt in sich steigernder Deutlichkeit.
(Alt 1968, S. 43)

Diese Bestimmungen enthalten in eingehüllter Form eine Stufung. Können Sie entdecken, worin diese besteht?

Die künstlerische Reproduktion bildet für Alt das Moment, welches das gesamte Lehrgefüge integriert. Das geschieht auf dem Hintergrund der Vorstellung, daß von der Kunstausübung eine mit anderen Umgangsweisen mit Musik nicht vergleichbare *bildende Wirkung* ausgeht (Alt 1968, S. 251).

Theorie
Theorie ist nun keinesfalls ein Begriff, der unmittelbar eine Umgangsweise mit Musik anzudeuten scheint. Alt bemerkt zu diesem Begriff (1968, S. 56):

Die Theorie der Musik umfaßt zwei Bereiche: die praktisch-handwerkliche Fachkunde der Musik („Musikalische Handwerkslehre") und das spekulative Denken *über die Musik („theoria" im Sinne von deutender Betrachtung) in Musikästhetik und Musikphilosophie. Von der musikalischen Handwerkslehre, die in der Harmonielehre, Satzlehre, Formenlehre ein Regelwerk für die Komposition und für die Werkanalyse bereitstellt, zweigt sich ab die „Allgemeine Musiklehre", welche die für ein Gesamtbild der Musik wesentlichen Kenntnisse aus den Teilbereichen der praktischen Fachkunde auswählt, methodisch faßt und zu Lehrsätzen verdichtet, um so die Grundbegriffe der Musik im Sinne einer „allgemein notwendigen Unterweisung" (A. B. Marx) für den Berufsmusiker und den Laien, für Anfänger und für Fortgeschrittene bereitzustellen.*

Unsere Frage muß lauten: Welche musikbezogenen Verhaltensweisen (Umgangsweisen mit Musik) enthält der Begriff „Theorie" bei Alt?

Der Begriff *praktisch-handwerklich* scheint auf die Dimension Reproduktion/Produktion zu verweisen, der Begriff *spekulatives Denken* auf die Reflexionsdimension. Doch machen die weiteren Ausführungen im Text deutlich, daß auch die *allgemeine Musiklehre* als Lehre Kenntnisse im Bereich der Grundbegriffe der Musik vermittelt. Damit wird einsichtig, daß die Theorie bei Alt letztlich dem N a c h d e n k e n über Musik seine handwerkliche Grundlage sichert.

Doch ist in besonderem Maße der Umstand wichtig, daß die Theorie als Bestandteil oder Zulieferer für andere unterrichtliche Funktionsfelder wirksam ist:

Die Theorie stellt die musikalischen Grundbegriffe und Grunderfahrungen für die übrigen Funktionsfelder des Musikunterrichtes sicher. Sie hebt die Elemente der künstlerischen Gestalt ins Bewußtsein und körpert sie ein in der Elementarübung: im Singen, am elementaren Instrument, in der rhythmischen Bewegung, im Hören, im Improvisieren. Dadurch unterbaut sie die künstlerische Reproduktion. Über diese Rolle einer Handhabungshilfe des Singens und Musizierens hinaus sollte die Theorie aber auch der Interpretation vorbauen durch eine übende und reflektierende Einarbeitung aller Parameter der Musik ...

Mit dieser Einsicht in die Strukturelemente des Kunstwerkes wird eine analytisch sorgsame und verständige Erarbeitung des Hörwerkes sichergestellt. Dieser Übungskomplex ist das Gegenstück zu der technischen Analyse der Fachleute und sollte diese weitgehend ersetzen.
(Alt 1968, S. 252 f.)

Interpretation
Michael Alt bestimmt seinen didaktischen Gesamtentwurf näher durch den Untertitel *Orientierung am Kunstwerk*. Ist aber das Kunstwerk die den Musikunterricht zentrierende Idee (vgl. Alt, S. 85), dann ergibt sich nahezu von selbst, daß das unterrichtliche Funktionsfeld *Interpretation* das entscheidende Gewicht im Musikunterricht erhält.

Der Begriff „Interpretation" weist nun ganz eindeutig wieder unmittelbar eine Umgangsweise mit Musik aus. Doch ist sie so komplex, daß man sie auseinanderfalten muß. Das sieht Alt selbst, wenn er seine *Didaktik des Werkhörens* (S. 73) in den zu jener Zeit (1968) gebräuchlichen Begriffsrahmen zu stellen versucht:

Noch herrscht keine Übereinkunft über die Benennung dieses musikpädagogischen Funktionsfeldes. „Musikalische Rezeption" und „musikalische Werkbetrachtung", „Musikhören" und „Werkhören", aber auch „Werklehre", werden heute wechselweise verwendet.
(Alt 1968, S. 74)

Der Begriff „Rezeption" für diesen Komplex behagt ihm nicht:

Der von seiten der Musikwissenschaft vorgeschlagene Begriff der „Rezeption" hebt allzu einseitig die Rezeptivität dieses Vorganges hervor; gegenüber dem darin beschlossenen Moment der Empfänglichkeit und Aufnahmefähigkeit kommen die Spontaneität und Produktivität des „inneren Hörens", der notwendige aktive „Gegenwurf" des rechten Hörens zu wenig zur Geltung.
(Alt 1968, S. 74)

Es wird deutlich, daß *Interpretation* bei Alt all das meint, was wir inzwischen unter dem Begriff „Rezeption" zusammenzufassen gewohnt sind; darüber hinaus aber auch Verhaltensweisen, die in den Bereich der Reflexion hineinreichen:

> *Die neue Interpretationslehre übersteigt also weit die Einfühlung und das Nacherleben und will sich vornehmlich gründen auf Nachdenken und Nachkonstruieren.*
> (Alt 1968, S. 77)

a) Auslegungslehre

Da Interpretation, insbesondere wenn sie zum Zentrum des Umgangs mit Musik in der Schule wird, erlernbar sein muß, geht es Alt darum, diese musikbezogene Verhaltensweise mit Hilfe einer *Auslegungslehre* sich entfalten zu lassen (1968, S. 84):

> *Der lebenshermeneutische Sinn einer solchen Auslegungslehre liegt darin, daß dem Schüler und Jugendlichen ebenso wie dem Laien Kategorien an die Hand gegeben werden, die ihn instand setzen, jeder erklingenden Musik mit einer sinn- und formgerechten Einstellung zu begegnen. Durch entsprechende Einübung von modellhaften Interpretationsansätzen sollte der Laie, ähnlich wie der Fachmann mit „kurzschlüssiger" Reaktion, sich baldigst einschwingen in das jeweils erklingende Werk, sich „einfühlen" mit den darin beschlossenen Sinn- und Formqualitäten; nur auf diesem sichernden Fundament kann dann eine weitere Differenzierung des Werkverstehens angeregt und so geführt werden, daß dadurch auch der individuelle Sinn des Werkes getroffen wird. Markierung der Grundeinstellung des Hörens, Eingehen auf den typischen und daran anschließend den je eigenen Wesenskern des Werkes ist hier gemeint. Die individualisierende Interpretation wird durch eine vorangehende, den Wesensraum des Werkes absteckende und den Ansatzpunkt der Interpretation freilegende Typik nicht verhindert, sondern vielmehr abgesichert und eingeleitet.*
> (Alt 1968, S. 89)

Auslegen lernt der Schüler, indem er
- Sinnkategorien der Musik nutzen,
- die Korrespondenz von Schichten des musikalischen Kunstwerks und von Stufen der geistigen Aneignung durchschauen,
- Methoden der Interpretation handhaben lernt.

Sinnkategorien der Musik

Alt nennt (1968, S. 90) folgende Kategorien:

Verbundene Musik	*Absolute Musik*
Tänzerisch-gestische Musik	*Formalmusik*
Vokalmusik	*Spielmusik*
	Formmusik
	Ornamentmusik
Programmusik	*Ausdrucksmusik*

Kategorien sind Begriffe, unter denen verschiedene Gegenstände, Sachverhalte o. ä. zusammengefaßt werden. Diese weisen zumindest e i n e Eigenschaft auf, die von allen in gleicher Weise ausgesagt werden kann. Wird von S i n n kategorien gesprochen, die als Instrumente des Umgehens mit Musik und Musiken dienen, dann wird allen unter jeweils einer Kategorie zusammengefaßten Musiken ein identischer Sinn zugeschrieben. Der folgende Text gibt zu verstehen, welche Sinn-Kriterien Alt ansetzt:

> *Es wäre eine wesentliche Erleichterung des Musikverstehens, wenn es gelänge, im weiten Feld der Musik Gruppen von Werken aufzudecken, denen ein typischer Sinnkern zugrunde liegt und deren Wesen mit den gleichen Verstehenskategorien und Interpretationsansätzen erfaßt werden könnte. Nun gibt es in der neueren Musikästhetik eine gängige Unterscheidung zwischen der „absoluten", von außermusikalischen Einschlägen freien und eigenständigen Musik und der „verbundenen Musik", der Vokalmusik, die mit dem Wort verbunden bleibt, und der „Programmusik", die sich um die Darstellung von Vorgängen oder Zuständlichkeiten des Lebens und der Natur aufbaut. Auf der Grenzlinie zwischen absoluter und gebundener Musik könnte man die aus dem körperlichen Impuls lebende „tänzerisch-gestische" Musik ansiedeln. Diese Idealtypen verbundener Musik sind dem naiven Hörer unmittelbar zugänglich, da sie trotz aller möglichen Stilisierungen noch im Leben haften, aus Lebensbezügen versteh- und deutbar sind. Innerhalb der „absoluten" Musik unterscheidet A. Wellek des weiteren zwischen „Formalmusik" und „Ausdrucksmusik". Die Formalmusik ist insbesondere zu verstehen aus den verschiedenartigen Konstellationen, jeweils vor allem Form, Spiel oder Ornament zu sein. Man könnte also bei ihr weiter unterscheiden die auf strenge Durchstrukturierung bedachte „Formmusik" (Fuge, Sonate und ähnliche Formgesetzlichkeiten), die sich im Ablauf erfüllende, leichtgewichtige „Spielmusik" und die auf Ausprägung arabeskenhafter Formelemente zielende „ornamentale" Musik (Präludien, Tokkaten usw.). Ausdrucksmusik, „Musik als Sprache des Gefühls", bildet keinen absoluten Gegensatz zur Formmusik, ihre Grenzen sind fließend, schon deshalb, weil jeglicher Musik Ausdruckscharaktere und Formkonstanten zu eigen sind. Wenn sich aber im polaren Spannungsfeld Form – Ausdruck der Akzent mehr oder weniger deutlich auf die Form- oder die Ausdrucksseite verschiebt, erhält diese Musik damit einen eigenen typischen Zugang, der sich mit den Ansatzpunkten der „verbundenen" Musik an Sinnhaltigkeit zu messen vermag.*
> (Alt 1968, S. 86 f.)

Bedenken Sie bei der Würdigung dieser Aussagen folgendes: Sinn ist nicht etwas, das einer Erscheinung gewissermaßen „wesensmäßig" anhaftet, sondern etwas, das Menschen ihr beigelegt haben. Bei einem Sachverhalt, Gegenstand oder Ereignis die Sinn-Frage zu stellen heißt daher, zugleich die Frage nach den Subjekten zu stellen, welche die Sinn-Zuschreibung vollziehen. (In besonders exponierter Form stellt sich dieses Problem in musikalischen Zusammenhängen: Der Komponist artikuliert Sinn über die Formung musikalischen Materials. – Der Interpret versucht, diesen Sinn an den Zuhörer zu vermitteln. Er gibt also seine Sinn-Gebung eines als sinnvoll vorausgesetzten Zusammenhanges an andere Subjekte weiter. – Der Hörer seinerseits unternimmt eine Sinn-Gebung an einen als sinnvoll vorausgesetzten Zusammenhang, der ihm durch die Sinn-Gebung des Interpreten übermittelt wird.)

Der Text von Michael Alt enthält daher eine Vielzahl von Fragen musikästhetischer und musikpädagogischer Art, von denen einige im folgenden angedeutet seien:

1. Gibt es so etwas, wie „objektiven" Sinn, der kategorial erfaßbar ist? Diese Frage rührt daher, daß Alt Gruppen von Werken ein und denselben Sinn zuschreibt.
2. Ist musikalischer Sinn über Kategorien wie *Verbundene Musik, Absolute Musik* usf. überhaupt erfaßbar? Wenn ja: bis zu welchem Grade?
   Dieses bildet die Voraussetzung dafür, daß eine Auslegungs l e h r e entworfen werden könnte, welche die Schüler instandsetzt, *jeder erklingenden Musik mit einer sinn- und formgerechten Einstellung zu begegnen* (1968, S. 89).
3. Inwiefern sind die Altschen Sinnkategorien überhaupt trennscharf? (Zweifel regen sich selbst bei Alt, wenn er [1968, S. 89] zwischen Ausdrucksmusik und Formmusik differenziert.)
4. Welches „Interesse" hat – musik- und sozialgeschichtlich gesehen – zu den von Alt genannten Sinnkategorien geführt?

5. Kategorien vollziehen immer (durch das Absehen von dem Besonderen der Erscheinungen) eine Komplexitätsreduktion der Wirklichkeit. Geht aber damit nicht gerade das Spezifische einer jeden Musik, das im interpretierenden Umgang erschlossen werden soll, verloren?

Diesen Fragen könnte man ohne Schwierigkeit weitere anfügen. Die Grundfrage lautet also, ob die Altschen Kategorien nicht an zu vordergründigen und keineswegs eindeutigen (trennscharfen) Kriterien festgemacht werden.

Andererseits vermögen wir gerade nur dadurch mit musikalischer Wirklichkeit (wie auch mit anderen Wirklichkeiten) umzugehen, uns in ihr zurecht zu finden, daß wir nicht alle Besonderheiten musikalischer Erscheinungen auf einmal an uns herankommenlassen; wir würden uns in den Einzelheiten verlieren, wenn wir nicht in der Lage wären, Kategorien („Superzeichen") bilden zu können. Die letztlich entscheidende Antwort auf die Frage nach der Angemessenheit der Kategorisierung musikalischen Sinnes erhalten wir immer nur aus dem Bezugssystem, in dem diese Kategorien ihre Rolle spielen. Dieses wird sichtbar in den folgenden Äußerungen M. Alts:

Diese idealtypischen Modellvorstellungen, die eine adäquate Auslegung der Musik erleichtern, fordern wegen ihres typologischen und heuristischen Charakters keinerlei Ausschließlichkeitswert im Einzelfall, noch beansprucht ihre Folge den Rang einer systematischen Vollständigkeit; sie sind vielmehr aufzufassen als pädagogisch-pragmatische Ansätze, die die gemeinsamen musikästhetischen Annahmen und Voraussetzungen im Bereich der Musikerziehung, des musikalischen Laientums und der Fachbildung repräsentieren können. Sie sind also einzeln oder in verschiedenen Kombinationen anwendbar und geben jeweils nur eine typische Einstiegsmöglichkeit an, zu der sich weitere gesellen können, je nach der komplexen Eigenart des musikalischen Kunstwerkes. Das wird solange ausreichen müssen, bis die Musikwissenschaft eine umfassende Strukturlehre der Musik entwickeln kann.
(Alt 1968, S. 85)

Stufen der geistigen Aneignung

Aus der 1953 erschienenen *Ästhetik* des Philosophen Nicolai Hartmann übernimmt Alt den Gedanken von Schichten des musikalischen Kunstwerks und ordnet diesen bestimmte *Stufen der geistigen Aneignung* zu:

Schichten des musikalischen Kunstwerks – Stufen der geistigen Erarbeitung

Vordergrund	*Außenschicht*	*Innenschicht*	*Musikhören*
(„Realschicht")	Wirkungsgefüge der Klangfront	Erleben, Einfühlung, Mitvollzug	„passives Hören"
Mittelgrund („Strukturschicht")	*Tektonik* Musik erfassen Musik begreifen (rationale Erarbeitung) Musik verstehen (wertende Hereinnahme)	*Gefühlsresonanz* Ausdrucksanalyse	„aktives" Hören „strukturelles" Hören
Hintergrund („Symbolschicht")	*Aus dem Gesamtzug des Ganzen:* Außermusikalische, transmusikalische, übermusikalische Bedeutung. Spiegelung kosmischer Gesetze – „empfundene Musik". Das musikalische Kunstwerk als geistiges Dokument.		„intentionales" Hören

(Alt 1968, S. 116)

Diese Übersicht ist nicht leicht zu lesen. Dazu brauchen Sie sich nur die Frage vorzulegen: Welche Begriffe betreffen die Schichten des Kunstwerks, welche die Stufen der geistigen Aneignung?

Die einfachste Lösung, die Kategorien *Vordergrund* usf. sowie *Innenschicht, Außenschicht* dem Kunstwerk zuzuordnen und die Struktur der Hörakte als gestuftes System auf der Subjektseite zu interpretieren, wird bereits im Ansatz durch ein von Alt gebrachtes Hartmann-Zitat relativiert:

> „*Wenn man von den Außenschichten der Musik herkommt und zu den Innenschichten übergeht, so vollzieht man einen Sprung ... Die Außenschichten haben es mit rein musikalischer Formung zu tun ..., mit den Innenschichten aber setzt das ganz Andere ein. Dieses ist ein höchst Subjektives, ganz dem Seelenleben Zugehörendes, jenes ist das Objektivste, das man sich denken kann, ist rein konstruktiver Aufbau, analysierbar, gegenständlich*" (N. Hartmann).
> (Alt 1968, S. 112)

Das Problem besteht darin, daß sowohl die Grundkategorien *Vordergrund* usf., *Außenschicht, Innenschicht* keine von den hörenden Subjekten losgelöste Begrifflichkeit darstellen als auch, daß *Außenschicht* und *Innenschicht* nicht dem „Kunstwerk an sich" anhängen, sondern erst dann existieren, wenn sie durch ein hörendes Subjekt produziert worden sind.

Diese Überlegung relativiert die Bedeutsamkeit des Altschen Kategoriengefüges ganz beträchtlich. Überdies sind die Kategorien nur auf Kunst-Musik zugeschnitten, sie können also nicht den Anspruch erheben, Musik zu begreifen, die sich ganz bewußt einem emphatischen Kunstwerkbegriff entzieht. Aber auch für Kunst-Musik bleiben sie problematisch, weil die funktionalen Bezüge, in denen auch diese Musik gestanden hat und steht, nicht als konstitutiv betrachtet werden.

Methoden der Interpretation

Zu einer Auslegungslehre gehören Methoden, die zu möglichst intersubjektiv nachvollziehbaren Deutungsergebnissen musikalischer Gestaltungen kommen:

> *Die Methoden, eine Komposition verständlich zu machen, sammeln sich um drei verschiedene Ansatzpunkte. Das Kunstwerk wird in seiner Verbundenheit mit dem Hörer gedeutet; daraus ergeben sich die psychologisch orientierten Verfahren der „Hermeneutik" und der „Stimmungsästhetik". Gegenüber solcherlei „Inhaltsästhetik" soll die Musik aber auch und vor allem aus sich selbst gedeutet und als ein vom Hörer unabhängiger Eigenbereich angesehen werden; dabei kommen die „phänomenologischen" Verfahrensweisen der „Formanalyse" und der „Energetik" zur Anwendung. Und schließlich kann das musikalische Kunstwerk aus seinen Zusammenhängen mit dem Schöpfer und seiner Zeit dem Hörer verständlich werden; dafür bieten sich die „historischen" Methoden an, die ansetzen bei der Biographie und der Musikgeschichte. Auf diese Interpretationsweisen lassen sich alle in der Musikästhetik entwickelten Versuche, Musikwerke zu verstehen und zu lehren, zurückführen. Das aber ist typologisch gemeint: sie sind nicht gattungsmäßig voneinander geschieden, vielmehr verbinden sich in der jeweiligen Interpretation verschiedene Grundarten miteinander; innerhalb dieser Überschneidungen und Verwachsungen bestimmt dann die jeweils vorherrschende über die Zugehörigkeit zu dieser oder jener Methode.*
> (Alt 1968, S. 129 f.)

b) Musikhören

Erinnern Sie sich noch daran, warum Alt die Umgangsweisen mit Musik, die er *Interpretation* nennt, nicht unter dem Begriff „Rezeption" zusammenfassen wollte? (Falls diese Begründung Ihnen nicht mehr gegenwärtig ist, lesen Sie bitte in diesem Text nach, Seite 62 f.)

Nun ist bisher die aktive Seite in der Aneignung von Musik (d. h. bei Alt immer: des Kunstwerks) fast ausschließlich zur Geltung gekommen. Der rezeptiven Seite wird er durch die Kategorisierung des Hörens gerecht.

Alt unterscheidet drei Formen: 1. das sensible, 2. das ästhetische und 3. das beseelende Musikhören. Er gewinnt diese Hörkategorien aus einer ästhetischen Theorie (M. Dessoir; K. Huber), die Äußerungen zu Musikwerken auf drei Grundformen der Musikauffassung zurückführt, Musik als Reiz, als Gegenstand, als Ausdruck. (Das geht auf die Differenzierung der Gefühlsdimensionen bei Dessoir zurück, der Sinnes-, Form- und Inhaltsgefühle unterscheidet.)

Die Haltung des „sensiblen" Hörers ist dadurch gekennzeichnet, daß die Musik als eine Summe von Klangreizen aufgefaßt wird. Sie dringen in den Hörer ein und haben hier die gleichen körperlichen und seelischen Wirkungen wie die Reize der übrigen Sinnesgebiete. Das bunte Spiel der Töne, Harmonien und Rhythmen erregt im Hörer eine kaleidoskopartige Veränderung der Empfindungen und einen bunten Wechsel der sensorischen, motorischen und der emotionalen Abläufe, so daß die Aufmerksamkeit von einer vitalen Freude an diesem „Funktionieren", von dem Gefühl der Lebenssteigerung gebannt wird.
(Alt 1968, S. 179)

Der Hinweis auf die sensorischen, motorischen und emotionalen Abläufe führt zu einer Binnendifferenzierung des sensiblen Musikhörens nach (a) sensomotorischem und (b) emotionalem Musikhören. Die Berechtigung der Annahme eines sensiblen Hörens mit den beiden Unterkategorien wird aus zwei möglichen Reaktionsweisen abgeleitet, der sensorisch-motorischen und der emotionalen. Aus heutiger Sicht würden wir Kritik an der Willkür dieser Binnendifferenzierung anmelden: Es fehlt der kognitive Bereich. Alt reserviert dafür die zweite Kategorie des Musikhörens, das ästhetische. Problematisch ist das insofern, als dadurch suggeriert wird, daß der kognitive Bereich mit dem sensorischen und emotionalen nichts zu tun habe bzw. daß dem kognitiven Bereich eine höhere Qualität eigne.

Das ästhetische Musikhören bestimmt Alt wie folgt:

Erst wenn zwischen dem Gegenstand draußen und seinem Abbild im Inneren unterschieden wird, wenn die Musik als ein vom Vorstellungsinhalt Verschiedenes, als ästhetischer „Gegenstand" erfaßt wird, ist „ästhetisches" Hören möglich. Hierbei verlegt sich der Schwerpunkt von innen nach außen, von den inneren lustvollen reaktiven Erlebnisvorgängen, die spielerisch genossen werden, in das Kunstwerk selbst. Der ästhetische Hörer läßt sich nicht mehr passiv vom Tonreiz erfassen, er stellt ihm eine auf das Musikwerk zielende Erkenntniskraft entgegen und macht die Tonwelt zum Gegenstand seiner Betrachtungen. Nicht mehr die einschlagende Wirkung, nur noch das ästhetische So-Sein, die künstlerische Existenz des Kunstwerkes interessiert.
(Alt 1968, S. 183 f.)

Die dritte Form des Hörens, das beseelende Hören, ist dann gegeben, wenn Musik mit bestimmten seelischen Zuständen verknüpft wird, wenn (der Ton) *als Symbol seelischer Zustände oder Vorgänge aufgefaßt wird* (Alt, a. a. O. S. 186). Diese Form des Musikhörens hat eine große Nähe zum alltäglichen, fast naiven Hören von Musik, das der Musik selbst bestimmte Ausdruckscharaktere zuspricht (z. B. „Dies ist eine traurige Musik" o. ä.).

Wir fassen zusammen:

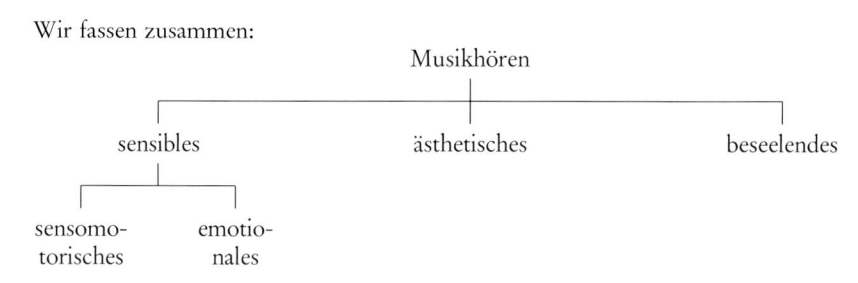

```
                        Musikhören
         ┌──────────────────┼──────────────────┐
      sensibles         ästhetisches        beseelendes
    ┌─────┴─────┐
sensomo-      emotio-
torisches     nales
```

Nun ist Alt nicht so naiv anzunehmen, daß die drei genannten Hörweisen in Wirklichkeit in Reinkultur auftreten. Alle Hörweisen sind in jedem Hörer *keimhaft vorhanden*. Die Dominanz der einen oder anderen wirkt jedoch im Sinne einer Bildung von Hörtypen (Alt 1968, S. 188). Das heißt: Wir finden Menschen, die mehr oder weniger einen bestimmten Hörertyp repräsentieren.

Gegen derartige Hörertypologien – die bekannteste in der Gegenwart ist wohl diejenige Adornos in seiner *Musiksoziologie* – läßt sich nun berechtigte Kritik formulieren. Versuchen Sie – bevor Sie weiterlesen –, Argumente, die gegen eine Festlegung auf solche Hörtypen sprechen, ausfindig zu machen.

Wir meinen, daß vor allem folgende Gesichtspunkte eine Hörer- und Hörtypologie problematisch erscheinen lassen:
– Hör-/Hörertypologien suggerieren eine gewisse Statik (d. h. so hört einer und nicht anders!).
– Hör-/Hörertypologien enthalten einen statischen Begabungsbegriff (d. h. jeder wird mit der Anlage zu einer bestimmten Hörweise geboren).
– Hör-/Hörertypologien suggerieren Trennschärfe als theoretische Begriffe, wo es keine gibt.
– Hör-/Hörertypologien werden immer aus einem bestimmten Gesichtspunkt heraus k o n -
s t r u i e r t ; d. h. der Musiksoziologe wird andere Kategorien des Hörens bilden müssen als der Musikpsychologe. Das wird vielfach nicht bedacht.
– Das schwerwiegendste Problem aber ergibt sich dadurch, daß die Gefahr naheliegt, bestimmte Musiken mit bestimmten Hörweisen als u r s ä c h l i c h verbunden zu betrachten:

Weiterhin kann ein Musikwerk nicht mit jeder beliebigen Hörart gleich sinnentsprechend aufgefaßt werden. Es gibt eine Prädisposition zwischen der typischen Art eines Werkes und einer ihm zugeordneten typischen Hörart. Formmusik aller Art erschließt sich vor allem der ästhetischen Spielart des Hörens, Ausdrucksmusik dem beseelenden Hören. In der tänzerisch-gestischen Musik gerät die vielerlei Innenwirkung der Musik in den Vordergrund und verlangt nach einer sensiblen Hörhaltung, indes jegliche romantische Stimmungsmusik das emotionale Hören fordert. Jedes Kunstwerk verlangt also nach einer adäquaten Art des Hörens und Auffassens, zu dem sich dann geistig und künstlerisch benachbarte Hörhaltungen ergänzend gesellen.
(Alt 1968, S. 190).

Information
Welche Vorstellungen verbinden S i e mit dem Begriff „Information"?

Man weiß heute darum, daß Ungewißheit und Mangel an Information alle Entscheidungen erschweren, vor die sich der Mensch, auch in musikalischer Hinsicht, fortwährend neu gestellt sieht. Nur durch den Auf- und Ausbau einer geordneten musikalischen Vorstellungswelt kann der Schüler eine größere Sicherheit im musikalischen Verhalten erreichen, wird er gefeit gegen

> *die Beliebigkeit und Sprunghaftigkeit seiner Meinungen und Entschlüsse. Um dieser Vorstellungsordnung willen sollen die vielen „Meldungen", die den Jugendlichen aus der mikrophonalen Musikwelt und der Schule erreichen, auf die darin enthaltenen Informationswerte geprüft und diese einander zugeordnet werden zu einem profilierten Gesamtbild der Musik.*
> (Alt 1968, S. 237)

> *Die neue Schule ist also gezwungen, die fälligen Entscheidungen der Schüler von den Sachen her zu fundieren. Das aber hängt weitgehend davon ab, ob die Einzelakte und die vereinzelten musikalischen Vorstellungen des Musikunterrichtes zu einer geordneten musikalischen Vorstellungswelt ausgebaut werden. Insoweit ist <u>Information</u> als ein neues durchgehendes Unterrichtsprinzip anzusehen, wenn es auch bisher schon in Ansätzen angewendet wurde.*
> (Alt 1968, S. 256)

Alt gibt in den vorstehenden Texten eine d i d a k t i s c h e Begründung für das Unterrichtsfeld „Information". Daß die didaktische Begründung letztlich anthropologisch motiviert ist, zeigt die folgende Äußerung:

> *Fundierung des musikalischen Verhaltens durch Gewinnung einer nach wissenschaftlichen Prinzipien geordneten Vorstellungswelt und die dadurch bewirkte Mehrung der personalen Ordnung, das ist der <u>pädagogische Sinn</u> dessen, was man Information nennt. „Ordnung ist Information und entsteht durch Information" (J. Reitinger). „Der Empfang oder Erwerb von Information ist daher als Ordnungsgewinn aufzufassen" (R. R. Hofstätter).*
> (Alt 1968, S. 238)

Alt spricht im Zusammenhang des Unterrichtsfeldes „Information" von einem *durchgehenden Unterrichtsprinzip*. Das legt zwei Fragen nahe:
1. Welche musikbezogenen Tätigkeiten umfaßt der Begriff „Information"?
2. Ein Prinzip ist eine Aussage oder ein Sachverhalt, von dem etwas anderes abhängt. Was also hängt von der „Information" ab?

Der Begriff Information enthält drei unterschiedliche Dimensionen:

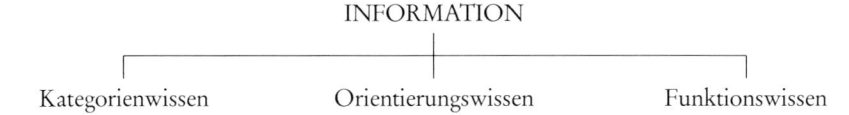

```
                        INFORMATION
          ┌─────────────────┼─────────────────┐
   Kategorienwissen   Orientierungswissen   Funktionswissen
```

> *Zuerst geht es um die Ergebnisse des kategorialen Denkens, die zu einem System der Seins- und Sinnformen der Musik gesammelt werden. Dieses „Kategorienwissen" umfaßt einmal die Sinnstrukturen der Musik, um die sich die Auslegungslehre aufbaut. Bei der Reproduktion und Interpretation müssen auch die Gattungen der Musik erarbeitet werden: die Erscheinungsformen der Vokal- und Instrumentalmusik, der Orchester- und Kammermusik und viele weitere Gruppierungen in der Kunstmusik. Es geht hierbei um ein klassifizierendes Ordnungswissen, um musikologische Aufklärung aller Art.*
> (Alt 1968, S. 242)

> *Diese Informationen über die Systematik der Musik werden ergänzt durch ein mehr <u>geschichtlich gerichtetes</u> „Orientierungswissen". Neben dem systematischen ist auch der geschichtliche Ort der Werke jeweils auszumachen. So bildet sich um die Sing- und Hörwerke herum ein sich von Fall zu Fall verdichtendes Netz musikgeschichtlicher und kulturgeographischer Denkgriffe.*
> (Alt 1968, S. 242)

Neben dem mehr geschichtlich gerichteten Orientierungswissen und dem klassifizierend verfahrenden Kategorienwissen, womit der inselhaft auftretende exemplarische Fall durch anschließende Gedankenreihen in seiner Schlüsselstellung für das Musikganze voll ausgelotet wird, geht es heute insbesondere auch um die Einsicht in die gesellschaftlichen Zusammenhänge der Musik bis hin zu ihrer politischen Bedeutung. Ohne diese funktionalen Zusammenhänge zu kennen, kann man heute sein musikalisches Verhalten nicht mehr sachgerecht fundieren. Das „Funktionswissen" ist im Musikunterricht ein bisher wenig beachtetes Gebiet, dem man in Zukunft auch deswegen besondere Aufmerksamkeit schenken sollte, weil hiervon, wie sich zeigen wird, die Möglichkeit einer Geschmacksbildung weitgehend abhängt.
(Alt 1968, S. 243)

In allen drei Dimensionen kehrt der Begriff „Wissen" wieder. Mit diesem Begriff verbinden wir gewöhnlich 1. die Tatsache, daß wir einen Sachverhalt kennengelernt bzw. erkannt haben und 2. daß wir ihn (genauer: seine Erkenntnis) gespeichert (behalten) haben.

Die im Begriff „Wissen" und damit im Begriff „Information" angesprochenen musikbezogenen Tätigkeiten sind: „Kenntnisnahme" und „Behalten". Der Begriff „Information" bildet so die Umgangsweise des L e h r e r s, der auf der Seite der S c h ü l e r die Umgangsweise „Kenntnisnahme und Behalten" entspricht. Die ganze Breite und Gewichtigkeit des Informationsbegriffes wird deutlich, wenn Alt formuliert: *Die Information unterwirft das Ganze der Musik ihren analytischen und ordnenden Denkoperationen modellhafter Art, die ein aktives Musikverhalten anbahnen und begründen sollen. Neben den anderen Funktionsfeldern ist also auch die Information als ein reines Tätigkeitsfeld anzusehen* (Alt 1968, S. 248).

Die Antwort auf die zuvor gestellte zweite Frage ergibt sich eigentlich schon aus den zuvor angeführten Aussagen. Information bzw. Kenntnisnahme und Behalten bilden insofern ein Prinzip des Musikunterrichts, als davon die I n t e g r a t i o n der Tätigkeitsfelder Reproduktion, Theorie und Interpretation wesentlich abhängt.

Zusammenfassung

Wir haben bereits angedeutet, daß wir für die je charakteristische Form der Entfaltung von Umgangsweisen mit Musik den Musikbegriff eines Musikdidaktikers, sei er entfaltet oder nur implizit vorausgesetzt, verantwortlich machen. Für Michael Alt wird der solchermaßen ästhetisch ausgewiesene Begriff des K u n s t w e r k s zum didaktisch bestimmenden Prinzip: Die Eigengesetzlichkeit des Kunstwerks, der individuelle Sinn des Werkes, erfordert dessen Erfassung in einem je spezifischen Prozeß des Verstehens. Ein Kunstwerk ist adäquat verstanden, wenn man bis zum *Wesenskern des Werkes* (Alt 1968, S. 89) vorgestoßen ist, d. h. also, wenn die „Wesensgesetze" dem Verstehen den angemessenen Weg gewiesen haben. Als vorgegebene Größe erhebt das Kunstwerk seinen Anspruch auf N a c h d e n k e n und N a c h k o n s t r u i e r e n (1968, S. 77).

Vornehmste Aufgabe des Musikunterrichts ist daher die Entwicklung eines adäquaten Werkverständnisses. Als didaktische Konsequenzen sind im einzelnen festzuhalten:
1. Der die einzelnen Funktionsfelder des Musikunterrichts innerlich und im Verhältnis zueinander strukturierende didaktische Begriff ist der W e r k begriff.
2. Folglich wird die „Interpretation" zum grundlegenden unterrichtlichen „Verhaltensfeld". A l l e anderen Umgangsweisen mit Musik beziehen sich letztlich auf dieses Funktionsfeld des Musikunterrichts.
3. Schule, und damit auch Musikunterricht, tritt unter dem Anspruch an, L e r n b a r e s zu vermitteln (Alt 1968, S. 84). Wird nun die Interpretation zum zentralen Funktionsfeld des Musikunterrichts erklärt, muß Interpretieren als lehr- und lernbar vorausgesetzt bzw. gemacht wer-

den. Daher ist die Ausarbeitung einer Auslegungsl e h r e , wie Alt sie vornimmt, ein zentrales didaktisches Anliegen.
4. Theoretisch werden „Umgangsweisen mit Musik" bei Alt grundsätzlich aus der Perspektive des Unterrichtenden entfaltet. Der Begriff *Funktionsfelder des Musikunterrichts* bzw. *Funktionsfelder der Musikpädagogik* ist hierfür charakteristischer Beleg.
5. Dem Umgang der Schüler mit Musik(en) geben die aus dem Kunstwerk entwickelten Ansprüche Ziel und Form. Der f o r m a l e Aspekt musikalischer Bildung tritt hinter dem m a t e r i a l e n zurück (Alt 1968, S. 18 ff). Die *offizielle Kulturwirklichkeit*, wie Alt in Anlehnung an Spranger formuliert, wird zum Richtziel der gesamten Musikerziehung.

4.2 Umgangsweisen mit Musik und ihre politisch-ästhetische Grundlegung

Im vorhergehenden Kapitel hatte uns die Entwicklung der Umgangsweisen mit Musik aus einer bestimmten ästhetischen Konzeption, die im Begriff des „Kunstwerks" (im emphatischen Sinne) ihren Ausdruck findet, beschäftigt. Wir konnten erkennen, wie dieses letzlich zu einem r e z e p t i o n s o r i e n t i e r t e n didaktischen Gefüge führte.

Das folgende Kapitel nimmt – unter Beibehaltung derselben Grundvorstellung, daß die didaktische Funktion der Umgangsweisen mit Musik von der ästhetischen Grundposition des jeweiligen Didaktikers bestimmt wird – einen Ansatz auf, der die Umgangsweisen an einen ästhetischen Begriff von Gesellschaft bindet. Die Verbindung von ästhetischer und gesellschaftlich-politischer Tätigkeit, die Funktion von Kunst in einer und für eine Gesellschaft bilden den Hintergrund für die Ortsbestimmung und die Struktur der Umgangsweisen mit Musik als didaktisches Problem. Dabei werden die Umgangsweisen im Zusammenhang mit der Entwicklung von Lernzielen für den Musikunterricht thematisiert.

Anmerkung:
Die Vorstellung, daß ästhetische und politische Tätigkeit im innersten aufeinander bezogen sind, reicht bis in die Antike zurück (vgl. Platon, *Politeia*, 3. Buch, 401 d f.).
Für die im folgenden dargestellte Position ist jedoch nicht die platonische Fassung dieses Zusammenhanges, sondern die des deutschen Idealismus – insbesondere die Aufnahme des Kantschen Ansatzes durch Schiller – bedeutsam. Kant vollzog die Verbindung von Ästhetik (Urteilskraft) und Ethik (Praktische Vernunft) über den Begriff des Zwecks bzw. der Zweckmäßigkeit. Die Zwecksetzung erfolgt im Bereich des Handelns durch die praktische Vernunft, d. h. durch den Willen; die Urteilskraft „benutzt" die Idee des Zweckes, um Gegebenes, d. h. Gegenstände der Natur und der Künste, zu beurteilen. Dabei bezieht sich die ästhetische Zweckmäßigkeit nicht auf die Gegenstände selbst, sondern vielmehr auf die Form, in der diese unserem Erkenntnisvermögen gegeben sind: auf das Zusammenspiel von Einbildungskraft und Verstand (vgl. u. a. I. Kant: *Kritik der Urteilskraft*. Berlin 1970, Einleitung 1. Fassg., Kap. VIII; besonders auch § 10 in der *Analytik des Schönen*).

Der Gedanke, daß eine Gesellschaft sich gerade auch über ihre künstlerischen Tätigkeiten definiert und von unnötigen Zwängen befreien kann, führt zu einer p r o d u k t i o n s o r i e n t i e r t e n Musikdidaktik.

Im Rückgriff auf Schillers Theorie der ästhetischen Erziehung entwickelte Wolfgang Roscher 1972 Lernziele ästhetischer Erziehung, deren emanzipatorische Dimension, d. h. letztlich, deren enge Verbindung von Erziehung und politischem Handeln er über die Einbeziehung der Sozialtheorie der „Frankfurter Schule" (Horckheimer, Adorno, Marcuse und vor allem Habermas) für die Musikpädagogik geltend macht. Roscher konstatiert:

Musikunterricht ist heute im übergreifenden Zusammenhang Ästhetischer Erziehung von Gesellschaft zu sehen. Auditive, visuelle, haptische, sensomotorische und multimediale Kommunikationsweisen vielfältige, nicht zuletzt kulturanthropologische, sozialpsychologische und soziökonomische

Analogien auf. Musikdidaktische Fragestellungen sind daher aus der Lernzielbestimmung und Lernbereichsbegründung Ästhetischer Erziehung abzuleiten und deren Strukturen zuzuordnen.
(Roscher 1972, S. 85)

Diese sozialtheoretischen Perspektiven binden politisches und gesellschaftliches Handeln an den D i s k u r s. Hiermit ist letztlich gemeint, daß die an gesellschaftlichem und politischem Handeln beteiligten Menschen sich gegenseitig immer schon dadurch, daß sie überhaupt m i t e i n a n d e r sprechen, Rationalität, d. h. Vernunft zusprechen. Selbst der Befehl, etwas zu tun, setzt voraus, daß derjenige, dem befohlen wird, den Befehl versteht, um ihm Folge leisten zu können: Er setzt also Rationalität im anderen voraus. Rationalität aber ist unlöslich mit dem Prinzip der Argumentation verbunden: Nur das e i n s i c h t i g e r e Argument kann auf a l l g e m e i n e A n e r k e n n u n g dringen, nicht der Z w a n g.

Diese kurze Andeutung eines komplexen Argumentationszusammenhanges mag genügen, um deutlich zu machen, wie der Begriff der K o m m u n i k a t i o n zum Zentralbegriff einer Theorie gesellschaftlichen und damit auch p ä d a g o g i s c h e n Handelns wird.

Der Begriff der Kommunikation wird durch den Begriff der A i s t h e s i s (griechisch: Wahrnehmung) in unserem zur Diskussion stehenden Zusammenhang näher bestimmt:

Das bedeutet für Ästhetische Erziehung: Eine immer genauere Kenntnis der Objekte führt noch nicht von selbst zu einer hinreichenden Befriedigung des menschlichen Eigeninteresses, zu gesellschaftlichem Bewußtsein und politischer Verantwortung. Gegenstände von Kommunikation und Prozesse von Wahrnehmung sind aufeinander zu beziehen; d. h. mit den Ordnungen von Schall, Bild, Text usw. sind auch deren Intentionen und Effekte auszuprobieren sowie zu reflektieren. Ästhetischer Zustand ist auf emanzipatorische Wirkung anzulegen bzw. zu überprüfen.
(Roscher 1972, S. 83)

Im folgenden versuchen wir, Roschers Überlegungen, soweit sie den Umgangsweisen mit Musik im engeren Sinne gelten, in Form eines Schemas zu vermitteln.

1. Ebene:

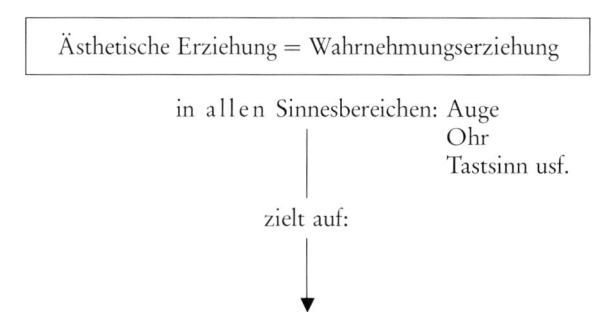

> Ästhetische Erziehung = Wahrnehmungserziehung

in allen Sinnesbereichen: Auge
Ohr
Tastsinn usf.

zielt auf:

eine qualitative, d. h. im Hinblick auf vermehrte Aufklärung und Mitbestimmung gerichtete Veränderung der Bewußtseins- und Antriebs(Motivations-)lage für

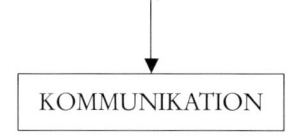

> KOMMUNIKATION

Umgangsweisen mit Musik

2. Ebene:

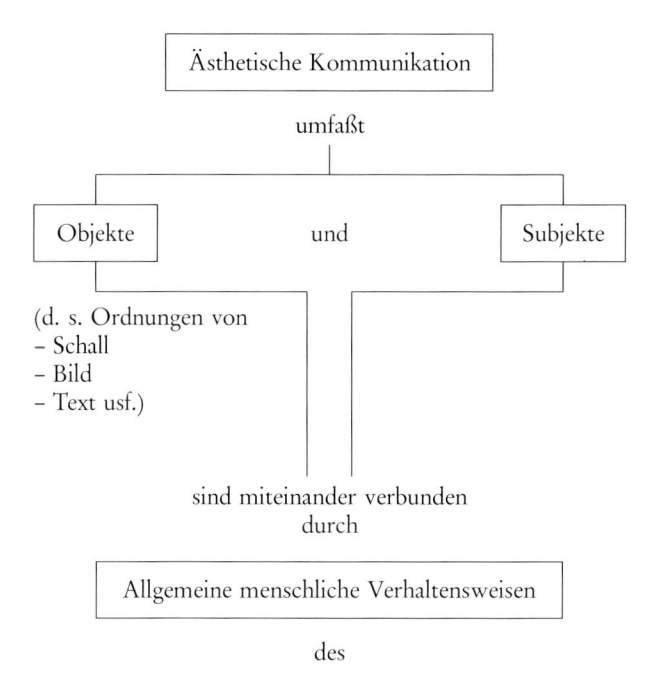

```
                    ┌─────────────────────────────┐
                    │   Ästhetische Kommunikation │
                    └─────────────────────────────┘
                                umfaßt
            ┌───────────────────┴───────────────────┐
      ┌─────────┐          und            ┌─────────┐
      │ Objekte │                         │ Subjekte│
      └─────────┘                         └─────────┘
```

(d. s. Ordnungen von
- Schall
- Bild
- Text usf.)

sind miteinander verbunden
durch

| Allgemeine menschliche Verhaltensweisen |

des

Produzierens, Reproduzierens, Demonstrierens, Reflektierens, Konsumierens, Rezipierens

3. Ebene:

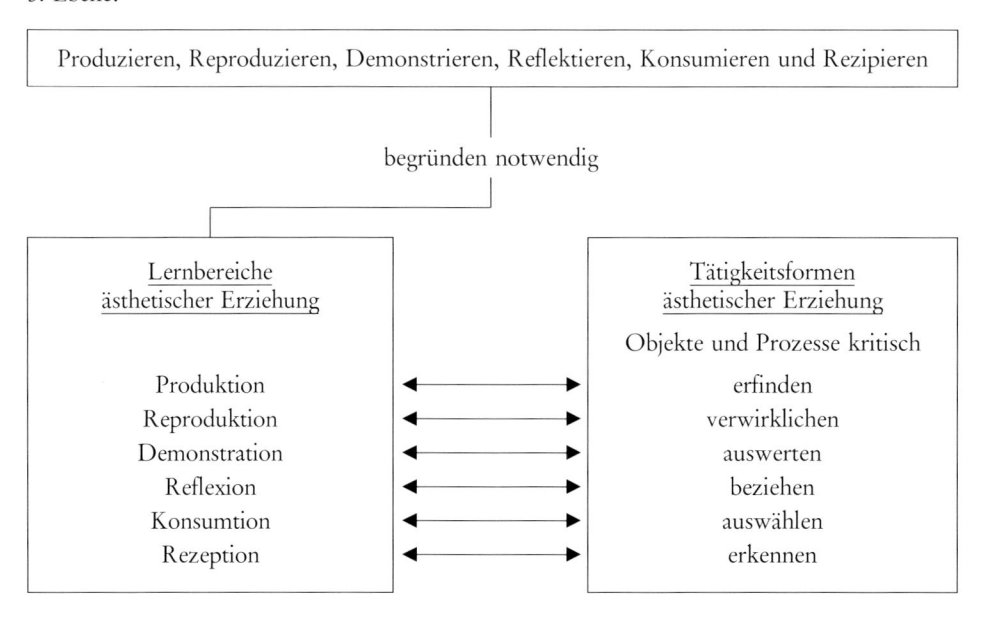

| Produzieren, Reproduzieren, Demonstrieren, Reflektieren, Konsumieren und Rezipieren |

begründen notwendig

Lernbereiche ästhetischer Erziehung		Tätigkeitsformen ästhetischer Erziehung
		Objekte und Prozesse kritisch
Produktion	←——→	erfinden
Reproduktion	←——→	verwirklichen
Demonstration	←——→	auswerten
Reflexion	←——→	beziehen
Konsumtion	←——→	auswählen
Rezeption	←——→	erkennen

4. Ebene:

Roscher versucht nun aufzuzeigen, daß die musikdidaktische Fragestellung nur aus dem übergreifenden Zusammenhang ästhetischer, und das heißt bei ihm politisch-ästhetischer Erziehung entwickelt werden kann: *Musikdidaktische Fragestellungen sind aus der Lernzielbestimmung und Lernbereichsbegründung Ästhetischer Erziehung abzuleiten und deren Strukturen zuzuordnen* (Roscher 1972, S. 85).

Damit stellt sich für Roscher die Aufgabe, Tätigkeitsformen, die auf einem höheren Abstraktionsniveau für alle ästhetischen Tätigkeiten charakteristisch sind, m u s i k spezifisch zu k o n kretisieren. Das geschieht über die Entwicklung von „Übefeldern". Diese bilden Schnittpunkte von allgemein-ästhetischen Zielsetzungen und (musik)pädagogischer Intentionalität. Ihre einzelnen Tätigkeiten (= Umgangsweisen mit Musik) werden jeweils unter einer musikspezifischen Leitfrage zusammengefaßt. Damit schließt sich dann auch der Begründungszusammenhang, in dem die Umgangsweisen mit Musik ihren spezifisch didaktischen Stellenwert erhalten:

Allgemein-ästhetische Verhaltensweisen	Musikspezifische Leitfrage	Umgangsweisen mit Musik („Übefelder")
erfinden	Wie ist Musik herstellbar?	Improvisation und Komposition
verwirklichen	Wie ist Musik ausführbar?	Realisation und Interpretation
auswerten	Wie ist Musik vermittelbar?	Interaktion und Kommunikation
beziehen	Wozu treiben und wozu hören Menschen Musik?	Umwelt- und Funktionsanalyse
auswählen	Wozu kaufen und wozu verkaufen Menschen Musik?	Bedarfs- und Konsumanalyse
erkennen	Wie ist Gehörtes beschaffen, und wie wird Geschaffenes gehört?	Material- und Strukturanalyse

5. Von den Umgangsweisen zu Gesamtkonzeptionen von Musikunterricht

In der Mitte der siebziger Jahre entwickelt sich in der erziehungswissenschaftlichen Diskussion in der Bundesrepublik – angeregt durch politische Vorgaben und festgestellte Defizite in den bis dahin erfolgten Bildungsplanungen – ein Trend, der trotz unterschiedlicher begrifflicher Fassung doch ein Gemeinsames sichtbar werden läßt: die engere Verknüpfung von konkretem Unterricht, Lehr-/ L e r n p l a n u n g sowie Unterrichts- und Lehrplan f o r s c h u n g. Begriffe wie Praxisnahe (oder: Schulnahe) Curriculum-Entwicklung, Offene versus Geschlossene Curricula, Handlungsorientierte Curriculumforschung, Aktionsforschung, Handlungsforschung, Schülerorientierung, Handlungsorientierter Unterricht usf. kennzeichnen diese Situation.

Ziel aller dieser Bemühungen ist es, die am institutionalisierten Unterricht direkt Beteiligten, Lehrer und Schüler, sehr viel stärker als bis dahin erfolgt an der Organisation ihrer Lehr- und Lernprozesse zu beteiligen und damit den Grad der Entfremdung der Lernprozesse und Lernresultate, welche die Schule nahezu zwangsläufig mit sich bringt, wenn nicht zu beseitigen, so auf jeden Fall doch substantiell zu mildern.

Erinnern wir uns: 1967 brachte S. B. Robinsohn *(Bildungsreform als Revision des Curriculum,* Neuwied 1967) im Anschluß an Entwicklungen in den angelsächsischen Ländern den im 16. und

17. Jahrhundert in Deutschland geläufigen, im 19. Jahrhundert durch „Lehrplan" ersetzten Begriff „Curriculum" wieder zu Ehren. Wenngleich beide Begriffe bisweilen synonym verwendet werden, so sind wir der Meinung, daß ursprünglich durch die beiden Begriffe zwei unterschiedliche Sichtweisen auf Unterricht festgemacht wurden: Im Begriff L e h r p l a n wird der Weisungscharakter im Hinblick auf den L e h r e r deutlich:

> *Denn der Lehrplan ist sowohl in seinen Zielangaben als auch in der Verteilung der Themen eine Anweisung für den Lehrer, im Unterricht einer bestimmten Schule und eines bestimmten Faches die gekennzeichneten „Stoffe" zu behandeln.*
> (Blankertz [12]1986, S. 122)

> *Der Lehrplan ist die geordnete Zusammenfassung von Lehrinhalten, die während eines vom Plan angegebenen Zeitraumes über Unterricht, Schulung oder Ausbildung vom Lernenden angeeignet und verarbeitet werden sollen.*
> (Blankertz [12]1986, S. 118; vgl. ferner: Deutscher Bildungsrat [4]1972, S. 61 ff.)

Bezieht also der Lehrplan seine Legitimation primär aus einem in ihm formulierten, gewissermaßen zu einem Bild geronnenen Bildungsresultat, so erwächst dem Curriculum seine Rechtfertigung vornehmlich aus der Orientierung am Lernprozeß des Schülers:

> *Der alte Begriff Curriculum, den die moderne Erziehungswissenschaft aufgenommen hat, bezieht sich auf die Lernprozesse: Welche Kenntnisse, Fertigkeiten, Fähigkeiten, Einstellungen und Verhaltensweisen soll der Lernende erwerben? Mit welchen Gegenständen und Inhalten soll er konfrontiert werden? Was soll er lernen? Wann und wo soll er lernen? In welchen Lernschritten, in welcher Weise und anhand welcher Materialien soll er lernen? Wie soll das Erreichen der Lernziele festgestellt werden? Dieser überaus komplexe Fragenbereich ist unter dem Begriff Curriculum zusammengefaßt.*
> (Deutscher Bildungsrat [4]1972, S. 58)

Analysiert man den vorstehenden Text auf die Bestimmungsmomente für den Curriculum-Begriff, so lassen sich folgende Merkmale herausheben. Das Curriculum umfaßt Angaben über
1. Lernziele (zu erwerbende Qualifikationen),
2. Inhalte (mit deren Hilfe die Ziele erreicht werden sollen),
3. Organisation der Lernsituation,
4. Artikulation (Lernschritt-Folge) – Methoden,
5. Medien,
6. Evaluation (Lernerfolgsmessung).

Auch in der Bundesrepublik setzte sich zunächst der amerikanische Trend durch, Curriculumentwicklung als wissenschaftliche Forschungsaufgabe mit großem personellen und sachlichen Aufwand, auf dem Hintergrund eingehender interpretatorischer und experimenteller Vorarbeiten zu begreifen. Aber sehr schnell wurde auch hier eine „Dialektik der Aufklärung" sichtbar: Die Absicht, Lehrplanentscheidungen auf eine demokratische Basis zu stellen, indem sie für die „Abnehmer", Lehrer und im weiteren auch Schüler, transparent gemacht werden, führte zur Etablierung von Forschergruppen, zwar durchaus unter Einbeziehung von Lehrern. Doch führte dieses Verfahren sehr schnell zu Kommunikationsgemeinschaften, die intern ihre eigenen Spielregeln entwickelten, wodurch sie letztlich wieder für das Tätigkeitsfeld, dem ihre Arbeiten gewidmet waren, undurchschaubar wurden: Das Streben nach sog. „teacher-proof-Curricula", man kann das getrost mit „narrensichere Curricula" übertragen, welches charakteristisch für die Anfänge war, ist der beste Beleg.

In dieser Situation mehren sich um die Mitte der siebziger Jahre die Stimmen, welche entschiedene Kritik an dem Ansatz „Geschlossener Curricula" formulieren. Folgenreich wird in diesem Zusammenhang (sowohl in theoretischer als auch in praktischer Hinsicht) der Bericht einer Forschergruppe, die 1972 ihre Arbeitsergebnisse vorlegt (Gerbaulet u. a. 1972). Sie gehen ein in Empfehlungen der Bildungskommission des Deutschen Bildungsrates (*Zur Förderung praxisnaher Curriculumentwicklung,* Bonn 1974).

Für die musikdidaktische Diskussion werden diese Strömungen in zwei Formen relevant, und zwar 1. im Konzept des *Handlungsorientierten Musikunterrichts* (Rauhe/Reinecke/Ribke 1975; Tschache 1976 und 1982) und 2. im Konzept des *Schülerorientierten Musikunterrichts* (Günther/Ott/Ritzel 1982 und 1983; Günther/Ott 1984). Eine besondere Form gewinnt die „Schülerorientierung" in der *Didaktik der Populären Musik* (vgl. dazu u. a. die Zeitschrift *Populäre Musik im Unterricht* sowie Kleinen u. a. 1985, Schütz 1982).

5.1 Handlungsorientierter Musikunterricht

a) Die Konzeption
Im Zentrum des Rauhe/Reinecke/Ribkeschen Ansatzes stehen die Umgangsweisen mit Musik Hören und Verstehen. Beide werden jeweils auf drei Hierarchieebenen entfaltet. (Diese mehrdimensionale Deutung reicht – wie wir wissen – bis in die Anfänge der Systematisierung von „Umgangsweisen mit Musik" bei Alt und Venus u. a. zurück.)

Ferner werden die „Verhaltensweisen" des Hörens und Verstehens als einander wechselseitig bedingend und beeinflussend verstanden. Zusammen mit neun didaktischen Kategorien bilden sie den Bezugsrahmen für Planungen von konkretem Musikunterricht und musikdidaktischer Reflexion (Rauhe u. a. 1975, S. 202).

Trotz unterschiedlicher Ausgangsposition zeigt dieses Konzept eine beträchtliche Nähe zur Altschen Differenzierung der Umgangsweise „Hören" im Funktionsfeld Interpretation (Venus, a.a.O. S. 31, macht auf die Verbindung Rauhe – Alt bereits 1969 aufmerksam). Man könnte meinen, es handle sich um eine Fortentwicklung des Altschen Funktionsfeldes *Interpretation.* Erinnern wir uns: Auch dort fanden wir eine Zuordnung von Hör- und Verstehenskategorien, die – durch einen anderen Musikbegriff bedingt, der Musik primär als Werk begreift – um Objekt-Kategorien (in Anlehnung an N. Hartmann), sog. Schichten des musikalischen Kunstwerks, ergänzt werden.

Die Grafik (s. S. 76) deutet an, daß die durch bestimmte Kategorisierung vorpädagogisch erfaßten Umgangsweisen Hören und Verstehen von Musik in d i d a k t i s c h e Kategorien münden, d. h. also pädagogisch bedeutsam werden. Als didaktische Kategorien sind sie grundlegend für die Zieldefinitionen, Inhalts- und Methodenentscheidungen.

(1) Handlungsbezogenheit
Nach Rauhe ist damit ein Verstehen anvisiert, in dem nicht nur der Gegenstand des Verstehens (der betreffende musikalische Sachverhalt), nicht nur das verstehende Subjekt (der Schüler) reflektiert werden, sondern zugleich Motiv (Erkenntnisinteresse) und Ziel (Intention) des Verstehens in ein und demselben Verstehensprozeß aufscheinen. Rauhe nennt ein solches Verstehen auch *Verstehen des Verstehens* bzw. *Meta-Verstehen* (Rauhe u. a. 1975, S. 168).

(2) Interaktionsbezogenheit
zielt auf interaktives Verstehen, welches Rauhe dann gegeben sieht, wenn sich die dyadische Verstehensrelation, Objekt-Subjekt, zur dreistelligen Relation Objekt-Subjekt-Gruppe erweitert: *Damit werden die für musikalische Kommunikation wichtigen sozialen Vermittlungsbedingungen in den Verstehensprozeß einbezogen* (Rauhe u. a. 1975, S. 166).

Umgangsweisen mit Musik

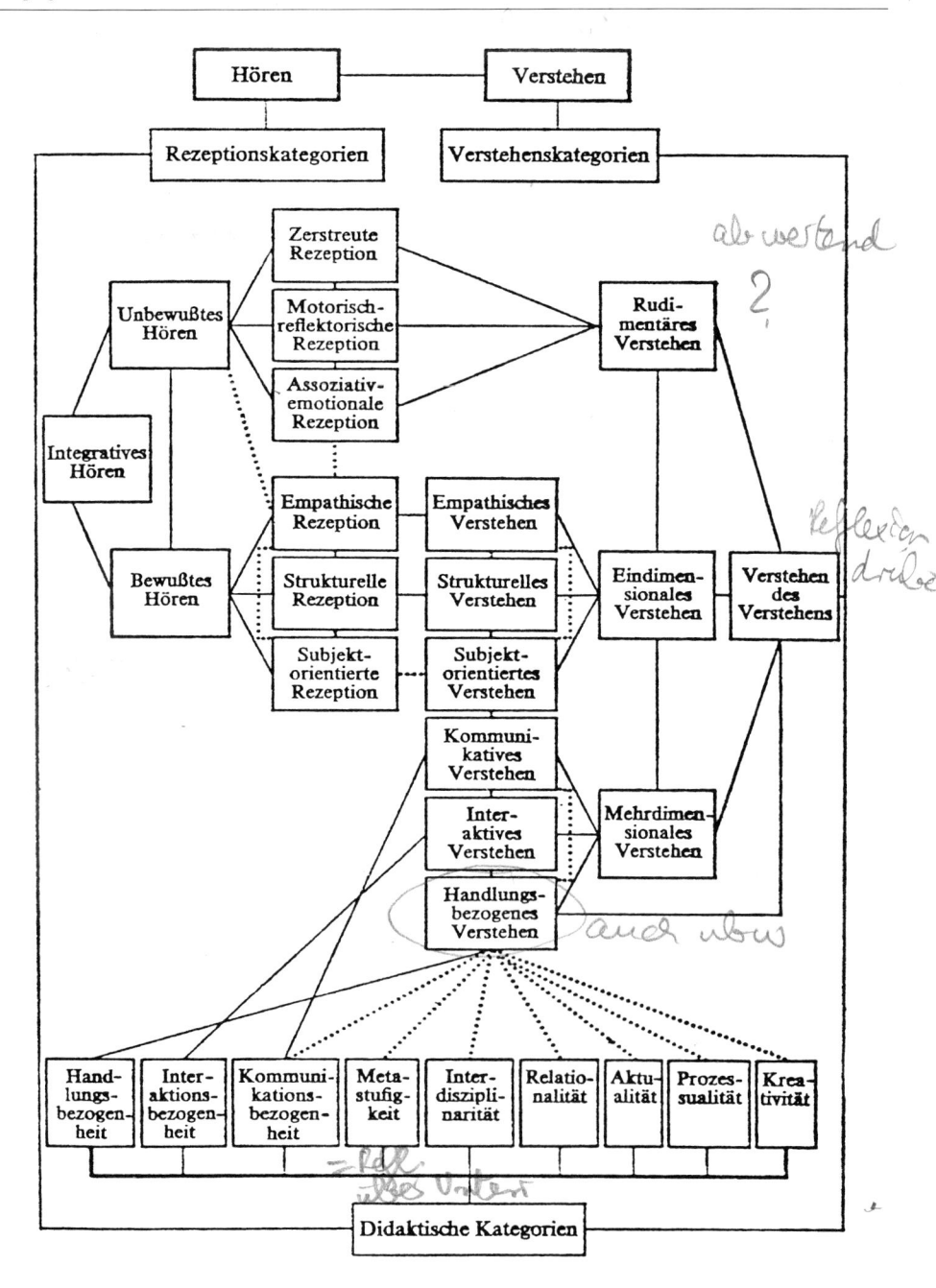

Kategorialer Zusammenhang zwischen Hören und Verstehen im didaktischen Bezugsfeld
(Rauhe u. a. 1975, S. 167)

(3) Kommunikationsbezogenheit
zielt auf *kommunikatives Verstehen* (Rauhe u. a. 1975, S. 204). In ihm werden drei Dimensionen des musikalischen Verstehens als Kommunikationsphänomene gedeutet:
1. das Subjekt-Objekt-Verhältnis,
2. der Musikunterricht,
3. die Musik selbst.

(4) Metastufigkeit
Sie betrifft Kommunikation, Interaktion und Verstehen, *denn didaktische Vermittlung von Musik vollzieht sich als Kommunikation über Kommunikation auf der Meta-Ebene, wie die Behandlung von Interaktion (als Interaktion über Interaktion, d. h. Meta-Interaktion) und das Verstehen des Verstehens (d. h. Meta-Verstehen)* (Rauhe u. a. 1975, S. 204).

(5) Interdisziplinarität
meint ganz schlicht den Sachverhalt, daß Musik (musikalische Sachverhalte) in verschiedene Bedingungs- und Funktionszusammenhänge eingebunden ist; demzufolge erscheint es notwendig, diese Situations-, Sozialisations- und Funktionsbedingtheiten der Vermittlung von Musik und Musikvermittlung in die didaktische Reflexion einzubeziehen (Rauhe u. a. 1975, S. 204), d. h. Musik von verschiedenen wissenschaftlichen Disziplinen her zu befragen.

(6) Relationalität
meint die grundsätzliche Ausrichtung von Musikunterricht auf die wechselseitige Abhängigkeit von *musikalischer Struktur, ihrer Vermittlung, Funktion und Wirkung im musikbezogenen sozialdeterminierten Interaktionsfeld* (Rauhe u. a. 1975, S. 205).

(7) Aktualität
betrifft Inhalts- und Methodenentscheidungen (Unterrichtsverlauf).
In methodischer Hinsicht meint Aktualität *die zumindest tendenzielle Synchronisation von Unterrichtssituation und didaktischer Reaktion* (Rauhe u. a. 1975, S. 205), d. h. unterrichtliches Handeln muß auf die jeweilige, sich unter Umständen ganz schnell verändernde Lernsituation der Schüler reagieren.
In didaktischer Hinsicht – didaktisch hier im engeren Sinne, Inhaltsentscheidungen betreffend, verstanden – meint Aktualität das, was auch die Umgangssprache darunter versteht: Gegenwartsbedeutsamkeit eines musikalischen Sachverhalts für die Schüler.

(8) Prozessualität
Sie betont die Wichtigkeit des Unterrichtsverlaufs. Sie richtet sich demzufolge gegen ein didaktisches Denken, für das der Unterrichtserfolg (= die Zielerreichung) und seine Messung im Zentrum stehen.

(9) Kreativität
spricht eine Form des Umgehens mit Schülern im Unterricht an, nämlich sich gerade auch auf wirklich oder auch scheinbar vom „direkten Weg" abweichende Anregungen der Schüler einzulassen.

Wir fassen zusammen:
Für Rauhes didaktische Kategorien ist spezifisch, daß sie sich einerseits als didaktisch begründete Formen des hörenden und verstehenden Umgangs mit Musik(en), andererseits als pädagogisch

dimensionierte Umgangsweisen des Lehrers mit seinen Schülern bzw. der Schüler untereinander in der hörenden und verstehenden Auseinandersetzung mit musikalischen Sachverhalten deuten lassen. Umgangsweisen mit Musik werden auf diese Weise zugleich zu Umgangsweisen der Schüler und Lehrer mit- und untereinander.

b) Der Handlungsbegriff
Rauhe, Reinecke und Ribke entwickelten ihr Konzept des handlungsorientierten Musikunterrichts unter der leitenden Perspektive, Theorie und Praxis, Reflexion und Aktion, Rezeption und Interaktion, Hören und Musizieren miteinander zu verbinden. Diese Absicht glauben sie durch den Rückgang auf den Begriff der „Handlung" einlösen zu können:

> *Wenn hier der Begriff „Handeln" in das Zentrum einer didaktischen Konzeption gestellt wird, so geschieht dies nicht nur wegen seiner besonderen Affinität zu Hör- und Verstehensprozessen bzw. ihrer Erkenntnis und Vermittlung, sondern vor allem auch aus folgenden Gründen, die einer näheren Erläuterung bedürfen. Zunächst kann festgestellt werden, daß der Begriff „Handeln" weitreichender und differenzierter zugleich ist als etwa der Verhaltensbegriff im behavioristischen Sinne. Während „Verhalten" zumeist als die Gesamtheit aller extern beobachtbaren bzw. meßbaren Lebensvorgänge eines Organismus definiert wird, wobei Bewußtseinsprozesse zu bloßen Begleiterscheinungen des Verhaltens reduziert werden, überwindet die Kategorie des Handelns die strikte Trennung von Innerem und Äußerem, von Bewußtsein und Verhalten, von Erfahrung und Tätigkeit. Das mit jedem Handlungszusammenhang verknüpfte Moment der „Gerichtetheit", der Intentionalität, erfordert stets die Antizipation, die gedachte Vorwegnahme von Handlungsabläufen – sei es „probehandelnd" im reflektierenden Bewußtsein oder in gleichsam automatisierter Form –, um sie auf ein Ziel bzw. eine Absicht hin „ausrichten" zu können. Handeln als anthropologische Grundkategorie verbindet daher menschliches Denken und Tun durch „Probehandeln" bzw. Reflexion und entsprechende Aktion.*
> (Rauhe u. a. 1975, S. 170)

Sie werden es bemerkt haben: Dieser Handlungsbegriff hat zwei Dimensionen. Zum einen gewinnt er eine ästhetische, zum andern eine anthropologische Tönung. Da wir im folgenden Abschnitt auf die ästhetische Dimensionierung zurückkommen, beschäftigt uns hier nur die anthropologische, denn diese wird in ein pädagogisches Postulat umgelegt:

> *Wenn zu Beginn dieses Abschnittes das „Handeln" deshalb als eine zentrale anthropologische Kategorie bestimmt wurde, weil der Mensch erst in der handelnden Auseinandersetzung mit seiner Umwelt die unterschiedlichen Formen seiner Existenz zu schaffen vermag, so läßt sich daraus die <u>Vermittlung von Handlungsfähigkeit</u> als grundlegendes pädagogisches Postulat ableiten.*
> (Rauhe u. a. 1975, S. 172)

Des weiteren wird in diesem Konzept die Handlungsdimension durch den Charakter <u>der Kommunikation</u> näher bestimmt.

> *Zum anderen ergibt sich für das menschliche Zusammenleben allgemein und in besonderem Maße für das erzieherische Handeln die Notwendigkeit, über persönliches Erfahrungswissen in Form von wechselseitigen Informationen zu kommunizieren mit dem Ziel, eine Verständigung über den Sinnzusammenhang von Handlungen bzw. Handlungsintentionen zu erreichen.*
>   *Insofern ist pädagogisches Handeln vorrangig als <u>kommunikatives Handeln</u> anzusehen.*
> (Rauhe u. a. 1975, S. 173)

Da pädagogisch motivierte Kommunikation nicht bei der Verständigung über den Sinn von Handlungen stehen bleiben will, sondern wieder zu Handlungen führen soll, bildet die Interpretation musikunterrichtlichen Handelns als Interaktion eine notwendige Konsequenz (Rauhe u. a. 1975, S. 173).

c) Die ästhetische Fundierung des Handlungsbegriffs
Im vorhergehenden Kapitel haben wir deutlich zu machen versucht, daß Struktur und Funktionszuschreibung der Umgangsweisen mit Musik ganz wesentlich vom zugrundegelegten Musikbegriff abhängen.
Erinnern wir uns: Eines der zentralen, provozierenden und immer wieder neue Antworten herausfordernden musikdidaktischen Probleme besteht darin, den objektiven Sachverhalt „Musik" mit einer pädagogischen Intentionalität zu vermitteln. Im Konzept des handlungsorientierten Musikunterrichts von Rauhe u. a. finden wir einen ähnlichen Grundgedanken, wie er bei Heinz Antholz anzutreffen war:

Die alte Frage nach dem „Wesen" der Musik läßt sich nun aber in eine andere Frage überführen, in diejenige nach Merkmalen für Verhaltensweisen, die insgesamt als „Musik" bezeichnet werden. Diese Verhaltensweisen müssen sich dann für verschiedene zeitliche und räumliche „Standorte" als besonders kennzeichnend erweisen. Etwas vorsichtiger könnte man einschränken: ..., die wir von unserem eigenen Standort aus gesehen für besonders kennzeichnend einschätzen.
(Rauhe u. a. 1975, S. 16)

Konfrontiert man diese musikästhetische Aussage mit der folgenden didaktischen:

Gemäß dem hier entwickelten Konzept darf sich die Behandlung von Musik keinesfalls auf die rein kognitive Beschreibung, Analyse und Interpretation des mehr oder weniger aus der Distanz zu betrachtenden Werkes und seiner Entstehungs- wie Vermittlungsbedingungen (...) beschränken, sondern muß stets auch und vor allem den affektiven und psychomotorischen Bereich dadurch einbeziehen, daß der handelnde Umgang mit Musik sowie dem ihr zugrunde liegenden Klangmaterial (durch Realisation, Reproduktion und Improvisation in der Gruppe oder allein) und das einfühlende Erleben ihrer Sinngehalte (durch empathisches Hören und Verstehen) angebahnt und gefördert wird. Lerninhalt ist also weniger das Musikwerk als „Gegenstand", sondern mehr der lebendige, handelnde, gleichermaßen kognitive, affektive und psychomotorische Umgang mit ihm. Nicht „Werkbetrachtung", sondern „Werknachvollzug", nicht „Werkanalyse", sondern „Werkerfahrung" – so könnte verkürzt die Devise handlungsorientierten Musikunterrichts lauten...
(Rauhe u. a. 1975, S. 197)

So zeigt sich allerdings auch der gegenüber Antholz höhere Grad der „Pädagogisierung" der musikalischen Sachverhalte: Musik wird als eine kulturspezifisch jeweils näher zu bestimmende Klasse von Verhaltensweisen verstanden.
Auf dem Hintergrund eines anthropologisch festgemachten Handlungsbegriffes werden die musikalischen Verhaltensweisen pädagogisch transformiert, d. h. als zu erlernende „Lerninhalte" begründet.
Bei Antholz dagegen erfolgte die didaktische Transformation dadurch, daß
1. Musik auf die Ebene des Prozesses zurückgeholt und
2. gleichzeitig eine Identität des Repertoires an „Verfahren" im musikkulturellen und musikpädagogischen Bereich angenommen wurde.
Bei Rauhe u. a. gilt gleichfalls der prozessuale Ausweis für Musik als ästhetisches Phänomen. Ihre pädagogisch-didaktische Stellenwertzuschreibung erfährt sie jedoch über einen anthropologisch fundierten Begriff von Handeln.

d) Von der Handlungsorientierung zur Schülerorientierung
Wir gehen noch einmal zum letzten Zitat, Rauhe u. a. 1975, S. 197, zurück und vergleichen es mit den folgenden Bestimmungen von Walter Kühn:

Nicht Kunstwissen, auch nicht Kunsttechnik (Treff- und Stimmtechnik) und nicht ein gedächtnismäßig einzuprägender Kunststoff (Auswendiglernen von Volksliedern und Chorälen) kann die Hauptaufgabe der Kunsterziehung sein. Ausbildung der künstlerischen Erlebnisfähigkeit im Elementarsten, Ausbildung der Aufnahmefähigkeit für das betreffende Kunstmaterial, hier also für das Klangliche und Rhythmische, darauf kommt es an.

Kunstverstehen heißt nicht, Kunstwerke logisch zergliedern können; Kunstverstehen heißt, den Schaffensvorgang des Komponisten nachzuerleben vermögen. Kunst hat es ihrem innersten Wesen nach immer zu tun mit etwas Schöpferischem; ein Kunstwerk ist etwas aus dem Menschengeist heraus Geborenes, es ist schöpferisch Hervorgebrachtes. Soll der heranwachsende Mensch das Wesentliche des Künstlerischen erfassen, so muß er naturgemäß zuerst zu diesem Wesentlichen geführt werden, er muß dahin gebracht werden, mit dem Material der Kunst frei schöpferisch umgehen zu lernen, er muß, wenn auch im primitivsten Sinne, den Schöpfungsakt an sich selbst erlebt haben, damit er dadurch fähig wird, den Schaffensvorgang an einem Kunstwerk nacherleben zu können, um so dem Kunstwerk wirklich innerlich nahe kommen zu können.
(Kühn 1922, S. 72 f.)

Beide Aussagen trennen gut fünfzig Jahre voneinander. Sieht man von der Unterschiedlichkeit der Sprache ab, so werden die inhaltlichen Übereinstimmungen deutlich:
1. Abwehr eines kognitiven Übergewichts in der Aneignung musikalischer Sachverhalte,
2. Betonung des Erlebnishaften/Emotionalen,
3. Hervorhebung des handelnden/schöpferischen Umgangs mit musikalischen Sachverhalten und damit der motorischen Dimension musikalischer Tätigkeit.

Der Begriff der *Arbeitsschule* (Titel der Arbeit von Kühn) weist auf eine Wurzel jener Bemühungen der handlungsorientierten (und gleichfalls der schülerorientierten, vgl. Kap. C. 5.2) Musikdidaktik hin, die einseitig kognitive zugunsten einer breiteren Ausrichtung des Musikunterrichts aufzugeben: die Reformpädagogik zu Beginn unseres Jahrhunderts (hier besonders Gaudig und Kerschensteiner). Darüber hinaus sei erinnert an Wegbereiter dieser pädagogischen Perspektiven, an Rousseau, Pestalozzi, Schleiermacher u. a.

Die konzeptionellen Parallelitäten zwischen handlungsorientiertem Musikunterricht und Arbeitsschulpädagogik sind so auffällig, daß wir sie hier jeweils im Vergleich vorführen:

Die Charakterisierung des Handlungsbegriffes durch die motorische Dimension

Während heute die Kategorie „Handeln" namentlich in der Soziologie in einem sehr weitreichenden Sinn verwendet und dabei auch auf Prozesse des Wahrnehmens und Denkens bezogen wird, tritt beim musikalischen Handlungsvollzug die ursprüngliche Bedeutung des Handlungsbegriffes wieder deutlich zutage, wenn man sich vergegenwärtigt, daß „Handeln" sich ja herleitet von „Hand" bzw. „Handhaben" und damit das Gestalten vermittels körperlicher Tätigkeiten im umfassenden Sinne meint. Denn in jedem Fall ist die akustisch-konkrete klangliche Realisierung von musikalischen Vorstellungen und Intentionen – sieht man einmal von dem Bereich elektronischer bzw. computergenerierter Musikformen ab – an den Vollzug psychomotorischer Aktivitäten gebunden.
(Rauhe u. a. 1975, S. 177 f.)

Der Begriff „Arbeitsschule" wird im allgemeinen unklar gebraucht. Sein Bedeutungsbereich erstreckt sich nach zwei Seiten hin; einmal versteht man unter Arbeitsschule das handwerkliche Umgehen mit den Dingen; dieses wird geradezu zum Unterrichtsfach ausgebaut, es erscheint als Handfertigkeitsunterricht und umfaßt Basteln, Ausschneiden, Kleben, Schnitzen u. a. Es wird sodann aber auch als Unterrichtsprinzip in andern Fächern herangezogen, indem die genannten und ähnliche handwerkliche Tätigkeiten in den Dienst der Erarbeitung von Unterrichtsstoffen gestellt werden. Anschauungen und Begriffe von den Dingen werden erworben durch „Begreifen" derselben (wörtlich genommen). So beruht also das Arbeitsprinzip darauf, daß nicht nur über die Dinge gesprochen bzw. gelesen wird oder diese im Bilde gezeigt werden, daß sie nicht bloß in ihrer Wirklichkeit visuell erfaßt werden, sondern daß bei der Erfahrungsgewinnung der motorischen Sphäre ein ausschlaggebender Einfluß eingeräumt wird. Das Arbeitsprinzip ist also eine bewußte Heranziehung des jedem Menschen eingeborenen Tätigkeitstriebes.
(Kühn 1922, S. 66)

Das Prinzip der Selbsttätigkeit des Schülers als Element der Selbstbestimmung

Um sich reformieren zu können, muß die deutsche Schule allerdings „Arbeitsschule" werden, aber Arbeitsschule in dem Sinne, daß die selbsttätige Arbeit des Schülers die den Charakter der Schule bestimmende Tätigkeitsform ist. In dieser Arbeitsschule soll der Schüler während der gesamten Arbeitsvorgänge selbsttätig sein; selbsttätig beim Zielsetzen, selbsttätig beim Ordnen des Arbeitsganges, selbsttätig bei der Fortbewegung zum Ziel, selbsttätig bei den Entscheidungen an den Kreuzwegen, selbsttätig bei der Kontrolle, bei der Korrektur usw.

Kein Hörsaal, sondern eine Werkstatt soll die Schulstube sein; eine Stätte, wo der Schüler sich Erkenntnis und Fertigkeit arbeitend erwirbt, nicht eine Stätte, wo ihm Wissen eingedrillt wird, wo man an ihm arbeitet, ihn „bearbeitet"; eine Stätte, wo er unter der Anleitung des Meisters die Arbeitstechnik gewinnt, vor allem die Technik, mit (arbeitendem) Wissen neues Wissen zu erwerben.
(Gaudig [1911] 1968, S. 158 f.)

Im Konzept des handlungsorientierten Musikunterrichts wird das didaktische Regulativ der Selbsttätigkeit des Schülers, wie es z. B. Gaudig im vorhergehenden Text formuliert hat, im Begriff der Selbstbestimmung aufgehoben:

(1) Da der handlungsbezogene didaktische Ansatz von seiner Intention her die tendenzielle Selbstbestimmung aller am Unterricht Beteiligten anstrebt, erstreckt sich diese Selbstbestimmung, die natürlich ihre Grenze in den verschiedenen Vermittlungsbedingungen findet, auch auf die zielorientierte Inhaltsentscheidung, die das Lernen durch zielgerichtetes Handeln ebenso prägt wie die oben untersuchten Vermittlungs- und Interaktionsbedingungen.
(Rauhe u. a. 1975, S. 196)

Ferner:

(2) Gemeinsame Entscheidung aller am Lernprozeß Beteiligten über Ziel, Inhalt und Gestaltung des Unterrichtsvorgangs, wobei dem Lehrer aufgrund seines Erfahrungs- und Informationsvorsprungs selbstverständlich eine stets zu reflektierende und zu problematisierende Sonderstellung zukommt. Eine solche gemeinsam zu treffende Entscheidung bezieht sich auch auf die Auswahl eines zu be-handelnden Musikstückes, das an die kommunikativ ermittelten Erfahrungen, Einstellungen, Wahrnehmungs- und Verhaltensweisen anknüpfen sollte...
(Rauhe u. a. 1975, S. 198)

Daß aber die Selbstbestimmung des Schülers inhaltlich bereits vollständig vorgedacht und in spezifischer, für die gegenwärtige Diskussion um den handlungsorientierten (Musik-)Unterricht folgenreicher Weise durch die Arbeitsschulbewegung entfaltet wurde, mag der folgende Text verdeutlichen; er verwendet zwar nicht den Begriff „Selbstbestimmung des Schülers", entfaltet diesen jedoch inhaltlich:

> *Für den Ausbau des Schulwesens, ist das Prinzip darum maßgeblich, weil es ungleich schärfer als das bisherige Unterrichtsverfahren Fähigkeit und Unfähigkeit erkennen läßt. Die Täuschung, die jetzt oft die fremde in dem Schüler irgendwie versteckte Energie bereitet, die Energie seiner Lehrer, seiner Eltern, der Stundengeber, der Mitschüler – diese Täuschung ist unmöglich bei einem System, das den Schüler zum „Täter seiner Taten" macht.*
> *„Die selbsttätige Arbeit des Schülers" macht aus seiner Tätigkeit – eine Handlung, eine Handlung, bei der er „handelndes Subjekt" ist. So entwickelt die Arbeitsschule alle die Eigenschaften, die selbständiges Handeln zu entfalten vermag: Energie, Ausdauer, Entschlußkraft; Verantwortlichkeitsgefühl, Selbstgefühl, Selbstkritik, Fähigkeit der Selbstbesinnung usw. usw.*
> (Gaudig [1911] 1968, S. 160)

5.2 Schülerorientierter Musikunterricht

Das Konzept des „Handlungsorientierten Unterrichts" kann als der Versuch gedeutet werden, Unterricht, und damit auch Musikunterricht, beträchtlich mehr von den Interessen und Lebensperspektiven der Schüler her zu planen und durchzuführen als das bislang geschehen ist. Das im Begriff der H a n d l u n g – im Unterschied zu dem des V e r h a l t e n s – als grundlegend gedachte Moment der Reflexivität (Verantwortungsgefühl, Selbstgefühl, Selbstkritik usf., s. o.) wird zum entscheidenden Gesichtspunkt – neben dem der Realisierung von mehr Demokratie in Schule und Gesellschaft, der aber zutiefst mit dem der Reflexivität verbunden ist – von didaktischen Theorien, die in der allgemein-didaktischen Diskussion seit Mitte der siebziger Jahre unter dem Begriff „Schülerorientierung" entwickelt wurden. Zu Beginn der achtziger Jahre findet dieser „Trend" Eingang in die m u s i k didaktische Diskussion.

Hilbert L. Meyer unternahm 1980 von der Allgemeinen Didaktik herkommend einen Definitionsversuch, der – insbesondere unter Lehrern – eine weite Verbreitung gefunden hat:

> 1. *Schülerorientierte Didaktik ist die Theorie der Analyse und Konstruktion von Lehr-/Lernprozessen unter Einbeziehung und Thematisierung der Interessen der Lernenden.*
> 2. *Schülerorientierte Didaktik geht von einem dialektischen Zusammenhang von Zielen, Inhalten und Methoden im Unterrichtsprozeß aus.*
> 3. *Schülerorientierte Didaktik rechnet damit, daß in der gesellschaftlich verfaßten Schule grundsätzlich entfremdetes Lernen stattfindet, das nur ansatzweise und widersprüchlich zu selbstbestimmtem Lernen aufgehoben werden kann.*
> (Meyer 1980, S. 204)

Meyers Definition enthält drei Momente, vor deren weitreichender Bedeutung sich keine Didaktik davonschleichen kann: Schülerorientierte (Musik-)Didaktik enthält
1. eine Theorie des (Musik)Lernens,
2. eine Theorie des Unterrichts und
3. eine Theorie von Gesellschaft.

In der Musikdidaktik wissen sich U. Günther, Th. Ott und F. Ritzel in besonderer Weise der Theorie des schülerorientierten Musikunterrichts verbunden. Sie gehen von drei Prinzipien aus, in denen sich die von Meyer genannten Momente unschwer wiederfinden lassen, und kommen zu vier, im wesentlichen unterrichtsmethodischen Folgerungen:

Prinzipien:
1. Die Unterrichtsplanung als Teil des Unterrichts
2. Die Bedingtheit der Unterrichtsentscheidungen und Aneignungsformen durch die Lebens- und Erfahrungswelt der Schüler
3. Der Lernprozeß der Schüler als Gegenstand von Musikunterricht

Folgerungen: *)
1. Musikunterricht nicht nur als Kommunikation über musikalische Sachverhalte, sondern als Kommunikation über Musikunterricht selbst („Metaunterricht")
2. Prinzipielle Gleichberechtigung der an der unterrichtlichen Kommunikation beteiligten Partner: Symmetrie der Kommunikation
3. Arbeitsteilige Kooperation und Gruppenarbeit
4. Handlungs- und ergebnisorientierte Unterrichtsformen: Projekte

Die Orientierung am Schüler hat über die zuvor angeführten unterrichtsmethodischen Konsequenzen allgemeiner Art hinaus Auswirkungen auf den Stellenwert und die Funktion der Umgangsweisen mit Musik. Diese werden, das zeigt insbesondere das dritte zuvor genannte Prinzip, Unterrichtsinhalte:

Die Frage ist nicht: Welches ist die Sachstruktur, und welche Lernschritte ergeben sich daraus, sondern: Wie setzen sich die Schüler mit der Sache/dem Problem in Beziehung, und welche Hilfen kann man ihnen für die Strukturierung ihres Lernweges geben?
(Ott in: Günther u. a. 1982, S. 46)

Die Schülerorientierung des Musikunterrichts hat über die Folge hinaus, daß die Umgangsweisen mit Musik zu Unterrichtsinhalten werden, eine weitere Konsequenz: Die Lernprozeß- und Ergebnisorientierung führt implizit zu einer Betonung der Umgangsweise „Produktion". Besonders deutlich wird das in den von Günther u. a. vorgelegten Unterrichtsreihen, deren Titel bereits von dieser Leitvorstellung künden: *Erster Umgang mit Musikinstrumenten, Vertonung einer Bildgeschichte, Musik zu einem Film erfinden, Lieder nachgestalten und umgestalten* usf. (Günther u. a. 1982, S. 60 f. bzw. 66 ff.)

    Schülerorientierter und handlungsorientierter Musikunterricht, jeweils einer pädagogischen Überzeugung entsprungen, haben beträchtliche Implikationen politischer Art. Wenn Thomas Ott feststellt (a.a.O. S. 46), daß es dem schülerorientierten Musikunterricht *im Kern um demokratischere Strukturen geht,* so stimmt er mit der Einschätzung H. Meyers überein, der im handlungsorientierten Unterricht ein Mittel sieht, die Klassenraumsituation zu überschreiten und durch schulische Handlungsergebnisse w i r k l i c h gesellschaftlich verändernd, und das heißt verbessernd wirksam zu werden.

    Geht man davon aus, daß unsere allgemeinbildende Schule im Kern nur entfremdetes Lernen zuläßt, dann hat die Forderung nach selbstbestimmtem Lernen eine politische Brisanz, die kaum zu überschätzen ist. (Wir wagen hier eine Vermutung: Ist vielleicht das Ziel der allgemeinbildenden Schule darin zu suchen, daß gelernt werden soll, die Entfremdung des Lernens als „naturwüchsig", also als selbstverständlich anzuerkennen? Denn in dem Augenblick, in dem ein Individuum nicht mehr durchschauen kann, daß seine Motive, seine Handlungen nicht durch es selbst gesteuert

---

*) In der Sprache der „Berliner Didaktik" handelt es sich bei 2. um die *Verkehrsformen,* bei 3. um die *Sozialformen* und bei 4. um die *Methodenkonzeption.*

werden, wird es funktional unproblematisch einsetzbar.) Wenn also im handlungsorientierten und schülerorientierten Musikunterricht der Umgang mit musikalischen Sachverhalten in der Weise gelernt werden soll, daß der Gegenstand, der Weg, das Ziel und die Modalitäten der Lernsituation ganz wesentlich durch die Schüler mitbestimmt werden, dann ist vielfältiger Widerstand zu erwarten.

Aber es ist nicht nur diese politische Dimension, welche einer durchgängigen Verwirklichung des schüler- oder handlungsorientierten Musikunterrichts Schwierigkeiten bereiten dürfte:

Schülerorientierter Unterricht im idealtypischen Sinne wird unter schulischen Normalbedingungen wohl deshalb die Ausnahme bleiben, weil Verkehrsformen und organisatorische Gegebenheiten eben auf eine ganz andere Art von Unterricht eingestellt sind. Allein schon das Fächersystem und der zerklingelte Vormittag setzen hier Grenzen, sicher auch den Schülern.
(Ott in: Günther u. a. 1982, S. 49)

Die Organisation von Unterricht läßt sich allerdings immer noch auf bildungspolitische Vorgaben zurückführen. Den Rahmen politischer Argumentation überschreitet ein Gesichtspunkt, den Ott (unter Bezug auf J. Eucker/H. Kämpf-Jansen: *Ästhetische Erziehung 5-10,* München 1980, S. 21) anführt:

Ist es Schülern zumutbar, in jeder Stunde erneut in einem immer anderen Fach die „eigenen Bedürfnisse" zu aktivieren, um in kreativem Dauerstreß mühsam ... Einfälle und Problemstellungen zu produzieren?
(Ott in: Günther u. a. 1982, S. 49)

Ein pragmatischer Gesichtspunkt wird jedoch diese Befürchtung sehr schnell relativieren: Es ist kaum anzunehmen, daß – unter den gegenwärtigen schulischen Bedingungen – der schülerorientierte (Musik-)Unterricht zur durchgängigen Norm und Realität wird.

Zusammenfassung

Handlungsorientierter und schülerorientierter Musikunterricht treffen sich darin, daß die Umgangsweisen mit Musik als Inhalte des Musikunterrichts betrachtet werden.

In beiden Konzeptionen erfolgt eine stärkere Wendung vom Gegenstands- zum Personenbezug, d. h. Betonung des „Sozialen Lernens".

Gegenüber dem handlungsorientierten Musikunterricht ist der Begriff des schülerorientierten Musikunterrichts der weitere, weil in ihm über die Orientierung am musikalischen Handeln eine betont politische Perspektive mitgedacht ist: die Realisierung von mehr Demokratie.

Handlungsorientierter und schülerorientierter Musikunterricht differieren ferner darin, daß sie im Feld der Umgangsweisen mit Musik unterschiedlich akzentuieren. Das Konzept des handlungsorientierten Musikunterrichts ist stärker rezeptionsorientiert, das des schülerorientierten Musikunterrichts stärker produktionsorientiert.

Der Gewinn des schülerorientierten Musikunterrichts kann darin gesehen werden, daß die musikalische Schulpraxis mit der Lebenspraxis des Schülers in engere Verbindung gebracht werden soll.

Das Problem (in systematischer Hinsicht) besteht in der möglichen Verengung der musikalischen Perspektive: Es besteht zumindest die Gefahr, daß die deutliche Betonung des Schülerprodukts blind macht für musikalische Standards, d. h. für Musik als Komposition, als Niederschlag musikalisch-gesellschaftlicher Erfahrung exemplarischer Art.

Neben diesem spezifisch innermusikalischen Problem sehen sich handlungs- und schülerorientierter Musikunterricht einer p o l i t i s c h e n Problematik ausgesetzt: Konsequentes Durchhalten des schülerorientierten Musikunterrichts würde zu einer Sprengung des gegenwärtigen Schulsystems führen. Dies würden gegenwärtig herrschende gesellschaftliche Kräfte nicht zulassen. Folglich kann schülerorientierter (Musik-)Unterricht immer nur teilweise verwirklicht werden. Dann besteht aber die Gefahr, daß nur einzelne Momente des schülerorientierten Konzepts zur Geltung kommen, und zwar jene, die sich „unproblematisch" in ganz andere Unterrichtsperspektiven einfügen lassen. Konzeptionell ursprünglich als Zwecke (Ziele) gedacht, würden sie somit wieder zu Mitteln u. U. sogar für gegenläufige Zielvorstellungen gemacht werden (können).

D. LERNZIELE DES MUSIKUNTERRICHTS

1. Zur Terminologie

Als Bezeichnung für die Intentionen von Musikunterricht hat sich in der Musikdidaktik weithin der Begriff „Lernziel" durchgesetzt. Daneben werden gelegentlich aber auch noch einige andere bedeutungsverwandte Begriffe verwendet. Hierzu gehören die Bezeichnungen „Bildungsziel", „Erziehungsziel", „Lehrziel", „Unterrichtsziel". Der nachstehende Text erläutert dieses Begriffsfeld und nennt einige Gründe, die für die Bevorzugung von „Lernziel" gegenüber den anderen Bezeichnungen sprechen. Arbeiten Sie diese Gründe stichwortartig heraus.

Zunächst erscheint es zweckmäßig, auf die Bezeichnung Bildungsziel wegen der Vieldeutigkeit und ideologischen Belastung des Bildungsbegriffes zu verzichten. Die Bezeichnung Erziehungsziel, die in den Erziehungswissenschaften Fürsprecher mit differenzierten Argumentationen hat, ist im fachdidaktischen Zusammenhang problematisch. Selbst wenn man den Erziehungsbegriff in seinem weitesten Sinne als Handlung des Erziehers für angestrebte Änderungen der psychischen Disposition des zu Erziehenden auffaßt, kann man gerade für die als wesentlich verstandenen Dispositionsänderungen des allgemeinen (individuellen und sozialen) Verhaltens kaum den Zusammenhang mit fachbezogenen Gegenständen in Lehre und Lernen, beispielsweise in Musik, nachweisen. Dazu kommt, daß der Erziehungsbegriff mit Erziehung als einem Vorgang der Planung und Durchführung durch den Erzieher die Aktivität des Erziehers zum Ausgang nimmt. Lernen ist der Vorgang, der sich im Schüler abspielt; der Lern-Begriff geht von dem Prozeß des Lernens im Lernenden aus. Er ermöglicht zudem methodisch Ziel-Beschreibungen mit erlernten Verhaltensweisen im fachbezogenen Zusammenhang. Aus fachdidaktischen Sachgründen, wegen des Vorranges der Subjekt-Determinante für die Ziel-Bedingungen und aufgrund methodischer Vorzüge wird darum der Lernziel-Begriff gegenüber dem Begriff des Erziehungs-Zieles bevorzugt. Auch die Bezeichnungen Lehrziel und Unterrichtsziel werden der Bedeutung des Prozesses im Subjekt, dessen eigenen Gegebenheiten und Möglichkeiten, weniger gerecht als den Absichten und Aktivitäten des Lehrenden. Die Bezeichnung Lehrziel ist zudem zu eng, weil sie die alleinige Bestimmung des Zieles durch den Lehrenden, den Verzicht auf grundsätzliche Einsicht des Lernenden in den Lehrplan, zumindest annehmen läßt. Daß das gesteckte Ziel nicht nur im Unterricht, sondern auch außerhalb mit selbständiger Arbeit angestrebt werden kann, läßt auch die Bezeichnung Unterrichtsziel als weniger sinnvoll erscheinen. Andererseits sind auch Einwände gegen den Lernziel-Begriff bewußt zu halten, vor allem, daß er als Ziel für einen Lernenden eine Verfügungsgewalt des Erziehers über einen Lernenden vortäusche, die es nicht gebe.
(Abel-Struth 1978, S. 14 f.)

Neben dieser Argumentation zugunsten des Begriffes „Lernziel" gibt es aber auch Überlegungen, die für die Bezeichnung „Unterrichtsziel" *als Inbegriff aller intendierten Wirkungen von Unterricht* (Ott 1980, S. 179) sprechen. Hierbei wird vor allem darauf hingewiesen, daß die Bezeichnung „Lernziel" ausschließlich den subjektbezogenen Aspekt musikalischen Lernens betont, andere Aspekte wie z. B. den eines als wünschenswert erachteten Zustands von Gesellschaft in bezug auf Musik aber ausblendet. Auf diese Überlegungen kommen wir weiter unten im Zusammenhang mit der Definition des Lernziel-Begriffes noch einmal zurück.

2. Lernziel-Angabe und Lernziel-Begriff

Über die Ziele des musikalischen Lernens in der Schule ist in den letzten etwa zwanzig Jahren intensiv diskutiert worden. Diese Diskussion befaßte sich zunächst vorwiegend mit der Überprüfung alter und der Formulierung neuer Lernziele. In jüngerer Zeit sind darüber hinaus auch Bemühungen unternommen worden, grundlegende Kenntnisse über musikalische Lernziele – über ihre Eigenarten, ihr Zustandekommen, die sie bestimmenden Faktoren usw. – zu gewinnen.

Diese zweifache Auseinandersetzung mit dem Problem der musikalischen Lernziele hat zur Unterscheidung zwischen Ziel-Angabe und Ziel-Begriff geführt. Diese Unterscheidung läßt sich folgendermaßen beschreiben:

> *Beobachtet man den Gebrauch des Wortes „Ziel" im Zusammenhang musikalischen Lernens, so fällt zunächst auf, daß in außerordentlich hohem Maße von Zielen geredet wird; fast möchte man von einer auffallenden Bereitschaft zu Lernziel-Bekenntnissen im Zusammenhang mit Musik sprechen. Das, was im Gespräch ist, sind Ziele des Musik-Lernens im Sinne von Ziel-Angaben. Seit Jahrhunderten werden solche Ziel-Angaben für musikalisches Lernen aufgestellt und erörtert. Davon ist zu unterscheiden der Ziel-Begriff. Im Begriff des Zieles für musikalisches Lernen sind die gemeinsamen Tatsachen der verschiedenen Ziel-Angaben für musikalisches Lernen vereinigt.*
>
> *Die deutliche Unterscheidung zwischen Ziel-Angabe und Ziel-Begriff ist notwendig, um Mißverständnissen hinsichtlich des Stellenwertes von Ziel-Angaben vorzubeugen. Ziel-Angaben – von generalisierenden Proklamationen bis zum Detail von Sachzielen – geben an, was sein soll, was man tun soll. Das Ziel wird aufgrund vorgegebener Normen und Werturteile aufgestellt. Ziel-Angaben sind Setzungen, Wert-Setzungen, aber keine Tatsachen. Dieser Unterschied verwischt sich in sprachlichen Darstellungen, insbesondere wenn diese ein nichtumgangssprachliches Vokabular benutzen. Je mehr Vokabeln und Wendungen aus human-wissenschaftlichen Theorie-Feldern diese Ziel-Angaben umkleiden, desto mehr erscheinen sie als Tatsachen-Aussagen. Daß hier sogar ein Prinzip der Tarnung wirksam sein kann, wurde schon 1971 durch Ernst Topitsch und seinen Begriff der „kryptonormativen Aussage" dargelegt. Bei Ziel-Angaben für Musik-Lernen kann man sich auf vorausgegangene Werturteile berufen, aber sie sind keine Tatsachen, die man als wahr oder falsch erkennen kann.*
>
> *Der Ziel-Begriff jedoch ist dem zieltheoretischen Feld zugehörig, in dem die angegebenen Ziele des Musik-Lernens und ihre Bedingungen beschrieben, analysiert und geordnet werden, wo Kategorien entwickelt und wissenschaftliche Methoden angewendet werden. Hier wird nicht erörtert, was sein soll, sondern festgestellt, was ist, werden nicht Ziele gesetzt und bewertet, sondern die Kenntnisse über die Tatsachen des Ziel-Bereiches erweitert und ihre Wahrheit methodisch geprüft.*
> (Abel-Struth 1978, S. 13)

Zur Verdeutlichung können wir die Unterscheidung zwischen Ziel-Begriff und Ziel-Angabe in zwei Fragen fassen:
- Was ist ein musikalisches Lernziel?
  (Frage nach dem Lernziel-Begriff)
- Welche musikalischen Lernziele sollen im Musikunterricht angestrebt werden?
  (Frage nach der Lernziel-Angabe)

Wie die eben zitierten Ausführungen zu erkennen geben, handelt es sich bei der Abgrenzung von Ziel-Begriff und Ziel-Angabe keineswegs nur um eine theoretisch bedeutsame Differenzierung. Sie ist vielmehr ebenso von praktischem Nutzen, vor allem beim Umgang mit musikdidaktischen Texten, Richtlinien, Lehrbüchern usw. Ziel-Angaben, so wurde angedeutet, stehen nämlich leicht in der Gefahr, aufgrund ihrer sprachlichen Darstellungsweise als objektive Tatsachen mißdeutet zu werden. Auf diesen Sachverhalt und die daraus entstehenden Probleme macht der folgende Text aufmerksam.

Es wird oft übersehen und gelegentlich auch bestritten, daß Zielformulierungen nicht beschreiben, „was der Fall ist" bzw. „was man tun kann", sondern angeben, „was der Fall sein soll" oder „was man tun soll". Die Differenzierung dieser unterschiedlichen Information ist von fundamentaler Bedeutung, da sich Informationen der ersten Art prinzipiell durch „Tatsachen" verifizieren oder falsifizieren lassen, wogegen normative Aussagen sich nur unter Berufung „auf Werturteile und deren Anerkennung als gültig oder ungültig" erweisen und somit nicht „wahrheitsfähig" sind. Eine empirische Verifikation von Sollensaussagen ist nicht möglich. Die Identifikation von Lernzielen impliziert also immer Sollensaussagen, die letztlich Wertentscheidungen sind und Weisungen für künftiges Lernen beinhalten.

Da rein grammatisch gesehen eine Wertsetzung von einer Tatsachenaussage nicht unterscheidbar ist, besteht die Gefahr, daß in Lernzielformulierungen Wertsetzungen als Tatsachenaussagen getarnt vorgetragen werden („kryptonormative Aussagen").

Ein im Rahmen der Reform unseres Bildungswesens potentiell erreichbarer Konsens über allgemeine Lernziele kann nicht als Feststellung objektiver Bildungsbedürfnisse gelten, da der erfahrungswissenschaftliche Gegenstandsbereich verlassen wird und eine „intersubjektive Übereinstimmung" deshalb nicht möglich ist. Das Problem, was der Mensch lernen soll, ist somit letztlich aufgrund empirischer Tatsachenaussagen nicht entscheidbar. Aus Ist-Aussagen können logisch keine Sollens-Aussagen abgeleitet werden.
(Wietusch 1976, S. 500 f.)

Wir halten fest:
Lernziel-Angaben stellen Sollens-Aussagen dar. Sie sagen aus, was geschehen soll. Sie besitzen also normativen Charakter. Dieser wird sprachlich allerdings nicht selten verschleiert. Lernziel-Angaben erscheinen dann getarnt als Tatsachen-Aussagen (Ist-Aussagen), die den Eindruck erwecken, einen Sachverhalt objektiv zu beschreiben.

Untersuchen Sie nun den folgenden Text, der sich mit der Erörterung musikalischer Lernziele befaßt, unter den Fragestellungen:
– Wo liegen Sollens- und wo Tatsachen-Aussagen vor?
– Sind beide Aussage-Ebenen sprachlich voneinander unterschieden?

Musik wird weitgehend über Konserven vermittelt. Dadurch fehlt den Schülern der unmittelbare Bezug zum ausführenden Musiker. Die Beurteilungsfähigkeit einer Leistung am Instrument (Stimme) kann sich nicht entwickeln, denn technische Perfektion setzt falsche Maßstäbe und macht die eigentliche musikalische Leistung zur Nebensache.

Deshalb sollte jedem Schüler der Grundschule ermöglicht werden, Erfahrungen mit Instrumenten (sowohl den traditionellen als auch anderen Klangerzeugern), der eigenen Stimme und elektronischen Veränderungen (Mikrophon, Tonband) zu machen. Die Tätigkeit am Instrument und mit der Stimme hat Schlüsselfunktion und eröffnet wesentliche Zugänge zur Musik. Im Lernfeld Reproduktion verschiebt sich die musikalische Aktivität auf Musik, die in vorgeschriebener Form vorliegt. Durch die Bindung an eine Vorlage tritt in den Kommunikationsformen der Klasse zwangsläufig eine Einschränkung ein: der Lehrer macht vor und übt ein, die Schüler ahmen nach und führen aus. Die Musik bewegt sich vorwiegend in der Dur/Moll-Melodik und im Taktrhythmus.

Die traditionelle Form des Musikunterrichts fehlt auch in Zukunft nicht. Die Schüler lernen überlieferte Musik kennen und versuchen, Überliefertes umzuformen.
(*Rahmenrichtlinien für die Grundschule: Musik,* Niedersachsen 1975, in: Nolte [Hg.] 1982, S. 243)

Wie Sie sicher bemerkt haben, werden Sollens- und Ist-Aussagen hier nicht nur nebeneinander verwendet, sondern auch miteinander verknüpft (z. B.: ... *Deshalb sollte* ...). Auf dieses Problem werden wir später noch gesondert zurückkommen (s. Abschnitt D. 2).

Wir wenden uns nun dem Lernziel-Begriff zu. In einem Beitrag zur Entwicklung einer Theorie der Ziele musikalischen Lernens findet sich folgende Definition des musikalischen Lernziel-Begriffes:

Es gibt ungeplante und geplante musikalische Lernvorgänge. Sie beeinflussen sich gegenseitig; dies ist ein spezieller Forschungsgegenstand. Für das geplante Musik-Lernen wird – wie bei allem geplanten Lernen – ein in der Regel schriftlicher Plan aufgestellt, als Lehrplan bezeichnet (wenn er sich mehr auf Anweisungen für den Lehrenden beschränkt) oder als Curriculum (wenn er auch begründet und Bedingungen reflektiert). Das Ziel musikalischen Lernens hat im Musik-Lehrplan bzw. Musik-Curriculum die Funktion, das Ziel anzugeben, zu dem das musikalische Lernen hinführen soll und demgemäß dieses Lernen geplant wird. Für den Ziel-Begriff ist festzuhalten, daß das Ziel musikalischen Lernens das angestrebte Lern-Resultat angibt, den Soll-Zustand, dessen Verwirklichung am Lernenden durch Absolvieren eines linearen oder auch offeneren Lernplanes und mit Lernhilfe des Lehrers zwar nicht absolut zuverlässig erreichbar, aber real möglich ist. Das Ziel musikalischen Lernens bedeutet, oberhalb aller Unterschiede der Bedeutungs-Analysen des Wortes „Ziel", als Angabe des angestrebten Resultates von musikalischem Lernen ein Gut, das zum Verwirklichen und Erreichen auffordert und ein Streben zu diesem Gut hin impliziert.
(Abel-Struth 1978, S. 24 f.)

Wir fassen die in dieser Begriffsbestimmung genannten Merkmale musikalischer Lernziele stichwortartig zusammen:
- Formal betrachtet, sind Lernziele ein Bestandteil des Lehrplans.
- Lernziele geben das zu erreichende Lernresultat des Lernenden, den Soll-Zustand, an.
- Lernziele stellen ein Gut dar, das zur Verwirklichung auffordert.
- Lernziele sind zwar nicht mit absoluter Sicherheit, aber zumindest potentiell zu verwirklichen.

Zu einer Erweiterung dieses Lernziel-Begriffs gibt eine Analyse musikdidaktischer Literatur auf die darin de facto erkennbaren Intentionen von Musikunterricht Anlaß.

So gibt es über die individuelle Ebene hinaus in der Fachdidaktik immer auch Zielbestimmungen, die einen bestimmten, als wünschenswert erachteten Zustand der Gesellschaft oder des engeren außerschulischen Bezugsfeldes des Faches (im Falle der Musikdidaktik: des Musiklebens im weitesten Sinne) beschreiben. Solche Zielbestimmungen sind allerdings immer an individuelle Qualifikationen gebunden, denn nur über diese kann Unterricht überhaupt auf das außerschulische Bezugsfeld Einfluß nehmen. Zum zweiten werden erwünschte Qualifikationen nicht nur – nicht einmal primär – explizit als Ziele, etwa in der Form der obigen Definition, artikuliert. Vielmehr haben auch die <u>inhaltlichen</u> Grundbestimmungen, die in Fachdidaktiken vorgenommen werden, implizit Zielcharakter: ...
(Ott 1980, S. 179)

Im wesentlichen sind es zwei Aspekte, um die die bisherige Bestimmung des Lernziel-Begriffes hier erweitert wird:
- Lernziele erscheinen in der musikdidaktischen Literatur nicht nur als angestrebte Lernresultate des Individuums (Soll-Zustand), sondern auch als wünschenswerte Zustände von Gesellschaft bezüglich Musik.

- Lernziele erscheinen nicht nur explizit als formulierte Lernresultate, sondern sind implizit auch in Festlegungen von Lerninhalten enthalten. (Hier kündigt sich eine Problematik an, der wir uns später noch ausführlicher widmen werden, nämlich der des Bezuges zwischen Lernzielen und Lerninhalten; s. Abschnitt E.2.1).

In dem nachfolgenden Text werden weitere wichtige Merkmale musikalischer Lernziele benannt. Wir haben die Textpassage mit Zwischenüberschriften versehen, durch die die einzelnen Merkmale begrifflich gefaßt werden sollen. Versuchen Sie darüber hinaus, die Merkmale mit wenigen Stichworten zu beschreiben. Zum Vergleich geben wir am Ende der Textpassage eine Kurzzusammenfassung mit unseren Worten.

- Historische Variabilität
  Die Aufstellung der Ziele musikalischen Lernens hat eine lange geschichtliche Tradition. Historiographische Beobachtung belegt, daß diese lange Tradition kein bleibend gültiges Ziel für musikalisches Lernen erbrachte, daß vielmehr ständige intentionale Variabilität ein Ziel-Merkmal auch für musikalisches Lernen ist. Ihre Ursache ist die Notwendigkeit ständiger Aktualisierung der Unterrichts-Praxis. Das innovatorische Bestreben bei Lernziel-Aufstellungen richtet sich in besonders hohem Maße auf Ablösung von Zielen musikalischen Lernens der gerade vergangenen Phase und ist besonders intensiv in politisch-pädagogischen Reform-Phasen, deren Intentionen als Begründung herangezogen werden.

- Normenabhängigkeit
  Die historische Variabilität macht die Eigenart der Ziele für musikalisches Lernen als Niederschlag gesellschaftlicher Normen und damit als sozial bedingt deutlich. Diese Norm läßt sich als sozial-erzieherische und musikalische Doppel-Norm auffassen, mit implizitem Normen-Konflikt je nach Grad des Autonomie-Anspruches der Musik; der Normenkonflikt tritt in der Heterogenität der bei der Aufstellung der Ziele musikalischen Lernens mitwirkenden Gruppen und in Rollen-Konflikten der Musiklehrer zutage, doch vor allem in dem für die Variabilität des Zieles für musikalisches Lernen charakteristischen Akzent-Wechsel zwischen erzieherischen und musikalischen Komponenten des Zieles für musikalisches Lernen, der bis zu der Polarisierung des Doppel-Zieles musikalischen Lernens führt: wenn Musik einerseits nur Medium allgemeiner Erziehung ist oder andererseits nur als Objekt speziellen Lernens angesehen wird.

- Abhängigkeit von psychischen Dispositionen
  Das Ziel musikalischen Lernens als Sollensforderung wird determiniert durch die Voraussetzungen der psychischen Disposition in bezug auf Musik. Gemäß diesen, bisher nur unzureichend bekannten hochkomplexen Voraussetzungen werden dispositionelle Bereitschaften verstärkt, stabilisiert, differenziert wie abgebaut und angelegt, und zwar durch die psychische Aktivität des Lernenden und mit Lernhilfen des Lehrers. Demgemäß ist der Lernprozeß grundsätzlich (bei verschiedener Stringenz) an das Ziel musikalischen Lernens angebunden; Eigenarten des musikalischen Lernprozesses wie optimale musikalische Lernzonen, Regelhaftigkeiten von Unterrichtsabläufen, Meß-Ergebnisse über die Effektivität von Lernschritten bestimmen das angestrebte Resultat musikalischen Lernens ebenso wie die musikalischen Lernbedürfnisse des Schülers.

- Bezug auf dispositionelle Bereitschaften (Dispositionelle Bezogenheit)
  Die Angabe der angestrebten Resultate musikalischen Lernens erfolgt durch Beschreibung von angestrebten Verhaltensweisen; sie betreffen jeweils dispositionelle Bereitschaften, die in einer als wünschenswert erachteten Weise beeinflußt werden sollen. Die Bereitschaften liegen im psychomotorischen, affektiven und kognitiven Bereich; sie sind hochkomplex und vielfältig miteinander kombiniert, auch hinsichtlich der Verbindung allgemeiner und spezifisch musikbezogener Eigenschaften. Die Verhaltensänderungen werden mit musikalischen Inhalten angestrebt, die mit unter-

schiedlich hohem Anspruch beteiligt sind. Demgemäß variieren Ziele musikalischen Lernens je nach Beteiligung allgemeiner und musikalischer Verhaltensweisen sowie nach dem Anspruch musikalischer Inhalte, und zwar sowohl grundsätzlich als speziell gemäß Zielgruppen musikalischen Lernens.

- Variabilität des Präzisionsgrades
  Die Angabe der Ziele musikalischen Lernens kann hinsichtlich ihrer Präzision große Unterschiede aufweisen. Sie kann in höchstem Grade generalisiert und sie kann speziell sein; sie kann in allgemeinen erzieherischen Proklamationen enthalten oder so detailliert sein, daß das Erreichen des Zieles gemessen werden kann. Doch wenn Ziele für musikalisches Lernen von unterschiedlicher Präzision einander zugeordnet sind, kann nicht davon ausgegangen werden, daß grundsätzlich deduktive Zusammenhänge zwischen allgemein-generalisierenden und detailliert-spezialisierten Zielen musikalischen Lernens bestehen. Die Verfahrensweise für die Aufstellung der Ziel-Angaben für musikalisches Lernen ist, auch bei in höchstem Maße konkretisierten Lernzielen, die der Setzung, da sie stets auf wertender Auswahl beruht. Die Tatsachen des Zieles für musikalisches Lernen als musikpädagogischem Gegenstands-Bereich und ihr Bedingungs-Gefüge sind beschreibbar und analysierbar. Das heißt: Das Ziel musikalischen Lernens ist nicht rational abzuleiten, aber man kann es rational diskutieren.
  (Abel-Struth 1978, S. 25 f.)

Wir fassen zusammen:
- Musikalische Lernziele sind h i s t o r i s c h   v a r i a b e l, d. h. sie wandeln sich je nach historischer Situation.
- Musikalische Lernziele sind zumindest in zweifacher Hinsicht n o r m a t i v   g e p r ä g t, nämlich zum einen durch erzieherische, zum anderen durch musikalische Normen.
- Musikalische Lernziele sind mitbestimmt durch die Voraussetzungen der p s y c h i s c h e n   D i s p o s i t i o n des Lernenden.
- Musikalische Lernziele sind auf Beeinflussung komplexer und vielfältig miteinander kombinierter p s y c h o m o t o r i s c h e r,   a f f e k t i v e r   u n d   k o g n i t i v e r   D i s p o s i t i o n e n des Lernenden bezüglich Musik gerichtet.
  Die Beeinflussung der Dispositionen geschieht anhand musikalischer Lerninhalte mit unterschiedlichem Anspruch.
- Musikalische Lernziele können sehr a l l g e m e i n, aber auch sehr s p e z i e l l formuliert sein; spezielle musikalische Lernziele lassen sich nicht logisch stringent aus allgemeinen Lernzielen ableiten.

3. Zum Problem der Lernzielbestimmung

Das Problem der Bestimmung musikalischer Lernziele ist in der Musikdidaktik auf verschiedenen Ebenen anzutreffen. Der Musiklehrer sieht sich ihm von der Planung einer Unterrichtsreihe bis hin zur Vorbereitung der Einzelstunde ebenso konfrontiert wie der Musikdidaktiker bei der Ausarbeitung von Unterrichtsmodellen oder der Hochschullehrer bei der Konzipierung seiner Lehrveranstaltungen. Auch bei der Planung dieses Buches mußten wir uns mit der Frage befassen, welche Ziele wir mit unserer Schrift erreichen wollen. Unsere Antwort darauf haben wir im Vorwort skizziert.

Wenn wir uns an dieser Stelle mit dem Problem der Bestimmung musikalischer Lernziele befassen, so geht es uns nicht um die Frage, welche Lernziele in den musikdidaktischen Veröffentlichungen der Gegenwart genannt werden (hierauf kommen wir später noch zu sprechen); wir wollen vielmehr den Vorgang der Zielsetzung selbst, soweit er im Bereich musikdidaktischer Überlegungen stattfindet, auf einige Eigenarten und Bedingungen hin untersuchen.

Unsere Formulierung „... im Bereich musikdidaktischer Überlegungen ..." deutet bereits an, daß der Vorgang der Zielbestimmung über den Bereich der musikdidaktischen Fachdiskussion hinausreicht. Dies wird plausibel, wenn wir uns verdeutlichen, daß Musikunterricht innerhalb von Schule als einer staatlichen Organisation stattfindet, die in ihren Aufgaben wiederum durch übergreifende Bestimmungen, Gesetze usw. geregelt ist. Da die Einwirkung organisationsbedingter Faktoren auf die Zielsetzung von schulischem Musikunterricht in der Musikpädagogik bisher kaum beachtet wurde, nach unserer Auffassung aber nicht zu unterschätzen ist, haben wir dieses Problem hier ausgeklammert und ihm ein gesondertes Kapitel gewidmet. Unberücksichtigt bleibt also hier, welche Instanzen außerhalb der fachdidaktischen Diskussion an der Setzung von musikalischen Lernzielen beteiligt sind und durch welche organisatorischen Faktoren musikalische Lernziele gefördert oder auch korrumpiert werden können.

Das Problem der Lernzielbestimmung stellt sich für die Musikdidaktik in der Frage: Wie gelange ich zur Festlegung sinnvoller musikalischer Lernziele?

Wenn wir die musikdidaktische Literatur unter diesem Aspekt befragen, so sind im wesentlichen zwei Verfahren der Lernzielbestimmung erkennbar, die beide nach dem Prinzip der Deduktion (Ableitung) erfolgen. Im einen Falle werden fachspezifische Lernziele des Musikunterrichts aus allgemeinen erzieherischen Zielen abgeleitet, im anderen aus fachbezogenen Sachaussagen.

3.1 Die Ableitung musikalischer Lernziele aus allgemeinen Erziehungszielen

Das Verfahren, musikalische Lernziele aus allgemeinen erzieherischen Lernzielen von Schule abzuleiten, wird in der Musikdidaktik seit jeher angewendet. Es läßt sich zurückverfolgen bis in die griechische Antike, für die Musikunterricht zu einem erheblichen Teil ein Mittel zur Verwirklichung allgemeiner Erziehungsziele war. Charakteristisch für dieses Verfahren scheint uns die folgende, einem neueren Lehrplan entnommene Herleitung musikalischer Lernziele zu sein.

Zielsetzung: In unserer Gesellschaft ist jeder täglich mit unterschiedlichsten Arten von Musik konfrontiert. Versteht man Bildung als Ausstattung zum mündigen Verhalten in der Welt, so wird man das Ziel des Musikunterrichts in einer sachkundigen und deshalb wahlmündigen Teilhabe am vielfältigen und zwiespältigen Musikangebot zu sehen haben. Voraussetzung hierfür ist Offenheit gegenüber allen Erscheinungsformen und Realisationsmöglichkeiten der Musik. Der Musikunterricht hat daher
1. *das Wahrnehmungsvermögen des Schülers zu differenzieren, milieubedingte Hörgewohnheiten abzubauen und den Schüler für die Vielfalt von Musik in ihren Klangeigenschaften, ihren Strukturen und ihren Wirkungsmöglichkeiten aufzuschließen,*
2. *ihm zu einem höheren Grad an Bewußtheit und Kritikfähigkeit im Umgang mit Musik zu verhelfen und damit einem bloßen Konsumverhalten entgegenzuwirken,*
3. *individuelle musikalische Fähigkeiten zu entwickeln, die dem Schüler bei der Wahl eines Instrumentes, einer Schallplatte, eines Buches über Musik und bei der Beurteilung eines Musikstückes eine Hilfe bieten.*
(*Richtlinien und Lehrpläne für die Hauptschule in Nordrhein-Westfalen 1973,* in: Nolte [Hg.] 1975, S. 249)

Wenn wir diese Zielbestimmung in ihrer formalen Anlage betrachten, so erweist sie sich als eine Argumentationskette folgender Art:

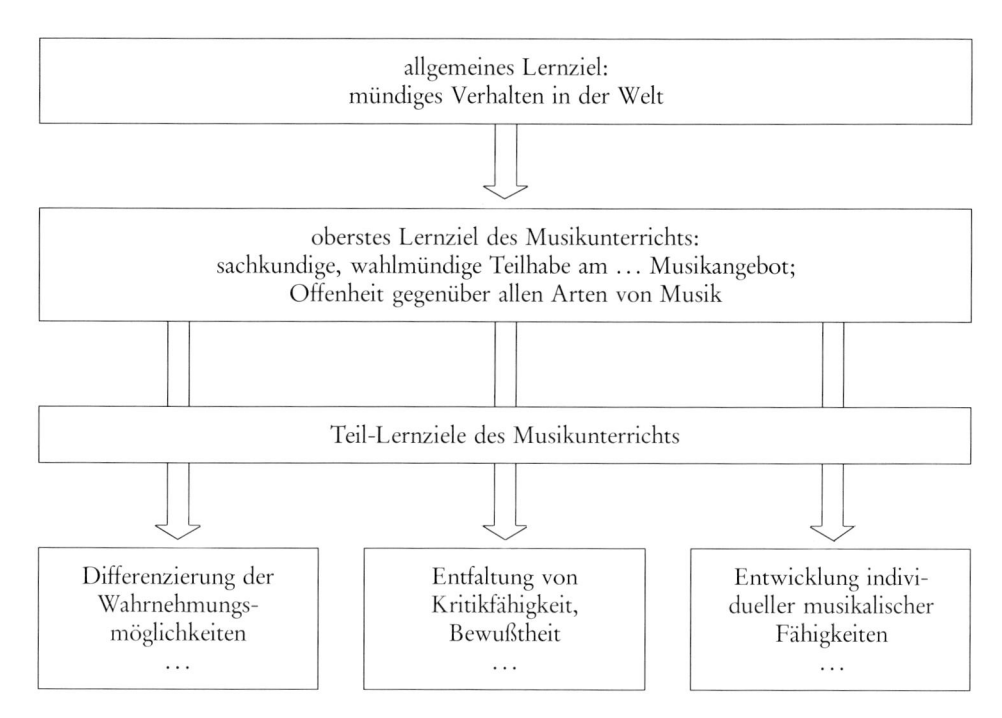

Zum Problem der Lernzielbestimmung

```
┌─────────────────────────────────────────────────────┐
│           allgemeines Lernziel:                     │
│           mündiges Verhalten in der Welt            │
└─────────────────────────────────────────────────────┘
                          ⇩
┌─────────────────────────────────────────────────────┐
│    oberstes Lernziel des Musikunterrichts:          │
│    sachkundige, wahlmündige Teilhabe am … Musik-    │
│    angebot; Offenheit gegenüber allen Arten von     │
│    Musik                                            │
└─────────────────────────────────────────────────────┘
                          ⇩
┌─────────────────────────────────────────────────────┐
│       Teil-Lernziele des Musikunterrichts           │
└─────────────────────────────────────────────────────┘
        ⇩                 ⇩                 ⇩
┌──────────────┐  ┌──────────────┐  ┌──────────────────┐
│ Differen-    │  │ Entfaltung   │  │ Entwicklung indi-│
│ zierung der  │  │ von Kritik-  │  │ vidueller musi-  │
│ Wahrneh-     │  │ fähigkeit,   │  │ kalischer        │
│ mungsmög-    │  │ Bewußtheit   │  │ Fähigkeiten      │
│ lichkeiten   │  │              │  │                  │
│    …         │  │    …         │  │    …             │
└──────────────┘  └──────────────┘  └──────────────────┘
```

Wir finden also eine pyramidenförmig angeordnete Argumentationsreihe vor, innerhalb derer von einem obersten allgemeinen Lernziel ein oberstes musikalisches Lernziel hergeleitet wird, aus dem wiederum Teil-Lernziele von Musikunterricht deduziert werden. Hierbei entsteht der Eindruck, als ergäben sich die einzelnen Ableitungen logisch stringent aus der jeweils höheren Ebene, als bestehe ein gesetzmäßiger Ableitungszusammenhang zwischen ihnen.

Daß dieser Eindruck tatsächlich aber täuscht und die Ableitungen keineswegs logisch zwingend sind, läßt sich durch ein Gedankenexperiment nachweisen. Wir stellen, ausgehend von dem gleichen allgemeinen Lernziel, der vorliegenden Argumentationskette eine von uns entwickelte gegenüber. Hierbei halten wir uns eng an den originalen Text und kennzeichnen unsere sinngemäß abweichenden Formulierungen durch Unterstreichung.

Aus: *Richtlinien Musik Hauptschule NRW 1973*

In unserer Gesellschaft ist jeder täglich mit unterschiedlichsten Arten von Musik konfrontiert. Versteht man Bildung als Ausstattung zum mündigen Verhalten in der Welt, so wird man das Ziel des Musikunterrichts in einer sachkundigen und deshalb wahlmündigen Teilhabe am vielfältigen und zwiespältigen Musikangebot zu sehen haben. Voraussetzung hierfür ist Offenheit gegenüber allen Erscheinungsformen und Realisationsmöglichkeiten der Musik. Der Musikunterricht hat daher	In unserer Gesellschaft ist jeder täglich mit unterschiedlichsten Arten von Musik konfrontiert. Versteht man Bildung als Ausstattung zum mündigen Verhalten in der Welt, so wird man das Ziel des Musikunterrichts <u>darin sehen, dem Schüler musikalische Werte zu vermitteln, die es ihm erlauben, minderwertige Musikangebote der Musikindustrie als solche zu erkennen</u>. Voraussetzung hierfür ist die <u>Kenntnis bedeutender Werke der Musikgeschichte</u>. Der Musikunterricht hat daher

Lernziele des Musikunterrichts

1. das Wahrnehmungsvermögen des Schülers zu differenzieren, milieubedingte Hörgewohnheiten abzubauen und den Schüler für die Vielfalt von Musik in ihren Klangeigenschaften, ihren Strukturen und ihren Wirkungsmöglichkeiten aufzuschließen,	1. das <u>hörende Erfassen differenzierter stilistischer Merkmale bedeutender Musik</u> zu entfalten, durch triviale Musik verursachte Hörgewohnheiten abzubauen und den Schüler für die Vielfalt <u>wertvoller musikalischer Meisterwerke aus Gegenwart und Vergangenheit, für ihre künstlerischen Werte</u>, Klangeigenschaften und Wirkungen aufzuschließen,
2. ihm zu einem höheren Grad an Bewußtheit und Kritikfähigkeit im Umgang mit Musik zu verhelfen und damit einem bloßen Konsumverhalten entgegenzuwirken,	2. dem Schüler die <u>profitorientierten Strategien der musikalischen Unterhaltungsindustrie</u> durchschaubar zu machen und damit einem bloßen Konsumverhalten entgegenzuwirken,
3. individuelle musikalische Fähigkeiten zu entwickeln, die dem Schüler bei der Wahl eines Instrumentes, einer Schallplatte, eines Buches über Musik und bei der Beurteilung eines Musikstückes eine Hilfe bieten.	3. <u>in der abendländischen Tradition stehende musikalische Wertvorstellungen zu entwickeln</u>, die dem Schüler bei der Wahl eines Instruments, einer Schallplatte, eines Buches über Musik und bei der Beurteilung eines Musikstücks eine Hilfe bieten.

Schematisch dargestellt sieht unsere Argumentationskette so aus:

```
┌─────────────────────────────────────────────────┐
│         allgemeines Lernziel:                   │
│      mündiges Verhalten in der Welt             │
└─────────────────────────────────────────────────┘
                      ▽
┌─────────────────────────────────────────────────┐
│      oberstes musikalisches Lernziel:           │
│ Befähigung, minderwertige musikalische Angebote │
│ als solche zu erkennen;                         │
│ Kenntnis bedeutender musikalischer Meisterwerke │
└─────────────────────────────────────────────────┘
                      ▽
┌─────────────────────────────────────────────────┐
│         Teil-Lernziele von Musikunterricht      │
└─────────────────────────────────────────────────┘
        ▽                 ▽                 ▽
┌──────────────┐  ┌──────────────┐  ┌──────────────┐
│ Fähigkeit zum│  │ Fähigkeit zum│  │ Entwicklung  │
│ Erfassen     │  │ Durchschauen │  │ musikalischer│
│ differen-    │  │ profitorien- │  │ Wertvor-     │
│ zierter      │  │ tierter      │  │ stellungen   │
│ stilistischer│  │ Strategien   │  │              │
│ Merkmale     │  │ der musika-  │  │              │
│ bedeutender  │  │ lischen      │  │              │
│ Musik        │  │ Unterhal-    │  │              │
│              │  │ tungs-       │  │              │
│              │  │ industrie    │  │              │
└──────────────┘  └──────────────┘  └──────────────┘
```

Auch wenn unsere Argumentationskette, wäre sie ernst gemeint, innerhalb der gegenwärtigen musikdidaktischen Diskussion eher als Satire aufgefaßt würde, steht sie der ursprünglichen an scheinbarer Logik kaum nach. Zumindest in einer Hinsicht erscheint sie sogar konsequenter: Während der Originaltext zwar von sachkundiger, wahlmündiger Teilhabe spricht, ohne sich dabei auf die daraus entstehende Wertproblematik einzulassen, gibt unsere Argumentation wenigstens einen Hinweis auf den Maßstab, an dem sich die Fähigkeiten des Lernenden entwickeln sollen. Das oberste musikalische Lernziel erscheint als logische Konsequenz aus dem allgemeinen Lernziel: Denn, so ließe sich argumentieren, mündiges musikalisches Verhalten setzt die Fähigkeit voraus, Minderwertiges zu erkennen; nur so vermag das Individuum der Gefahr zu entgehen, auf fragwürdige Angebote der Musikindustrie hereinzufallen. Urteilsfähigkeit erlangt der Schüler aber am ehesten durch Kenntnis wertvoller musikalischer Werke. In diesen Werken findet er die Maßstäbe, die ihm ein fundiertes musikalisches Urteil erlauben. Grundlegend für das Erreichen des obersten musikalischen Lernziels ist es daher, den Schüler zu befähigen, differenzierte stilistische Merkmale bedeutender Musik zu erfassen und hieran orientierte musikalische Wertvorstellungen zu entwickeln. Ferner ist es notwendig, dem Schüler die am Profit statt an musikalischen Wertvorstellungen ausgerichteten Strategien der Musikindustrie durchschaubar zu machen. Dies wird sein Mißtrauen zusätzlich wecken und ihn zu eingehender Prüfung der Musikangebote veranlassen ...

So weit unser Gedankenexperiment, das belegt, daß man mit scheinbar zwingend logischer Argumentation von einem obersten Lernziel zu sehr unterschiedlichen Ansätzen von Musikunterricht gelangen kann. Das gleiche Gedankenexperiment hätten wir statt an einem Lehrplanauszug für eine Schulstufe ebenso gut an einem Lehrbuch für eine Jahrgangsstufe, einer Unterrichtsreihe oder einem Entwurf für eine Unterrichtsstunde durchführen können.

Als Ergebnis halten wir fest: Musikalische Lernziele lassen sich nicht logisch zwingend aus allgemeinen erzieherischen Zielen ableiten. Argumentationsketten, die eine solche Ableitung anstreben, erweisen sich als pseudologisch. Hilbert L. Meyer beschreibt diesen Sachverhalt aus der Sicht der allgemeinen Curriculumforschung folgendermaßen:

Die relative Willkür, Beliebigkeit und damit auch die Belastung der wissenschaftlichen Zuverlässigkeit solcher Datenketten wird in der neueren didaktischen Diskussion zunehmend deutlicher. Auch dort, wo der Erziehungspraktiker noch geneigt war, die Stringenz der Ableitung von Einzelentscheidungen aus allgemeinen Zieldefinitionen und Zwecksetzungen anzuerkennen, z. B. bei einigen Hypothesen aus der Mathematikdidaktik, ist ein stichhaltiger Nachweis der Rechtmäßigkeit solcher Deduktionen kaum mehr möglich.
(Meyer 1971, S. 106)

3.2 Die Ableitung musikalischer Lernziele aus fachbezogenen Sachaussagen

Wir kommen zurück auf das bereits angesprochene Problem der Verknüpfung von Ist- und Sollens-Aussagen. Wir hatten festgestellt, daß in dem auf S. 88 wiedergegebenen Text nicht nur Ist- und Sollens-Aussagen nebeneinander gestellt, sondern auch miteinander verknüpft werden. Hierbei wird die Sollens-Aussage sprachlich als logische Konsequenz aus den beschriebenen Tatsachen dargestellt. Formal betrachtet, ergibt sich also die Verknüpfung

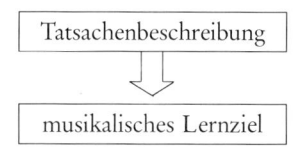

```
┌─────────────────────────┐
│  Tatsachenbeschreibung  │
└─────────────────────────┘
            ⇓
   ┌─────────────────────┐
   │ musikalisches Lernziel │
   └─────────────────────┘
```

Nach einer Untersuchung von Th. Ott spielen Sachaussagen tatsächlich bei der Begründung musikalischer Lernziele eine große Rolle und sind in bis zu zwei Dritteln aller Sätze aus zielbegründenden Passagen musikdidaktischer Texte enthalten. Die dort getroffenen Sachaussagen lassen sich nach Ott folgendermaßen klassifizieren:

a) Aussagen über die allgemeine oder spezifische Verfassung des außerschulischen Bezugsfeldes von Musikunterricht (Gesellschaft/Musikleben);
b) Behauptungen, daß bestimmte Qualifikationen (formuliert in Unterrichtszielen) geeignet seien, das außerschulische Situationsfeld wie auch immer zu bewältigen;
c) Aussagen zu Unterrichtsvoraussetzungen (Dispositionen der Beteiligten, faktische oder präskriptive Gegebenheiten wie etwa Ausstattung, Lehrpläne, Vorschriften);
d) Aussagen über gesetzmäßige Zusammenhänge zwischen dem Handeln im Unterricht und den qualifikatorischen Ergebnissen dieses Handelns unter gegebenen Unterrichtsvoraussetzungen.
(Ott 1980, S. 184)

Ebenso jedoch wie aus allgemeinen Lernzielen lassen sich auch aus Sachaussagen, wie sie hier klassifiziert sind, musikalische Lernziele nicht logisch zwingend ableiten. Lesen Sie hierzu noch einmal den auf S. 88 abgedruckten Text von B. Wietusch. Dort lautet der letzte Satz: *Aus Ist-Aussagen können logisch keine Sollens-Aussagen abgeleitet werden.*

Untersuchen Sie auf diesem Hintergrund noch einmal den Text auf S. 88 unten und gehen Sie dabei der Frage nach, ob dessen Autoren diesem Zusammenhang sprachlich Rechnung tragen.

Aus unseren bisherigen Ausführungen könnte man schließen, daß Sachaussagen keinerlei Bedeutung für die Bestimmung musikalischer Lernziele hätten. Dies wäre jedoch ein Fehlschluß. Zwar führt von Sachaussagen kein logisch zwingender Weg zur Formulierung von musikalischen Lernzielen, doch können sie für die Annahme oder Ablehnung eines Lernzieles entscheidend sein. Voraussetzung aber ist, daß eine vorherige Wertentscheidung – z. B. über ein allgemeines erzieherisches oder fachspezifisches Ziel – erfolgt ist. Ist eine solche Wertentscheidung getroffen, so können Sachaussagen als Entscheidungshilfen in Funktion treten.

Dieser Vorgang läuft also nach folgendem Schema ab:

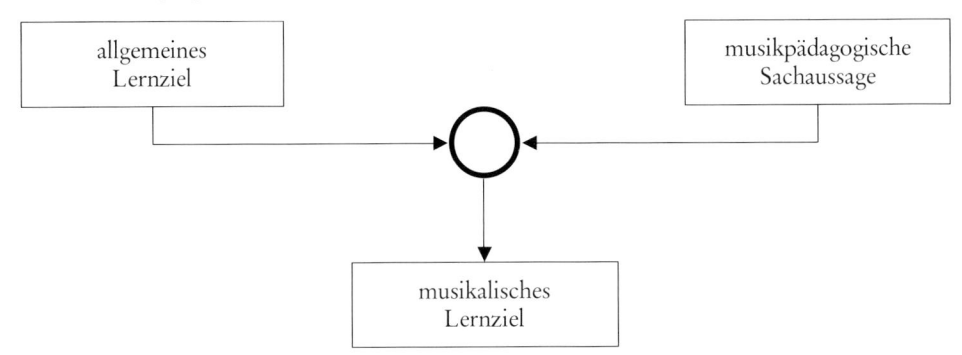

```
   allgemeines                    musikpädagogische
    Lernziel                        Sachaussage
          \                        /
           \                      /
            →        ○        ←
                     ↓
              musikalisches
                Lernziel
```

Doch darf auch dieser Vorgang nicht verwechselt werden mit einem wissenschaftlichen Prozeß, der auf Wahrheitsfindung hin ausgerichtet ist, sondern muß als ein Prozeß der Entscheidung unter Abwägung vorgefundener Wertsetzungen und sachlicher Befunde gesehen werden. Ein musikalisches Lernziel kann n i c h t w a h r sein; es kann aber sehr wohl p l a u s i b e l erscheinen. Und seine Plausibilität nimmt in dem Maße zu, als es mit allgemeinen Erziehungsvorstellungen und fachspezifischen Sachaussagen in Einklang zu bringen ist.

4. Ordnungen musikalischer Lernziele

Die musikdidaktische Diskussion der letzten Jahre hat eine Vielzahl an musikalischen Lernzielangaben erbracht. Dies hat zugleich Bestrebungen geweckt, Ordnung in die Vielfalt und Verschiedenartigkeit musikalischer Lernziele zu bringen. Die wichtigsten der hierbei vorgeschlagenen Ordnungsschemata sollen im folgenden erläutert werden.

Der Zweck solcher Ordnungsschemata besteht darin, Lernzielaufzählungen unter bestimmten Aspekten zu strukturieren und dadurch überschaubar zu machen. Diesen Zweck erfüllen die Schemata vor allem in Lehrplänen und Lehrerinformationen in Schulbüchern. Ferner können die Schemata analytischen Zwecken dienen, beispielsweise, um Lernzielangaben in Lehrplänen oder Lehrbüchern auf eventuelle Defizite, Akzentuierungen oder Einseitigkeiten hin zu überprüfen. Hierbei dürfen freilich die Eigenarten des jeweiligen Ordnungsschemas nicht außer acht gelassen werden. Ferner ist zu berücksichtigen, daß diese Ordnungschemata eher pragmatischer Natur sind und strengen wissenschaftlichen Klassifikationskriterien kaum genügen. Diesen Sachverhalt werden wir im folgenden unter Gliederungspunkt b) erläutern.

a) Eine in der Geschichte des musikalischen Lernens immer wieder feststellbare Unterscheidung ist die zwischen
- fachspezifischen Lernzielen und
- allgemeinen Erziehungs- und Bildungszielen.

Schlagwortartig verdichtet erscheint diese Unterscheidung in der doppelten Zielformulierung „Erziehung z u r Musik (fachspezifisches Ziel) und Erziehung d u r c h Musik (allgemeinerzieherisches Ziel)". Im ersteren Fall bildet Musik selbst das Ziel des Lernens, im letzteren fungiert sie als Medium, mit dessen Hilfe ein allgemeines Lernziel angestrebt werden soll. Beide Arten von Lernzielen erscheinen in der musikdidaktischen Literatur nicht selten unmittelbar nebeneinander. Hierzu ein Beispiel:

Das Aufnehmen und Bewußtmachen von Schallereignissen aus der Umwelt des Kindes dient der Entwicklung einer differenzierenden Höreinstellung, die sowohl zu einem genießenden als auch kritischen Verhalten gegenüber den Erscheinungsformen der Musik und ihren Wirkungen führen soll. Hörerziehung fördert die Wahrnehmungs- und Konzentrationsfähigkeit des Kindes und leistet damit einen Beitrag zu dessen allgemeiner Lernfähigkeit.
(*Lehrplan Musik, Hamburg, Grundschule 1973,* in: Nolte [Hg.] 1982[a], S. 163)

Im ersten Teil des Zitats wird ein fachspezifisches (*Entwicklung einer differenzierenden Höreinstellung*), im zweiten ein allgemeines (Förderung *allgemeiner Lernfähigkeit*) Lernziel genannt. Bei der Unterscheidung zwischen diesen beiden Arten von Lernzielen darf allerdings nicht außer acht gelassen werden, daß die allgemeinen Erziehungs- und Bildungserwartungen, die häufig an die Musik geknüpft werden, vielfach eher hypothetischer Natur und nur zum geringeren Teil wissenschaftlich begründet sind.

Eine Untersuchung über allgemeine Lernziele des Schulfaches Musik im deutschsprachigen Raum hat Peter Mráz (1984) vorgelegt.

b) Die Autoren eines Lehrbuchs für den Musikunterricht in der Grundschule führen die anzustrebenden Lernziele in folgender Gruppierung auf:

- *primär kognitive und auditiv-sensorische Lernziele,*
- *primär affektive Lernziele,*

– *primär psychomotorische Lernziele,*
– *primär soziale Lernziele.*
(Fischer u. a. 1978, S. 11 ff.)

Mit dieser Ordnung, die in ähnlicher Form auch in verschiedenen anderen musikdidaktischen Beiträgen zu finden ist, knüpfen die Autoren an allgemeine Lernziel-Taxonomien an, wie sie von der amerikanischen Curriculum-Forschung entwickelt worden sind. Der Begriff „Taxonomie" ist aus der Biologie entlehnt und meint dort die *Einordnung von Lebewesen oder organischen Stoffen in systematische Einheiten aufgrund ihrer verwandtschaftlichen Beziehungen* (Blankertz [12]1986, S. 155).

Die Anwendung dieses Verfahrens auf Lernziele erfolgt erstmals durch eine amerikanische Wissenschaftlergruppe um Benjamin S. Bloom (1956, dt. 1972 und 1964, dt. 1975). Das Verfahren sollte die innere Ordnung von Lernzielrepertoires erkennbar werden lassen und damit zu deren besserem Verständnis beitragen.

Bloom und Mitarbeiter gehen von drei Bereichen menschlichen Verhaltens aus, nämlich einem kognitiven, einem affektiven und einem psychomotorischen. Sie folgen damit einer Einteilung, die in der Unterscheidung von Denken, Fühlen und Handeln als grundlegende Formen menschlichen Verhaltens eine lange Tradition besitzt.

Den drei Bereichen werden folgende Klassen von Lernzielen zugeordnet:

1. Der **kognitive Bereich** *schließt solche Lernziele ein, die Erinnern oder Erkenntnis von Wissen und die Entwicklung intellektueller Fertigkeiten und Fähigkeiten behandeln* (Bloom u. a. [1956] 1972, S. 20).
2. Der **affektive Bereich** *schließt Lernziele ein, die Veränderungen von Interesse, Einstellungen und Werten und die Entwicklung von Wertschätzungen und geeigneten Anpassungsvermögen beschreiben* (Bloom u. a. [1956] 1972, S. 21).
3. Der **psychomotorische Bereich** ist der des Handhabens und der motorischen Fertigkeiten. Er umfaßt *Lernziele, die Wert legen auf eine muskuläre oder motorische Fertigkeit, auf den Umgang mit Material oder Gegenständen oder auf eine Handlung, die neuromuskuläre Koordination erfordert* (Krathwohl u. a. [1964] 1975, S. 6).

Den kognitiven und den affektiven Bereich unterteilen Bloom u. a. weiter nach folgenden Kriterien:

Kognitive Lernziele
1. Wissen *(knowledge)*
2. Verstehen *(comprehension)*
3. Anwendung *(application)*
4. Analyse *(analysis)*
5. Synthese (synthesis)
6. Bewertung, Auswertung *(evaluation)*

Affektive Lernziele
1. Aufnehmen *(receiving, attending)*
2. Reagieren *(responding)*
3. Werten *(valuing)*
4. Organisation von Werten, Erstellung von Wertordnungen, Einordnen *(organisation)*
5. Bestimmtsein durch Werte *(characterisation by a value or value complex)*

Daß der psychomotorische Lernzielbereich ausgespart bleibt, begründet Bloom damit, daß kein praktischer Bedarf hierfür bestehe. Eine Taxonomie für diesen Bereich, die auch in die Musikpädagogik Eingang gefunden hat, wurde von E. Simpson (1967) entwickelt.

Die Hoffnung, durch den taxonomischen Ansatz zu einem in sich logischen und innerlich konsistenten, in seinen Zuordnungen eindeutigen Klassifikationsschema musikalischer Lernziele zu gelangen, erfüllte sich indes nicht.

Eine wesentliche Ursache hierfür liegt in der Komplexität vieler musikalischer Lernziele. Diese Komplexität verhindert eine eindeutige Zuordnung aller Lernziele zu einer bestimmten Lernziel-Klasse. Selbst ein auf den ersten Blick so eindeutig erscheinendes Ziel wie die in einem Grundschullehrplan postulierte *Fähigkeit zum Erkennen musikalischer Gesetzmäßigkeiten* (Berlin 1979, in: Nolte [Hg.] 1982[a], S. 105) erweist sich bei genauerem Hinsehen als zumindest doppeldeutig. So impliziert es
1. die Kenntnis musikalischer Gesetzmäßigkeiten, mithin eine Leistungsfähigkeit kognitiver Art;
2. die Fähigkeit, differenziert hören zu können, also eine Leistungsfähigkeit auditiver Art.

Einordnungsschwierigkeiten der angedeuteten Art sind es vermutlich, die die Autoren (Fischer u. a. 1977) des eingangs wiedergegebenen Ordnungsschemas veranlaßt haben, von *primär* kognitiven usw. Lernzielen zu sprechen. Auch die Zusammenfassung von kognitiven und auditiv-sensorischen Lernzielen zu einer Gruppe unterstreicht die Komplexität der Lernziele. Schließlich weisen auch die Autoren selbst darauf hin, daß ihr Ordnungsschema nicht den Anspruch einer Klassifikation im strengen Sinne erhebt:

Der folgende Katalog versteht sich lediglich als eine Auswahl möglicher Lernziele des Musikunterrichts in der Grundschule, die dem Unterrichtenden erlaubt, persönliche Interessen einzubringen oder besondere Lernbedingungen zu berücksichtigen. Er erhebt nicht den Anspruch, gleichrangige und untergeordnete Lernintentionen in ein logisch stringentes und zudem typographisch veranschaulichtes Beziehungsgefüge einzuordnen; er nimmt vielmehr sogar gelegentliche Überschneidungen in Kauf, um verschiedene Aspekte eines komplexen Lernzieles zu verdeutlichen.
(Fischer u. a. 1978, S. 11)

c) Ein weiteres, ebenfalls häufig verwendetes Ordnungsschema, das von Dankmar Venus (1968) in die musikdidaktische Diskussion eingeführt worden ist, gruppiert die Lernziele nach *musikalischen Verhaltensweisen*. Als vorrangige musikalische Verhaltensweisen nennt Venus: *Produktion, Reproduktion, Rezeption, Transposition von Musik* und *Reflexion über Musik*.

Wir haben uns mit diesem Schema bereits im Kapitel C. „Umgangsweisen mit Musik" ausführlich befaßt. Hier genügt deshalb der Hinweis, daß auch dieses Schema keine eindeutige Zuordnung aller musikalischen Lernziele zu bestimmten Lernzielgruppen erlaubt und deshalb nicht als Klassifikationsschema mißverstanden werden darf. Dies liegt darin begründet, daß die von Venus genannten *musikalischen Verhaltensweisen* zumeist vermischt vorkommen. So ist beispielsweise die „Reproduktion" von Musik in der Regel mit gleichzeitiger „Rezeption", häufig auch mit „Transposition" (z. B. beim Spielen nach Noten) verbunden.

d) Ein anderes Ordnungsschema basiert auf dem unterschiedlichen Abstraktionsgrad musikalischer Lernziele. Danach läßt sich unterscheiden zwischen
- Leitzielen,
- Richtzielen,
- Grobzielen,
- Feinzielen.

In dem Maße, in dem in der Reihenfolge dieser Zielarten von oben nach unten das Abstraktionsniveau abnimmt, erhöht sich zugleich der Präzisionsgrad der Lernziele. Das Prinzip, Lernziele nach ihrem Abstraktionsgrad zu ordnen, ist der allgemeinen Curriculumforschung entnommen. Deutlich spiegelt es sich beispielsweise in der folgenden Lernzielbestimmung:

Groblernziel:
Der Schüler soll lernen, daß jede Musik in einer Form abläuft und daß jedem Formverlauf bestimmte Formprinzipien zugrundeliegen.

Teillernziele:
– Formprinzipien der Wiederholung, der Veränderung und des Kontrasts erkennen und anwenden
– Möglichkeiten der Themenvariation kennenlernen
– einige Formprinzipien und Techniken der musikalischen Avantgarde kennenlernen

(*Lehrplan Realschule, Musik Klasse 7 und 8*, Schleswig-Holstein 1978, S. 8)

e) Den Versuch einer *Typologie der Ziele des Musik-Lernens* unternimmt Sigrid Abel-Struth. Sie entwickelt ein Ordnungssystem, das *das Gesamt der Ziele musikalischen Lernens von den möglichen Intentionen her, von „typischen" Unterschieden aus strukturiert und übersichtlich macht* (1978, S. 108).

Gestützt auf umfangreiches Quellenmaterial führt die Autorin den Nachweis, daß die von ihr benannten Ziel-Typen *geschichtlich gesehen stets alle vorhanden* (sind); *doch wechseln Akzent- und Latenz-Phasen* (1978, S. 108).

Abel-Struth unterscheidet vier Lernziel-Typen:
1. den idealen Ziel-Typus,
2. den materialen Ziel-Typus,
3. den medialen Ziel-Typus,
4. den realen Ziel-Typus.

Zu 1.
Kennzeichnend für den i d e a l e n Z i e l - T y p u s ist es, *von einem für den Menschen grundsätzlich als sinnvoll angesehenen Wirkungs-Zusammenhang zwischen seiner psychischen Disposition und Musik auszugehen und in dieser musikalischen Einwirkung auf den Menschen das bestimmende Ziel der musikalischen Begegnung mit Musik zu sehen* (1978, S. 109).

Dieser Ziel-Typus erscheint in zwei Ausprägungen:

Als L e i t b i l d - T y p u s ist er *an ein Idealbild des Menschen gebunden ..., das werthaft mit Musik angestrebt wird. Solche Leitbilder, vom christlichen Ritter bis zur Lady, meinen eine jeweils bestimmte, komplexe menschliche Haltung, die der Erziehung als Ziel-Orientierung dient* (S. 109).

Als H u m a n u m - T y p u s umfaßt er solche Ziele, die davon ausgehen, *daß Musik – unabhängig von ethnischen und historischen Situationen – Anteil, und zwar stets gewünschter Anteil menschlichen Lebens ist; Musik verdeutlicht menschliches Dasein und verweist auf andere Wirklichkeiten, ist Möglichkeit zu Verstehen und Auslegen menschlicher Existenz* (S. 110).

Zu 2.
Der m a t e r i a l e Z i e l - T y p u s ist *auf das musikalische Material, seine kognitive und technische Bewältigung gerichtet ...* (S. 112).

Diesem Ziel-Typus sind alle kognitiven Lernziele zuzuordnen, die musiktheoretischer Systematik im weitesten Sinne parallel laufen, die Repetition von aus dem Material Musik gewonnener Systematik sind oder technischer Lehrgang zur Bewältigung des Materials gemäß seinem Kontinuum fortschreitender Schwierigkeitsgrade (S. 112).

Zu 3.
Dem m e d i a l e n Z i e l - T y p u s werden solche Ziele zugerechnet, die *Musik vor allem als Medium außermusikalischer Ziele einsetzen* (S. 115).

Solche außermusikalischen Ziele sind dem musikalischen Lernen seit antiker Zeit aufgegeben worden. Es gab zunächst – und sie reichen bis in die Gegenwart – politische Programme als Ziele des Musik-

Lernens, es folgten die religiösen (christlichen) Programme. In unserem Jahrhundert haben soziale Programme und insbesondere therapeutische Programme als mediale Ziele des Musik-Lernens an Bedeutung gewonnen (S. 116).

Zu 4.
Der r e a l e Z i e l - T y p u s umfaßt solche Ziele, die anzustrebende musikalische Verhaltensweisen in Anbindung an konkrete musikalische Inhalte benennen. Die Ziele dieses Typus bewegen sich zwischen zwei Polen, nämlich zwischen dem *noch recht allgemein formulierten Realziel musikalischen Verhaltens* auf der einen und dem *behavioral und inhaltlich ausformulierten Realziel* (S. 125) auf der anderen Seite (vgl. hierzu auch Abel-Struth 1985, S. 359 ff.).

5. Zum Lernzielrepertoire in der gegenwärtigen Musikdidaktik

Angesichts der Fülle und Vielfalt der in der neueren musikdidaktischen Literatur genannten Lernziele für den schulischen Musikunterricht würde eine zusammenfassende Darstellung des Lernzielrepertoires den Rahmen des Kapitels sprengen. Wir beschränken uns deshalb auf die wichtigsten grundlegenden Intentionen oder Leitziele, die uns für die gegenwärtige Musikdidaktik charakteristisch erscheinen.

Wie wir sahen, stellt historische Variabilität ein Merkmal musikalischer Lernziele dar. Dieses Merkmal besagt, daß musikalische Lernziele von historischen Bedingungen abhängig sind, sich also mit diesen wandeln. Charakteristische Eigenarten des Zielrepertoires gegenwärtiger Musikdidaktik lassen sich folglich im historischen Vergleich verdeutlichen.

Diese Eigenarten sind das Ergebnis eines Wandlungsprozesses, der etwa Mitte der sechziger Jahre einsetzt und zur Ablösung von Zielsetzungen führt, die zu einem großen Teil in der Kestenberg-Reform der zwanziger Jahre und im Konzept der musischen Erziehung wurzeln.

Diese überkommenen Zielsetzungen gelangen beispielhaft in nachstehenden Lehrplantexten aus den fünfziger und sechziger Jahren zum Ausdruck:

57. Auszug aus: Bildungsplan für die bayerischen Volksschulen vom 15. November 1955
S i n g e n
Im Rahmen der den ganzen Menschen erfassenden musischen Bildung kommt dem Singunterricht die Aufgabe zu, für Musik und durch Musik zu erziehen. Dementsprechend hat er die musikalischen Anlagen der Schüler zu entwickeln, die Freude am Singen und die Liebe zur Musik zu wecken und zu fördern und den Sinn für das Echte und wahrhaft Schöne in ihr wachzurufen und zu pflegen. Ein gut geleiteter Singunterricht stärkt das Gemeinschaftsgefühl und hilft mit, ein lebensvolles Volkstum zu gestalten.
(Nolte [Hg.] 1975, S. 180)

61. Auszug aus: Bildungsplan für die Volksschulen in Baden-Württemberg vom 10. Januar 1958
Singen und Musikpflege
Z i e l :
Musik soll das ganze Schulleben durchdringen. Die angeborene Freude der Kinder an Musik, an Lied und Spiel sollte in jeder Weise erhalten und gefördert werden. Die Entwicklung der in jedem Kinde schlummernden musikalischen Anlagen und die Aneignung musikalischer Kenntnisse und Fertigkeiten geschieht nicht anders als durch lebendiges Musizieren.

Der Musikunterricht soll also im Rahmen einer Bildung, die den ganzen Menschen und alle seine Kräfte erfaßt, das Kind durch die Musik zur Musik erziehen. Diese Erziehung vermittelt dem

Kinde wertvolles Liedgut, erschließt ihm die musikalische Formenwelt und hilft ihm die Sprache der Musik selbsttätig zu erlernen. Sie lehrt das Kind, seine Stimme richtig zu gebrauchen, sein Gehör zu schulen und für die Werke der Meister zu öffnen. Durch die Musik werden die gemüthaften Kräfte des Kindes entwickelt und veredelt. Die Musizierfreudigkeit der Schüler ist so zu pflegen, daß die Liebe zur Musik das ganze Leben hindurch lebendig bleibt. Musik steigert das Lebensgefühl und hat gemeinschaftsbildende Kraft.
(Nolte [Hg.] 1975, S. 197)

60. <u>Auszug aus: Bildungspläne für die allgemeinbildenden Schulen im Lande Hessen.</u>
<u>II Das Bildungsgut.</u>
<u>D Das Bildungsgut des Gymnasiums (1957)</u>
XIII. *Musik*
(Vgl. den Abschnitt „Die musische Bildung", Teil A)
1. *Aufgabe*

Der Musikunterricht hat die Aufgabe, die musikalischen Kräfte im Kinde zu wecken und zu entfalten. Im Rahmen der gesamten Unterrichtsarbeit will die Musikstunde eine Stunde seelischer Erhebung und musischer Vertiefung sein: im Singen, Spielen und Hören führt sie den Schüler zur Begegnung mit einer wesenhaft geordneten Welt.

Das eigene Singen und Musizieren der Schüler steht im Mittelpunkt des Musikunterrichtes. Die Schüler müssen Noten lesen und vom Blatt singen lernen und im sicheren Besitz eines wertvollen Liedgutes sein, das unserem Volk über die Grenzen hinweg gemeinsam sein sollte.

Das Singen und Musizieren in der Schule soll in dem jungen Menschen die Lust wecken und ihn dazu befähigen, auch späterhin am musikalischen Leben tätig teilzunehmen.

Zuhörenkönnen, gegenseitige Rücksichtnahme, „Horchen auf das Ganze", zugleich aber auch die Weckung des Sinnes für die Bedeutung des eigenen Parts, für die individuelle Aufgabe im Gemeinschaftsverband sind erzieherische Werte, die die Musik vermittelt.

Der Musikunterricht soll die Jugend mit dem musikalischen Erbe und der Kunst der Gegenwart bekannt und vertraut machen und ihr dazu verhelfen, zuverlässige Wertmaßstäbe zu gewinnen; dabei darf auch die Auseinandersetzung mit den zeitgenössischen Formen der Unterhaltungsmusik (auch dem Jazz) nicht gescheut werden. Von entscheidender Bedeutung ist die Bekanntschaft mit dem Leben und Schaffen der großen Meister.

Zum rechten Verständnis einer Bachschen Fuge oder Beethovenschen Symphonie kann nur derjenige vordringen, der in einfachen musikalischen Ordnungen bereits zu Hause ist. Hieraus erwächst die Aufgabe, das Gehör zu bilden und musikalische Strukturen, die der jeweiligen Reifestufe entsprechen, verständlich zu machen. Wenn man dem Kinde die ihm zugänglichen Tonräume früh genug öffnet, so daß es in der Welt der Musik tätig und heimisch wird, dann wird verhindert, daß es in der Pubertätszeit abgleitet und „seine" Musik im primitiven Reizklang oder leerer Tonkulisse sucht.
(Nolte [Hg.] 1975, S. 189)

64. <u>Auszug aus: Lehrpläne für die höheren Schulen in Rheinland-Pfalz vom 17. Februar 1960</u>
Musik
Aufgabe und Ziel des Musikunterrichts

Die musikalische Erziehung der Jugend ist ein wesentlicher Bestandteil der Bildungsarbeit in der Schule. Durch Entfaltung der gestaltenden Kräfte und durch Vermittlung der in der Musik ruhenden Werte dient sie der Formung zur Persönlichkeit. Den zerstörenden Einflüssen der modernen Zivilisation wirkt sie auf e i g e n e *Weise entgegen und bietet gemeinsam mit anderen Fächern der Jugend den Ausgleich, den sie im Rahmen ihrer schulischen Arbeit braucht. Dieser Aufgabe wird der Musikunterricht nur dann gerecht, wenn das Erzieherische gegenüber der Belehrung den Vorrang genießt.*

Die musikalische Unterweisung darf ihre Aufgabe nicht darin erblicken, einen möglichst umfassenden Bildungsstoff zu vermitteln. Sie kann ihr künstlerisch-ethisches Ziel nur erreichen, wenn sie in wechselseitiger Durchdringung von musikalischem Tun und geistiger Auseinandersetzung ein Erfassen und Erleben der Kunstschöpfungen bewirkt.

Ein lebendiges Verhältnis zur Musik der Gegenwart muß in allen Klassen geschaffen werden; insbesondere gilt das für die Arbeit in der Oberstufe.

Bestimmend für die Auswahl des Stoffes ist sein künstlerischer und erzieherischer Wert.
(Nolte [Hg.] 1975, S. 206)

Faßt man die wichtigsten Aussagen dieser Lehrplanauszüge zusammen, so stehen folgende Leitziele im Mittelpunkt:
- Der Musikunterricht soll durch Musik erziehen; er ist Teil einer auf den ganzen Menschen gerichteten musischen Erziehung und soll die gemüthaften Kräfte entfalten, zur Formung der Persönlichkeit, zur Stärkung des Gemeinschaftsgefühls und zur Entfaltung eines lebensvollen musikalischen Volkstums beitragen.
- Der Musikunterricht soll zur Musik erziehen; er soll die musikalischen Anlagen entwickeln, wobei die Befähigung zum Singen und Musizieren im Mittelpunkt steht. Ferner soll er wertvolles Liedgut sowie musikalische Kenntnisse vermitteln und den Schüler erlebnisfähig machen für Werke großer Meister.

Bei der Revision dieser Leitziele durch die neuere Musikdidaktik spielen mehrere Argumentationsansätze eine Rolle, von denen im folgenden die prägendsten benannt und erläutert werden sollen.

a) Die Veränderung der musikalischen Umwelt durch die elektroakustischen Medien
In seiner 1968 erschienenen *Didaktik der Musik* schreibt Michael Alt:

Didaktische Überlegungen sind immer dann notwendig, wenn sich die Pädagogik einer neuen geschichtlichen Situation gegenübersieht, auf die sie neue Antworten finden muß. Der Schwellencharakter, den die Soziologen unserer Zeit allgemein zusprechen, wird auf dem Gebiete der Musikpädagogik in einmaliger Weise verstärkt durch den revolutionären Einbruch der mikrophonalen Mittler in die Musikkultur. In keinem anderen Fachgebiet scheinen sich die Realbedingungen so grundlegend verändert zu haben wie hier. Das macht eine didaktische Neuorientierung, ja eine Revision insbesondere des Musikfaches unausweichlich. (S. 13) ...

Nun haben sich offensichtlich die gesellschaftlichen Prozesse, die durch die technische, die industrielle und die soziale Revolution ausgelöst wurden, in der Musik in signifikanter Weise ausgewirkt. Die technische Reproduzierbarkeit der Musik durch Schallplatte, Tonband, Radio, Fernsehen hat zu einer Massenkommunikation der Musik geführt, die es jedermann ermöglicht, jederzeit und jeden Orts sich Musik zugänglich zu machen. Was früher eine festliche Ausnahme war, wurde inzwischen zu einem selbstverständlichen Teil der Lebensgewohnheit; die Musik wurde allgegenwärtig. (S. 14) ...

Diese „ungewollten Nebenwirkungen" der technischen Entwicklung bilden das eigentliche Problem der heutigen Musikerziehung. Durch den Einbruch der mikrophonalen Musik hat sich um die große musikalische Kunst ein weites Umfeld auch musikpädagogisch relevanter Erscheinungen, von der Gebrauchs- und Zivilisationsmusik bis hin zur Unterhaltungsmusik gebildet, deren Einwirkungen sich das Kind, der Jugendliche und der Laie nicht entziehen können. Vielmehr bestimmen ihn diese Erscheinungen ungewollt so sehr, daß die Musikerziehung in Zukunft diese Musikzonen nicht mehr übersehen und ausklammern darf. Entgegen dem bisher üblichen ideolo-

> *gischen Verklärungstrieb muß sie sich aller alltäglichen Erscheinungsformen der Musik annehmen und, vom Realaspekt des heutigen Musikgebrauchs ausgehend, das Ganze der gegenwärtigen Musikwirklichkeit in ihre pädagogische Planung mit einbeziehen.*
>
> *Bei der früheren überschaubaren Schichtung der Musik in einen volkstümlichen Grund und die Konzertsaal-Kultur war das nicht notwendig; wenn aber die Musik heute das gesellschaftliche Gefüge so durchdringt, daß die Popular- und Zivilisationsmusik dem Kind und Jugendlichen gegenwärtiger ist als die Volks- und Kunstmusik, muß diese mit wahrgenommen werden.*
>
> *Der Musikunterricht kann sich heute also nicht mehr damit begnügen, Formen der Anteilnahme an der Volksmusik oder an der humanistischen Gebildetenkultur zu entwickeln. Er darf sich nicht mehr einschränken auf einen umfriedeten Raum der Bildungsmusik. Die Funktion der Musik im Leben überhaupt, die Musik aller Funktionszonen rückt nun in den Horizont der Schule. (S. 15 f.) ...*
> (Alt 1968, S. 13 ff.)

Die hier vertretene These von der Veränderung der musikalischen Umwelt durch die elektroakustischen Medien und die damit verbundene allgemeine Verfügbarkeit und potentielle Gegenwärtigkeit jeder Art von Musik ist in der musikdidaktischen Diskussion seither immer wieder vorgetragen worden. Sie stellt die zentrale Begründung für die Forderung nach Hörerziehung als der zentralen Aufgabe von Musikunterricht dar. So formuliert Heinz Antholz 1970:

> *Dieser Musikunterricht hat sich kategorial auf „Hören von Musik" einzustellen, wobei beide Worte gleichstarke Akzente tragen. Lebenshermeneutische Orientierung des Musikunterrichts besagt, daß alle Schüler jetzt und später Hörer von Musik sind, gewollt oder nicht, bewußt oder nicht, daß nur wenige Musik als Liebhaber, noch weniger sie aus beruflichen Gründen „machen" werden. Der Musikunterricht der Volksschule kann sich nicht wie bisher allein auf selbsttätige Musikübung, die dann nur „Schulmusik" beinhaltet, abstimmen. <u>Musikhören als Hören von Musik zu lehren: das ist die Aufgabe, die dem Unterricht in Musik aus Anpassung an die Musikgegenwart und ihre Informationsubiquität und aus Widerstand gegen sie erwächst.</u>*
> (Antholz ³1976, S. 89)

Spricht Antholz noch ausdrücklich von der Aufgabe, das „Hören von Musik" zu lehren und stellt er die „selbsttätige Musikübung" keineswegs grundsätzlich als Aufgabenbereich infrage, so erfährt das Leitziel „Hörerziehung" bei anderen Musikdidaktikern eine Ausweitung hin zur „Wahrnehmungserziehung", die zugleich zum Charakteristikum von schulischem Musikunterricht schlechthin erklärt wird. Die Vertreter dieses Ansatzes, der auch unter dem Stichwort „ästhetische Erziehung" fungiert, gehen aus von der

> *allgemeinen Definition des Musikunterrichts als einer planmäßigen Differenzierung und Schulung der hörenden Wahrnehmung.*
>
> *Sein Ziel ist, jeden Schüler so zu befähigen und auszurüsten, daß er an der hörbaren Wirklichkeit heute und morgen teil-nehmen und teil-haben und darüber hinaus sie positiv mitverändern kann.*
> (Günther 1971, S. 18)

Auch wenn man von derartigen Tendenzen zur Verabsolutierung von Hörerziehung als Aufgabe von Musikunterricht absieht, läßt sich feststellen, daß in der neueren Musikdidaktik solche Lernziele, die auf die Schulung der Hörfähigkeiten gerichtet sind, deutlich an Gewicht gewonnen haben. Während zuvor die Entfaltung der musikpraktischen Fähigkeiten im Mittelpunkt des Musikunterrichts stand, ist es gegenwärtig eher die der Hörfähigkeiten.

Auch werden die Hörfähigkeiten nicht mehr vorrangig in ihrer Hilfsfunktion für das Singen und Musizieren gesehen, sondern in ihrem Eigenwert für das musikalische Erleben des Individuums.

Verstand sich der Musikunterricht Kestenbergscher Prägung noch als Teil einer ganzheitlich aufgefaßten Musischen Erziehung, so sieht ihn die Musikdidaktik der Gegenwart eher in seiner Eigenständigkeit, als deren wichtigstes Kernstück die Hörerziehung angesehen wird.

b) Die Gefahr der Hörnormierung
Angesichts des großen Musikangebots vor allem der musikalischen Unterhaltungsindustrie und des umfangreichen Musikkonsums Jugendlicher wird vielfach auf die Gefahr der Hörnormierung des Schülers hingewiesen.

Die Gefahr liegt darin, daß die vielen musikalischen Eindrücke zu unbewußtem und daher kritiklosem Hören verleiten. Die vorherrschende Popularmusik, die überwiegend die eingängigen Stilmittel des 19. Jahrhunderts verwendet, trägt zur Verfestigung einseitiger Höreinstellungen bei.
(Lehrplan Grundschule und Vorklasse Musik, Schleswig-Holstein 1978, in: Nolte [Hg.] 1982[a], S. 353)

Dementsprechend gehört der Abbau oder die Verhinderung von verfestigten Höreinstellungen und Offenheit gegenüber allen Erscheinungsformen von Musik – nicht zuletzt gegenüber der Neuen Musik – zu den häufig genannten Leitzielen von Musikunterricht. Diesem Bemühen um Offenheit, die dem Schüler eine breite Palette musikalischer Erlebnisbereiche sichern soll, steht im Musikunterricht alter Prägung ein Konzept gegenüber, das sich an Volkslied und musikalischem Erbe der Vergangenheit orientiert und dementsprechende Höreinstellungen anvisiert.

c) Das allgemeinpädagogische Leitbild des mündigen Verhaltens
Der musikdidaktische Hinweis auf die gewandelte musikalische Umwelt verbindet sich häufig mit dem allgemeinpädagogischen Postulat nach Ausstattung des Schülers zum *mündigen Verhalten in der Welt* (Saul B. Robinsohn) als Aufgabe von Schule. Beispielhaft für diesen Argumentationsansatz sind folgende Lernzielerörterungen:

Wichtigstes Bildungsziel des Musikunterrichts ist die Erziehung zur musikalischen Urteilsfähigkeit. Der gesellschaftliche Auftrag des Musikunterrichts ist Vorbereitung und Befähigung zur Teilnahme am Musikleben und zur Veränderung der musikalischen Wirklichkeit. Mit anderen Worten: Zielsetzung des Musikunterrichts ist die bewußte Teilhabe des Menschen an der Musikkultur.
(Kraus 1970, S. 33)

In ähnlicher Weise fordert Antholz „Introduktion in Musikkultur" als grundlegende Intention von Musikunterricht, wobei u. a. zu sichern sei,

daß jeder Schulabgänger als informierter und erfahrungsoffener Musiklaie zu einer sachkundigen und deshalb wahlmündigen Teilhabe am vielfältigen und zwiespältigen Musikangebot in der Industriegesellschaft befähigt ist (musikalische „Bildung" als Enkulturation und Daseinsbewältigung; soziomusikalische Solidarität und Bewährung)...
(Antholz ³1976, S. 119)

Diese und ähnliche Argumentationen haben gegenüber früher zu einer deutlichen Ausweitung kognitiver Lernziele in der Musikdidaktik geführt. Diese Ausweitung geht einher mit einer Reduzierung allgemeiner erzieherischer Erwartungen an den Musikunterricht. Dies gilt vor allem für die persönlichkeitsbildenden Wirkungen, die der Musikunterricht Kestenbergscher Prägung beabsichtigte. Sofern allgemeine erzieherische Ziele genannt werden, die durch Musik angesteuert werden sollen, so handelt es sich vielfach um Lernziele im Bereich sozialen Verhaltens.

d) Wissenschaftspropädeutik

Die Tendenz, die kognitiven Lernziele stärker zu betonen als früher, erhält in der gymnasialen Oberstufe einen spezifischen Akzent durch die an alle Fächer gerichtete Forderung nach wissenschaftspropädeutischer Ausbildung.

In den Richtlinien Musik für die gymnasiale Oberstufe in Nordrhein-Westfalen werden die allgemeinen Grundsätze dieser Ausbildung folgendermaßen umrissen:

> *(1) Eine wissenschaftspropädeutische Ausbildung verlangt zum einen die weitgehende Beherrschung von Prinzipien und Formen selbständigen Arbeitens. ...*
> *(2) ... die Einübung in grundlegende wissenschaftliche Verfahrens- und Erkenntnisweisen. ...*
> *(3) ... die Einführung auch in speziellere wissenschaftliche Verfahrens- und Erkenntnisweisen. ...*
> (Kultusminister des Landes NW 1981, S. 14 f.)

Aus diesen Grundsätzen werden die folgenden Aufgaben des Musikunterrichts abgeleitet:

- musikalische Gegenstände mit Hilfe von Analyseverfahren unter verschiedenen Aspekten zu erfassen, zu beschreiben, zu beurteilen und zu deuten,
- die Einsicht zu vermitteln, daß erkenntnisleitende Wertvorstellungen und Interessen auch bei der Analyse von Musik Fragestellung, Weg und Ergebnis bestimmen und relativieren.

Dem Schüler soll dabei auch seine doppelte Rolle – als Erkennender (Distanz gegenüber der Sache beim Analysieren) und als Betroffener (Identifikation mit der Sache beim Musizieren und Hören) – bewußt gemacht werden. Er soll die Erfahrung machen, daß es zwei Erkenntniswege gibt, den unmittelbar verstehenden Zugriff und die objektivierende Analyse, und daß diese beiden Erkenntnisweisen sich gegenseitig stützen und durchdringen. Dieser spezifische Beitrag zum wissenschaftspropädeutischen Unterrichtskonzept gibt dem Fach Musik einen exemplarischen Rang.
(Kultusminister des Landes NW 1981, S. 27)

6. Formen der Lernzielbeschreibung

Ebenso wie hinsichtlich des Lernzielrepertoires ist auch bezüglich der Form der Lernzielbeschreibung eine Wandlung in der Musikdidaktik festzustellen.

Wurden die konkreten musikalischen Lernziele bis in das vergangene Jahrzehnt hinein zumeist durch die Aufstellung von S t o f f p l ä n e n benannt, also durch Angabe der im Unterricht zu erlernenden I n h a l t e, so neigt die neuere Musikdidaktik dazu, die Lernziele in Form von Verhaltensbeschreibungen zu formulieren, d. h. es wird das durch den Lernprozeß angestrebte Verhalten angegeben.

Der Anstoß zu dieser Form der Lernzielbeschreibung kommt aus der allgemeinen Curriculum-Forschung und entspringt insbesondere den Bemühungen um Lernzieltaxonomien (s. oben S. 48 f.). Ausgangspunkt ist die Feststellung, daß die in der älteren Didaktik genannten Lernziele sich vielfach der Überprüfung entziehen, der angestrebte Lernerfolg von Unterricht also häufig nicht nachzuweisen ist.

Um die Überprüfbarkeit von Lernzielen zu gewährleisten, schlagen die Vertreter des taxonomischen Curriculumansatzes deshalb vor, die Operationen zu benennen, deren empirisch beobachtbare Ausführung durch den Lernenden als Nachweis für das Erreichen des Lernzieles gelten kann.

Ein (allerdings ironisches) Beispiel für diese Form der Lernziel-Beschreibung gibt R. F. Mager, wenn er das Lernziel „Musikverständnis entwickeln" operationalisiert. Mager nennt folgende Operationen, die als Beleg für das Erreichen des Lernziels durch den Lernenden gelten können (vgl. S. 49 dieses Buches):

(1) Der Lernende seufzt ekstatisch, wenn er Bach hört.
(2) Der Lernende kauft eine Hi-fi-Einrichtung und Schallplatten im Werte von 500 Dollar.
(3) Der Lernende beantwortet 95 Auswahl-Antwort-Fragen zur Musikgeschichte richtig.
(4) Der Lernende schreibt einen flüssigen Aufsatz über die Bedeutung von 37 Opern.
(5) Der Lernende sagt: „Mann, glaub mir, ich bin Fachmann. Es ist einfach großartig."
(Mager 1965, S. 15)

Die Verschiedenartigkeit dieser Operationen verdeutlicht, daß ein Lernziel wie „Musikverständnis entwickeln" viel zu komplex ist, um eindeutig operationalisiert und damit überprüft werden zu können.

Das Verfahren, das konkret beobachtbare Verhalten des Schülers zur Grundlage der Lernzielbeschreibung zu machen, hat in der musikdidaktischen Literatur der letzten Jahre aber zweifellos zu einer Präzisierung der Ziele musikalischen Lernens geführt. Außer auf diesen nicht zu leugnenden Vorteil wird in der musikdidaktischen Diskussion mit Recht aber auch verschiedentlich auf Gefahren hingewiesen, die sich aus der strikten Anwendung dieses Verfahrens im Zusammenhang mit musikalischem Lernen ergeben können. So schreiben die Autoren des Lehrbuchs *Sequenzen*:

Es leuchtet ein, daß die Präzisierung von Lernzielen in dem oben beschriebenen Sinne besonders überzeugend im Bereich der Wissensvermittlung zu leisten ist. Hier läßt sich klar sagen, was der Schüler tun muß, um ein bestimmtes Endverhalten zu erreichen, und dieses Endverhalten läßt sich wiederum gut überprüfen.
Gerade im Bereich der ästhetischen Erziehung aber werden Verhaltensänderungen angestrebt, die sich in diesem Sinne besonders schlecht operationalisieren lassen. Das kann entweder dazu führen, daß Verhalten und Inhalte, die im Rahmen des Faches nur am Rande stehen, überbetont werden, weil sie besonders leicht zu operationalisieren sind, oder es kann zur Folge haben, daß man wegen der Schwierigkeit, Lernziele zu präzisieren, vorschnell von der Bemühung um sie abläßt. Die Folge mag schließlich sogar sein, daß man in kurzschlüssiger Weise überholte, d. h. unklare und irrationale Zielsetzungen des Faches bestätigt sieht.
(Frisius u. a. 1972, S. 25 f.)

Ähnlich äußert sich S. Abel-Struth:

Die Aufstellung operationalisierter Ziele des Musik-Lernens zum Zweck der Leistungs-Messung und die Prüfung von Lernziel-Hypothesen zur Beobachtung von Stufen des Lernprozesses dienen der zunehmenden Konkretisierung des musikalischen Lernens. Für die Unterrichtspraxis bleibt die Frage, ob ein völlig durchoperationalisierter Lehrgang der Musik nicht dennoch an wesentlichen Zielen des Musik-Lernens vorbeilaufen kann. Denn menschliche und situative Komponenten musikalischen Lernens, und gerade die erstrebte musikalische Identität, stehen von Haus aus in Widerspruch zu technologischen Verfahren, die jedoch für Details musikalischen Lernens brauchbar sein können.
(Abel-Struth 1978, S. 126)

An anderer Stelle heißt es unter Abwägung von Vor- und Nachteilen:

Die operationale Definition eines Lernziels will die höchstmögliche Präzision der Beschreibung des Lernzieles, seine Überführung in eine meßbare Größe. Als Merkmale einer eindeutigen Lernziel-Beschreibung nennt Mager die Bestimmung des Endverhaltens (man muß entnehmen können, was der Lernende tun oder ausführen können muß, um zu zeigen, daß er das Ziel erreicht hat), die genauere Bestimmung des Endverhaltens (durch Anzeigen der Bedingungen, unter denen der Schüler den erfolgreichen Abschluß seines Lernens zeigen soll) und die Bestimmung des Beurteilungs-Maßstabes (zumindest durch Benennung der unteren Grenze für das noch annehmbare Verhalten). Bei einer Lernziel-Ordnung nach Präzisionsgraden ist das operationalisierte Lernziel das Ziel mit dem höchstmöglichen Präzisionsgrad. Es wird durch einen Prozeß zunehmender Präzisierung erstellt und operational definiert.

Robert Mager hat selbst auch ein Positivbeispiel eines operationalisierten Zieles für Musik-Lernen zu definieren versucht, das Schreiben einer Komposition in einer bestimmten „Grundtonart". Wenn man die quantitativen Merkmale (Zahl der Takte und Töne für die zu schreibende „Komposition") noch akzeptieren kann, so stellt sich das Problem des Verfahrens doch nachdrücklich, wenn der Schüler drei der „Regeln", „die für eine gute Komposition gelten", bei der Erfüllung seiner Aufgabe verwenden soll; künstlerische Produktion und Regelhaftigkeit stehen sich entgegen, dazu kommt die Unmöglichkeit der Quantifizierung der Auswirkung von Regeln für die „gute Komposition". Hier offenbart sich bereits das Dilemma der Operationalisierung musikalischer Lernziele. Die einzelne eng begrenzte musikalische Leistung läßt sich annähernd operationalisieren; darauf beruhen die Aufgaben für musikalische Leistungstests (vgl. Kap. 5). Doch für musikalisches Lernen ist als Ziel nicht das Mini-Ziel in Form einer isolierten Detail-Leistung charakteristisch, sondern der Lernfortschritt in einem komplexen Zusammenhang des Tuns, Hörens, Begreifens, und dies an vielfältigen Materialien. Dies impliziert dem musikalischen Lernziel so zahlreiche, so interferente, so komplexe Eigenschaften, daß Operationalisierung gerade für musikalische Lernziele als nicht der Sache gemäß erscheinen muß. Dies ist wohl auch der Grund dafür, daß als operational bezeichnete musikalische Lernziele in der deutschsprachigen Musikpädagogik in Wirklichkeit gar keine Operationalisierungen von Lernzielen sind, sondern (sinnvoller Weise und ausgezeichnet) Konkretisierungen darstellen, doch ohne Beurteilungsmaßstäbe oder -möglichkeiten für das erfolgreiche Erreichen des Lernzieles.

Die Versuche der Lernziel-Operationalisierung insgesamt werden immer mehr als Versuch erkannt, die Curriculumforschung an das technologische Wissenschaftsverständnis anzuschließen. Zugleich wird der Widerspruch bewußt, der darin liegt, daß emanzipatorische Lerninhalte und Verhaltensweisen mit Konzepten verwirklicht werden, die in vorgefertigte Bahnen des Denkens zwingen. Bei einer Operationalisierung musikalischer Lernziele potenzieren sich diese Probleme durch die Komplexität der musikalischen Inhalte wie des musikalischen Verhaltens. Zumal die Operationalisierung musikalischer Verhaltensziele – und operationale Ziele prüfen den Erfolg an demonstriertem Verhalten – ist vom Gegenstand her sperrig, es sei denn, man setzt solche musikalischen Verhaltensweisen zum Ziel, die gut beobachtbar sind, aber dafür kein wesentliches Merkmal musikalischen Verhaltens bedeuten. Der Gewinn musikpädagogischer Auseinandersetzung mit dem Verfahren der Operationalisierung liegt in dem Anstoß zur konkreteren Formulierung der Ziele musikalischen Lernens und zur Einbeziehung von Erfolgskontrollen im Musikunterricht.
(Abel-Struth 1978, S. 36 f.)

Fassen Sie stichwortartig die wichtigsten Argumente für und gegen das Prinzip der Verhaltensbeschreibung bei der Formulierung musikalischer Lernziele zusammen.

E. LERNINHALTE DES MUSIKUNTERRICHTS

1. Zum Begriff des Lerninhalts

Während die Bemühungen um eine Theorie der musikalischen Lernziele bereits erste konkrete Ergebnisse erbracht haben, sind Ansätze zu einer Theorie der musikalischen Lerninhalte bisher noch nicht erkennbar. Dementsprechend fehlt es auch an einer Auseinandersetzung mit dem B e g r i f f des musikalischen Lerninhalts, der abzuheben ist von konkreten A n g a b e n musikalischer Lerninhalte.

Wir knüpfen an eine Aussage an, die den Inhaltsaspekt von Musikunterricht aus der Perspektive der Lernziele beleuchtet:

Für Ziele musikalischen Lernens ist wie für alle Lernziele von einem Objekt-Subjekt-Bezug, d. h. von Inhalts- und Verhaltenskomponenten zugleich auszugehen.
(Abel-Struth 1978, S. 29 f.)

Auf den musikalischen Lernprozeß bezogen, bedeutet dies, daß musikalisches Lernen, wie jedes andere intentionale Lernen auch, in der Begegnung und Auseinandersetzung des Lernenden mit Lerninhalten erfolgt. Solche Lerninhalte können sein: Musikstücke, kompositorische Gestaltungsprinzipien, musiksoziologische Themen, musikgeschichtliche Fakten, aber auch Singen, Spielen, Experimentieren, Improvisieren usw.

Anstelle des Begriffes „Lerninhalte" finden sich in der musikdidaktischen Literatur auch andere Bezeichnungen wie „Lerngegenstand", „Stoff" (dieser Begriff vor allem in der älteren Literatur) oder „Unterrichtsthema". All diese Termini meinen im musikdidaktischen Sprachgebrauch in der Regel das gleiche: Sie bezeichnen dasjenige, an dem sich musikalisches Lernen im Musikunterricht vollzieht bzw. vollziehen soll.

Der Erziehungswissenschaftler Wolfgang Klafki schlägt folgende auch für die Musikdidaktik bedenkenswerte terminologische Präzisierung der Begriffe vor:

Mit „Inhalten" (nicht: „Bildungsinhalten"!) bzw. „Gegenständen" sollte man Sachverhalte bezeichnen, die noch nicht im Sinn pädagogischer Zielvorstellungen ausgewählt und präzisiert worden sind, die sich also in einem Prüfstadium befinden unter dem Gesichtspunkt, ob ihnen pädagogische Bedeutung abgewonnen bzw. zugesprochen werden kann. Indem ein „Inhalt" oder „Gegenstand" (diese Begriffe werden hier auch weiterhin synonym verwendet) unter einer pädagogischen Zielvorstellung, einer als pädagogisch relevant erachteten Fragestellung für die Behandlung im Unterricht ausgewählt wird, wird er zum „Thema": Indien als Beispiel für Ernährungs- und Bevölkerungsprobleme eines Entwicklungslandes, die industrielle Entwicklung Englands im 18. und frühen 19. Jahrhundert als Beispiel für frühkapitalistische Produktionsverhältnisse usw. „Inhalte" bzw. „Gegenstände" sind dieser Terminologie entsprechend immer nur „möglicherweise pädagogisch relevant", sind „nur" potentielle Unterrichtsthemen. Das bedeutet: Im Begriff „Thema" wird die vollzogene Verbindung der Ziel- mit der Inhaltsentscheidungsebene zum Ausdruck gebracht.
(Klafki ²1979, S. 22)

Klafkis Unterscheidung zwischen *Inhalt* (Gegenstand) und *Thema* klingt in folgenden Ausführungen des bayerischen *Curricularen Lehrplans für Musik in der Kollegstufe* an:

Lerninhalte
In der Lerninhaltsspalte unterscheidet der Curriculare Lehrplan Musik der größeren Übersichtlichkeit und Differenzierung wegen zwei Kategorien: Lerngegenstände und Lernaspekte, denen jeweils ein eigenes Zeichen zugeordnet ist.
□ *bezeichnet die Lerngegenstände (Texte, Musikstücke, Komponisten, Verfahren, Gegenstandsberichte), an denen gelernt werden soll. An ihnen vollzieht sich unmittelbar der Lernprozeß oder dessen Vorbereitung.*
▶ *bezeichnet die Lernaspekte, unter welchen besonderen Gesichtspunkten die Lerngegenstände vorrangig behandelt werden sollen. Sie grenzen die grundsätzliche Vielfalt möglicher Behandlungsweisen der Stoffe auf das pädagogisch Notwendige ein, bieten dem Kursleiter durch weitere Klärung der Sachstruktur des Gegenstandsbereichs zusätzliche Hilfen für eine sorgfältige Unterrichtsvorbereitung und schützen den Kollegiaten vor unnötiger Stoffüberbürdung. Lernaspekte verweisen zudem auf pädagogisch-didaktische Sinnfragen als den erzieherischen Kern des Unterrichts, der, in den Leitzielen und im Richtzielbereich angesprochen, seine Verwirklichung im konkreten Unterrichtsgeschehen erfahren muß.*
(Curricularer Lehrplan 1976, S. 339 f.)

Wir halten im folgenden am Begriff „Lerninhalt" im soeben erläuterten Sinne fest, zumal dieser Terminus im Unterschied zu „Lerngegenstand" unmißverständlich auch auf fachspezifische Lerninhalte wie Singen und Spielen anwendbar ist.

Wie bereits zu Beginn dieses Kapitels angemerkt, ist eine Theorie der musikalischen Lerninhalte bisher noch nicht entwickelt worden. Angesichts der engen Beziehung zwischen Lernzielen und Lerninhalten, wie sie in dem eingangs wiedergegebenen Zitat angesprochen wird, ist allerdings zu vermuten, daß für den Begriff des musikalischen Lerninhalts Ähnliches oder Analoges gilt wie für den des musikalischen Lernziels. So gilt beispielsweise für den musikalischen Lerninhalt ebenso wie für das musikalische Lernziel zumindest, daß er der „historischen Variabilität" unterliegt.

2. Aspekte für die Auswahl musikalischer Lerninhalte

Dem Problem der Entscheidung über musikalische Lernziele, mit dem wir uns im vorigen Kapitel befaßt haben, entspricht auf der Inhaltsebene das der Auswahl musikalischer Lerninhalte. Dieses Problem wird in der gegenwärtigen Musikdidaktik von verschiedenen Seiten her angegangen. Die Auswahl musikalischer Lerninhalte erfolgt danach zumindest unter vier verschiedenen Aspekten, nämlich mit Blick auf
1. die Lernziele,
2. den Gegenstandsbereich Musik,
3. den Lernenden und seine Bedingungen,
4. methodische Möglichkeiten des Lerninhalts.
Im folgenden sollen diese verschiedenen Aspekte näher erläutert werden.

2.1 Die Lernziele

Bei der Beantwortung der Frage, welche musikalischen Lerninhalte für eine bestimmte Unterrichtsstunde auszuwählen seien, wird sich der Lehrer zunächst darauf besinnen, welches Lernziel er in der betreffenden Stunde erreichen will. Seine Leitfrage lautet dann:
Mit welchen Inhalten kann ich das gesetzte musikalische Lernziel erreichen?

Diese Frage weist darauf hin, daß die Auswahl der Lerninhalte abhängig ist von der vorherigen Entscheidung über das Lernziel. Erst wenn ich weiß, was ich erreichen will, kann ich entscheiden, w o r a n oder an w e l c h e n I n h a l t e n dies geschehen soll. Dieser Sachverhalt läßt sich folgendermaßen darstellen, wobei der Pfeil die zeitliche Abfolge angibt:

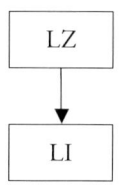

$$\boxed{LZ} \downarrow \boxed{LI}$$

So einleuchtend sich dieser Zusammenhang auf den ersten Blick darstellt, so problematisch erweist er sich jedoch, wenn er die alleinige Grundlage für die Entscheidung über Lerninhalte darstellt. Hierzu zwei Erläuterungen:

a) Macht man die Entscheidung über Lerninhalte ausschließlich von der Zielsetzung des Unterrichts abhängig, so besteht die Gefahr, daß der Lerninhalt – z. B. ein Musikstück – lediglich als M i t t e l z u m Z w e c k, nämlich als Mittel zum Erreichen eines angestrebten Zieles aufgefaßt wird. So würden etwa Ligetis *Atmosphères* zu einem Mittel, dem Schüler die Eigenarten einer auf Klangfarbenveränderungen beruhenden Kompositionsweise zu verdeutlichen oder Haydns *Kaiserquartett* würde zum Gegenstand, an dem der Schüler etwas über das Prinzip der Variation erführe. Allein unter diesen Aspekten ausgewählt, wären die genannten Lerninhalte jederzeit durch andere mit ähnlichen Eigenschaften ersetzbar.

Diese Sichtweise von Lerninhalten stellt offenbar ein Erbe der amerikanischen Curriculum-Theorie dar. So heißt es beispielsweise in einem Bericht über Wege der Curriculum-Reform in den USA:

Es kommt gar nicht so sehr auf die Inhalte an, sondern auf die Wirkungen, die sich mit ihrer Hilfe erzielen lassen, auf die Denkanstöße, die sie in Gang setzen.
(K. Huhse 1968, S. 158)

Daß Lerninhalte a u c h die Funktion haben, Mittel zum Zweck zu sein, kann gewiß nicht geleugnet werden; sie aber a u s s c h l i e ß l i c h als Mittel zum Erreichen von Lernzielen aufzufassen, wäre eine grobe Vereinfachung. Vor einer solchen als „technizistisch" bezeichneten Auffassung hinsichtlich des Verhältnisses von Lernzielen zu Lerninhalten warnt Wolfgang Klafki:

In einer Anzahl von Arbeiten zur Curriculumtheorie und zur Strategie der Curriculumentwicklung wird das Verhältnis der Ziel- zur Inhaltsdimension so dargestellt – mindestens entsteht der Eindruck –, als ob es sich dabei grundsätzlich um ein Zweck-Mittel-Verhältnis handle. Ich nenne diese Vorstellung technizistisch. Themen erscheinen (wie übrigens auch Methoden und Medien) als „Mittel" zur Realisierung der vorgängigen, vermeintlich unabhängig von den Themen formulierbaren Ziele. Damit erscheinen „Inhalte" als im Prinzip beliebig austauschbar. – Diese Vorstellung dürfte, jedenfalls für weite Bereiche der didaktischen bzw. curricularen Problematik, falsch sein.
(Klafki ²1979, S. 26)

Klafki begründet seine Position folgendermaßen:

Bestimmte Inhalte etwa der Musik, der Literatur, des Politischen usw., soziale Beziehungen zwischen den Schülern als Themen des Unterrichts, zu ermöglichende Spielerfahrungen, Sexualität usw. können nicht adäquat als bloße Mittel zur Realisierung ihnen übergeordneter Zwecke bzw.

pädagogischer Ziele bestimmt werden. Und zwar gilt das deshalb, weil solche Inhalte in der historisch-gesellschaftlichen Realität und damit auch im außerschulischen Erfahrungszusammenhang der Kinder und Jugendlichen mit bestimmten, und zwar oft kontroversen politischen, religiösen, kulturellen Wertungen und mit gesellschaftlichen Interessen fast untrennbar verknüpft sind, weil sie also – in unserer Terminologie – immer schon im Kontext bestimmter thematischer, also zielbestimmter Zusammenhänge wahrgenommen und öffentlich diskutiert oder auch tabuisiert werden. Didaktik verführe unhistorisch und gesellschaftlich unreflektiert, wenn sie diese Tatsache, daß viele Inhalte bzw. ganze Inhaltsbereiche – z. B. Sexualität, Christentum, DDR, Atomenergie, Umweltschutz, kapitalistische Wirtschaftsordnung, Nationalsozialismus, Sozialismus, Jazzmusik usw. – ihr als wertbesetzt vorgegeben sind, verkannte oder ignorierte und Inhalte grundsätzlich als Arsenal gleichsam neutraler „Mittel" betrachtete, deren didaktische Bedeutung <u>allein</u> durch didaktische Zielsetzungen bestimmt werden könnte ...

Die wertungsmäßige „Vorwegbestimmtheit" vieler Inhalte zu betonen bedeutet nicht, daß die Didaktik die jeweils vorgegebenen Wertungen, die sich mit bestimmten Inhalten verbinden, unkritisch übernehmen müsse, zumal sie oft auf Wertungskontroversen stößt. Aber die didaktischen Zielbestimmungen im Hinblick auf jene Inhalte müssen in kritischer Bezugnahme auf deren gesellschaftliche Vorwegbestimmtheit erfolgen. Dieser Beziehung ist ein technologisches Zweck-Mittel-Paradigma unangemessen.
(Klafki ²1979, S. 26 f.)

Versuchen Sie, aus Ihrer Erfahrung Belege für Klafkis These zu erbringen, wonach *bestimmte Inhalte etwa der Musik ... in der historisch-gesellschaftlichen Realität ... mit bestimmten ... kulturellen Wertungen und mit gesellschaftlichen Interessen fast untrennbar verknüpft sind.*

Wenn wir die musikdidaktische Diskussion der letzten Jahre überschauen, so klingt eine Thematisierung der Ziel-Inhalts-Problematik nur selten an. Auf die Gefahr der – im Sinne Klafkis – technizistischen Sichtweise der Lerninhalte weist etwa Walter Gieseler hin, wenn er schreibt:

... in den Schulfächern werden häufig genug Inhalte danach ausgesucht, ob man mit ihnen irgendwelche Lernziele erreichen kann. Das aber ist sehr bedenklich. Denn das Sachangebot der Inhalte muß voll ins Spiel kommen, es darf nicht unter dem Diktat von Lernzielen leiden. Wer so vorgeht, gerät in Gefahr, Inhalte zu verfälschen oder zu vergewaltigen. Damit wurde aber auch dem widersprochen, was Robinsohn sehr entschieden fordert, daß nämlich „die Leistung eines Gegenstandes für Weltverstehen, das heißt für die Orientierung innerhalb einer Kultur und für die Interpretation ihrer Phänomene" erfahren werde.
(Gieseler 1978, S. 61)

Die Gefahr einer solchen verengten Sichtweise der Lerninhalte besteht verstärkt in solchen musikdidaktischen Ansätzen, die von verhaltensorientierten Lernfeldern ausgehen. Der Lerninhalt erscheint hier leicht als fast beliebig austauschbares Hilfsmittel, an dem die angestrebten Verhaltensweisen erworben werden sollen. Als ein Beispiel hierfür seien im folgenden die für das Lernfeld „Rezeption" aufgestellten Lernziele und die darauf bezogenen Inhalte aus einem Lehrplan für die Primarstufe wiedergegeben:

3.1.2 Lernziele
Die Schüler sollen lernen
- *einer Musik zuzuhören, auch wenn sie ihnen fremd ist*
- *sich auf das Hörobjekt zu konzentrieren und die Dauer dieser Konzentration zu steigern*
- *sich einer gehörten Musik zu erinnern und sich diese Musik klingend vorzustellen (z. B. anhand einer Notation)*

- *die für das Musikhören angemessenen Hörbedingungen (z. B. Lautstärke, Ausschalten von Neben- und Umweltgeräuschen) zu beurteilen und zu schaffen*
- *musikalische Höreindrücke nach gegebenen Kategorien mit sprachlichen und graphischen Mitteln (simultane und sukzessive Strukturen, Formen) zu differenzieren und zu analysieren.*

3.1.3 Inhalte
Hörobjekte sind
- *musizierende Schüler/Lehrer*
- *technische Medien*
- *außerhalb der Schule vom Schüler aufgenommene Musik*
- *von außen eindringende Geräusche.*

Sie werden im Unterricht nach folgenden Gesichtspunkten untersucht
- *Schallquelle (z. B. Instrumente, Männer- oder Frauenstimme)*
- *Schallerzeugung (z. B. Spielweise, Art der Stimmäußerung)*
- *Schalleigenschaften (z. B. beschrieben nach Höhe, Stärke, Dauer, Klangfarbe, Einsatzabstand u. ä.)*
- *gestörte Schallübertragung (z. B. Kratzer in der Platte, verhallte Aufnahme, Qualität des Lautsprechers)*
- *Komplexität (z. B. Ereignisse gleichzeitig und/oder nacheinander, einer – mehrere – viele – wechselnde Gruppierungen; Hauptstimme – Begleitung; Steigerung – Rückentwicklung; Kontraste – Gleichförmigkeit; Wiederholung – Veränderung; Figur [prägnant] – Grund [diffus]).*

Hörobjekte werden weiterhin ausgewählt nach
- *Musikstücken, die eine für die Schüler verständliche Botschaft enthalten (Bild, Handlung, Bewegungstyp u. ä.)*
- *Beispielen, die zum Training bestimmter Hördifferenzierungen geeignet sind (Kontraste in den Klangfarben, Lautstärken, Höhenlagen, Tempi, charakteristische Verlaufsformen u. ä.)*
- *Beispielen, die sich mit einfachen graphischen Mitteln mitzeichnen lassen*
- *Beispielen, die nach selbstangefertigten oder gegebenen graphischen Notationen oder in traditioneller Notenschrift beim Hören mitgelesen werden können*
- *Musikstücken, die ein bestimmtes Verhalten der Schüler herausfordern.*

(*Lehrplan Primarstufe*, Niedersachsen 1975, in: Nolte [Hg.] 1982 [a], S. 236)

Einen ausgeprägt funktionalen Charakter haben die Lerninhalte auch im folgenden Textausschnitt, der dem *Curriculum Musik* für die gymnasiale Oberstufe in Nordrhein-Westfalen entnommen ist:

7.1.2 MUSIK UND ANALYSE
 Halbjahressequenz für das 2. Halbjahr der 11. Jahrgangsstufe.
 Didaktische Absicht
 Die Schüler sollen in fachspezifische Methoden anhand ausgewählter Beispiele eingeführt werden.
 Stoff, an dem gearbeitet werden könnte
 1. *Musikliteratur:*
  a) *Beliebige Beispiele aus der zeitgenössischen Popularmusik (Analyse nach Primär-, Sekundär- und Tertiärkomponenten);*
  b) *Mozart, Streichquintett g-Moll, KV 516, letzter Satz,*
   Hindemith, Kammermusik für 5 Bläser op. 24,2 (Großform-Detail-Analyse);
  c) *Beethoven, Sonate, op. 10,3, zweiter Satz,*
   Strawinsky, Sonate pour piano 1924 (Takt-für-Takt-Analyse);

    d) *Schubert, Nacht und Träume,*
       Hindemith, Marienleben (Wort-Ton-Analyse);
    e) *Bach, Suite für Cello, BWV 1007,*
       B. A. Zimmermann, Sonate für Violoncello solo (Kategorien-Analyse);
    f) *Berg, Violinkonzert,*
       Brahms, Violinkonzert D-Dur,
       Mozart, Violinkonzert A-Dur,
       Bach, Violinkonzert E-Dur (Vergleichende Analyse);
    g) *Mahler, VII. Sinfonie, 4. Satz,*
       Penderecki, Anaklasis (Tendenz-Analyse);
    h) *Schumann, Der fröhliche Landmann,*
       Webern, Variationen op. 27 (Statistische Analyse);
    i) *C. Ph. Em. Bach, Fantasie für Klavier,*
       Kagel, Heterophonie (Spezialanalyse);
    j) *A. Berg, Vier Stücke für Klarinette und Klavier op. 5,1,*
       Stockhausen, Momente (Voraussetzungslose Analyse);
    k) *Mendelssohn, Venetianisches Gondellied op. 30,6,*
       Bartok, aus den Quartetten (Schwerpunktanalyse).
(*Curriculum* 1973, S. 24)

b)
Der soeben wiedergegebene Lehrplantext weist auf eine weitere Eigenart des Verhältnisses von Lerninhalten zu Lernzielen hin. Pauschale Formulierungen wie

    Hörobjekte sind ... außerhalb der Schule vom Schüler aufgenommene Musik ...

oder

    Hörobjekte werden weiterhin ausgewählt nach ... Musikstücken, die eine für Schüler verständliche Botschaft enthalten (Bild, Handlung, Bewegungstyp u. ä.)

belegen, daß bestimmten Zielsetzungen durchaus verschiedene Inhalte zugeordnet werden können. Dies bedeutet, daß von einem musikalischen Lernziel nicht logisch zwingend auf einen bestimmten Lerninhalt geschlossen werden kann (es sei denn, es handelt sich um ein Lernziel folgender Art: „Kenntnis des Musikstückes X"). Neben dem Lernziel müssen folglich noch weitere Faktoren wirksam werden, um zu einer Auswahl des geeigneten Lerninhalts zu gelangen.

Für unser oben wiedergegebenes Schaubild zum Verhältnis von Lernziel zu Lerninhalt ergibt sich aus dem bisher Gesagten folgende Differenzierung:

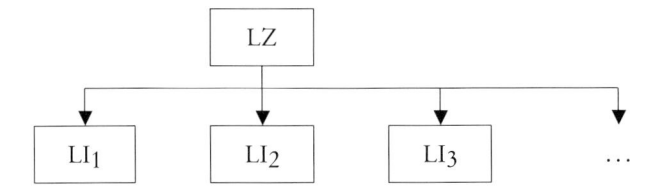

```
              ┌────┐
              │ LZ │
              └────┘
          ┌─────┼─────┬──────┐
          ▼     ▼     ▼      ▼
        ┌────┐┌────┐┌────┐
        │LI₁ ││LI₂ ││LI₃ │  ...
        └────┘└────┘└────┘
```

c)
Ebenso wie die Aussage, daß einem Lernziel verschiedene Inhalte zugeordnet werden können, gilt auch der umgekehrte Satz, daß ein bestimmter Lerninhalt verschiedene Lernziele ermöglichen kann. In diesem Fall werden mögliche musikalische Lerninhalte auf ihr Lernpoten-

tial hin befragt; es wird untersucht, welche musikalischen Lernziele mit Hilfe der Inhalte erreicht werden können.

So kann beispielsweise Beethovens *Wellingtons Sieg oder Die Schlacht bei Vittoria* daraufhin untersucht werden, mit welchen musikalischen Mitteln der Komponist das Kriegsgeschehen schildert, um daraus Kenntnisse bezüglich der Möglichkeiten zur Darstellung außermusikalischer Vorgänge durch Musik zu gewinnen. Ebenso ließe sich das Stück aber auch als Dokument einer bestimmten historischen Situation und als Beispiel für die Widerspiegelung zeitgeschichtlicher Ereignisse in der Musik, möglicherweise auch als Ausdruck einer persönlichen politischen Haltung des Komponisten behandeln.

Schematisch dargestellt läßt sich der Sachverhalt folgendermaßen verdeutlichen:

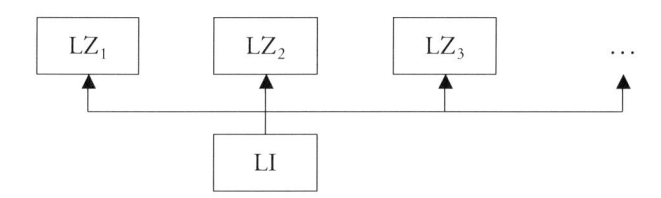

$$
\boxed{LZ_1} \quad \boxed{LZ_2} \quad \boxed{LZ_3} \quad \ldots
$$

$$
\boxed{LI}
$$

2.2 Der Gegenstandsbereich Musik

In dem Bemühen, die Lerninhalte des Musikunterrichts vom Gegenstandsbereich Musik her zu fixieren, sind verschiedene Ansätze erkennbar.

a) Anknüpfung an die Struktur des Faches

Das Verfahren, die Lerninhalte von Musikunterricht von der „Struktur des Faches" (*structure of discipline*) abzuleiten, hat maßgebliche Impulse durch die amerikanische Curriculumforschung erhalten. In der Musikdidaktik wird hierfür vor allem J. Bruner (1970) ³1973 als Gewährsmann herangezogen.

Als Beispiel für die musikdidaktische Anwendung dieses Verfahrens wählen wir die Überlegungen der Autoren des Lehrbuchs *Musikunterricht Grundschule* zur Inhaltsproblematik:

Die inhaltlichen Entscheidungen selbst aber müssen sich nach wie vor an der „Struktur" des Faches orientieren, um das es letztlich gehen soll, und das heißt nach Bruner: an den „grundlegenden Prinzipien" der Musik (Bruner ²1972, 37). Für eine inhaltsorientierte Konzeption stellt sich daher als erstes die Frage nach der „Grundstruktur" des Lehrgegenstandes Musik (a. a. O., 25). Die Antwort ergab sich für die Verfasser des vorliegenden Lehrbuchs aus der Diskussion der verschiedenen Aspekte, unter denen man den Lerninhalt Musik im Unterricht betrachten kann:
- *Musik hat einen qualitativen Aspekt (d. h. hier wertneutral: verschiedene Eigenschaften)*
- *Musik hat einen formalen Aspekt*
- *Musik hat einen aktionalen (handlungsbezogenen) Aspekt*
- *Musik hat einen inhaltlichen Aspekt (sie kann autonom musikalische oder außermusikalische Inhalte haben)*
- *Musik hat einen kommunikativen Aspekt (Musik als Sprache, Musik als Ausdruck)*
- *Musik hat einen semiotischen (zeichentheoretischen) Aspekt*
- *Musik hat einen sozialen Aspekt*

115

MUSIKUNTERRICHT – GRUNDSCHULE unterscheidet daher folgende Inhaltsbereiche (Lernbereiche):
1. Musik kann etwas erzählen (inhaltlicher Aspekt)
2. Wie man Musik macht (aktionaler Aspekt)
3. Unsere Stimme als Instrument (aktionaler und kommunikativer Aspekt)
4. Klänge haben verschiedene Eigenschaften (qualitativer Aspekt)
5. Wie Musik notiert wird (semiotischer Aspekt)
6. Wie Musik gemacht ist (formaler und inhaltlicher Aspekt)
7. Musik in unserer Umwelt (sozialer Aspekt)
(Fischer u. a. 1978, S. 9)

Obwohl der Begriff „Struktur des Faches", an den die Autoren anknüpfen, den Eindruck wissenschaftlicher Abgesichertheit vermittelt, ist es keineswegs unstrittig, welches die Aspekte sind, *unter denen man den Lerninhalt Musik im Unterricht betrachten kann* (Fischer u. a. 1978, S. 9). Dies mag ein Blick in ein anderes, für die Sekundarstufe I bestimmtes Unterrichtswerk verdeutlichen. Bei der Suche nach einer einheitlichen Konzeption für ihr Lehrbuch ließen sich die Autoren bezüglich des Lerninhalts Musik von folgenden Maximen leiten:

1. Es geht um Musik schlechthin, also nicht um traditionelle Systeme der Musikwissenschaft (Volksmusik und Tonkunst, U- und E-Musik, abendländische und exotische Musik, alte und neue Musik, Epochen, Gattungen, Formen), sondern um eine neue, umfassende und zugleich fundamentale Definition von Musik.
2. Es geht nicht um Musik allein, also um einen Bereich, der für sich existiert, sondern um das, was unsere gegenwärtige Gesellschaft als Musik versteht, produziert und konsumiert; es geht ferner um die Wirkungen, die Musik in verschiedenen Gesellschaftsgruppen auslöst.
(Frisius u. a. 1972, S. 0. 9)

Diese Festlegungen führen zur Aufgliederung des Lerninhalts Musik in sechs Komplexe, die folgendermaßen umschrieben werden:

Der 1. Komplex „Schall" hat alles Hörbare zum Inhalt. Damit stellt er die Frage nach der Grenze zwischen Musik und Nicht-Musik, also nach der Definition von Musik. Angesichts der modernen Kompositionsprinzipien und -techniken sind deren Grenzen so fließend geworden, daß die traditionelle Definition von Musik nicht mehr ausreicht. Deshalb muß der Musikunterricht dieses Problem aufwerfen, er muß Definitionen immer wieder in Frage stellen und nach konkreten und begründeten Antworten suchen.

Thema und Inhalt des 2. Komplexes „Musik und Sprache" ist das Verhältnis der beiden Kommunikationssysteme im Hörbereich: Musik und (gesprochene) Sprache. Untersucht werden ihre Ähnlichkeit und Übereinstimmung sowie ihre Unterschiede, Verbindungen und Gegensätze.

Der 3. Komplex „Hören und Verstehen" steht im Zentrum dieser Konzeption; denn das Problem musikalischen Verstehens geht jeden einzelnen unmittelbar an. Es geht hier um persönliche Erfahrungen, Vorlieben und Abneigungen, um die Wirkung von Musik auf den einzelnen und auf andere. Es geht ferner um die Frage nach den Voraussetzungen und Bedingungen dieser Wirkung sowie um die Möglichkeiten, diese Wirkung zu beeinflussen und zu verändern.
(Frisius u. a. 1972, S. o. 13)

Diese psychologischen, kommunikativen und gesellschaftspolitischen Probleme sollen aber nicht abstrakt und theoretisch bleiben, sondern auf konkreter musikalischer Grundlage untersucht werden. Deshalb folgen zwei Komplexe, die sich mit innermusikalischen Problemen beschäftigen:

Der 4. Komplex „Schalleigenschaften" behandelt die Parameter laut/leise, hoch/tief, lang/kurz usw. Die Beziehungen der Schalleigenschaften untereinander und ihre Bedeutung für musikalische Formprozesse sind Inhalt des 5. Komplexes „Formverläufe". Die musikimmanenten Komplexe 4 und 5 stehen aber in dieser Konzeption nicht mehr – wie das in den ihr vorangegangenen Entwürfen noch der Fall war – isoliert von den anderen Fragen und Aspekten, sondern sie sind eingebettet in einen größeren Zusammenhang, von dessen Einzelaspekten aus die Klärung spezieller musiktheoretischer Probleme nötig wird. Umgekehrt bleibt die Untersuchung solcher Fragen nicht isoliert, sondern sie dient der Lösung übergeordneter Probleme.

Der 6. Komplex „Hörerfahrung und Gesamterfahrung" greift wieder über die musikbezogene Fragestellung hinaus. Er erschließt Möglichkeiten, die Musik als Hörerfahrung auf andere Bereiche der Wahrnehmung und Erfahrung zu beziehen.
(Frisius u. a. 1972, S. o. 14)

Ein drittes Lehrbuch für den Musikunterricht in der Sekundarstufe II schließlich trifft folgende inhaltliche Festlegungen (aus Platzgründen verzichten wir ab Kurs 5 auf die Untergliederung der Kursthemen):

Kurse:	Kapitel:
Kurs 1	A. *Einstimmigkeit*
	Gregorianischer Choral
	Minnesang und Meistersang
	Das protestantische Kirchenlied
	B. *Mehrstimmigkeit*
	Die Anfänge der Mehrstimmigkeit
	Das Zeitalter des Barock
Kurs 2	*Die Oper*
	Gluck, Orpheus und Euridice
	Mozart, Die Zauberflöte
	Wagner, Die Meistersinger von Nürnberg
	Verdi, Othello
	Berg, Wozzeck
Kurs 3	*Oratorium und Passion*
	Schütz, Johannespassion
	Bach, Johannespassion
	Händel, Der Messias
	Haydn, Die Schöpfung
	Distler, Choralpassion
Kurs 4	*Das deutsche Klavierlied*
	Die 2. Berliner Liederschule
	Schubert
	Schumann
	Brahms
	Wolf
	Fortner
Kurs 5	*Vorklassik und Klassik*
	Sonate und Sinfonie
Kurs 6	*Impressionismus*
	Expressionismus

Kurs 7	C. Polyphonie Polyphonie im Barock Polyphonie in Klassik und Romantik Polyphonie im 20. Jahrhundert
Kurs 8	D. Internationale Folklore im Vergleich
Kurs 9	E. Musik seit Anton Webern
Kurs 10	F. Teilaspekte der Musik
Kurs 11	G. Zur Entwicklung der Notenschrift
Kurs 12	H. Musikhören und Interpretation
Kurs 13	I. Musik und Gesellschaft 1. Das Verhältnis des Komponisten zur Gesellschaft seiner Zeit
Kurs 14	2. Erwartungen, Normen und Wertvorstellungen der Gesellschaft und ihre Auswirkungen auf die Musik, die komponiert und aufgeführt wird
Kurs 15	3. Der Einfluß der akustischen Massenmedien auf das Hörverhalten 4. Informationen und Ansichten über Pop-Musik
Kurs 16	K. Außereuropäische Musik

(Binkowski u. a. 1978, S. IV ff.)

Wie Sie bemerkt haben werden, zielen alle drei Lehrbücher bei der Inhaltsauswahl auf eine grundlegende Darstellung des Gegenstandsbereichs Musik. Dennoch ergeben sich deutliche Unterschiede. Benennen Sie die Unterschiede und beschreiben Sie, welche Sichtweise der Struktur des Gegenstandsbereichs Musik die Autoren jeweils zu erkennen geben.

b) Das Prinzip des Exemplarischen

In dem Verfahren, dem Musikunterricht „exemplarische" Lerninhalte zugrunde zu legen, begegnet ein weiterer Versuch, vom Unterrichtsgegenstand her ein Auswahlprinzip zu entwickeln. Das Prinzip des „exemplarischen Lernens oder Lehrens" wurde – angeregt durch die Diskussion zur Frage der Stoffbeschränkung in den frühen fünfziger Jahren – vor allem von dem Naturwissenschaftler Martin Wagenschein aufgegriffen und für den Physikunterricht didaktisch realisiert. In der musikdidaktischen Diskussion fand es insbesondere in jenem Augenblick verstärkte Beachtung, als die massenmediale Verbreitung von Musik und ihre allgemeine Verfügbarkeit als ein zentrales musikdidaktisches Problem bewußt wurden. Seine bisher konzeptionell prägendste Anwendung auf den Musikunterricht erfolgte in den Musikdidaktiken von Michael Alt (1968) und Siegfried Vogelsänger (1970).

Der Grundgedanke des Prinzips des Exemplarischen besteht darin, der Fülle sich anbietender Musik musikdidaktisch zu begegnen *durch eine innere Konzentration auf wesentliche stellvertretende Werke exemplarischer Art, mit denen man ganze Reihen strukturverwandter Werke anleuchten könnte* (Alt 1968, S. 21). Diese exemplarischen Werke sollen nach Alt *wie Fixpunkte der musikalischen Unterweisung wirken* (S. 205).

Das Prinzip des Exemplarischen zielt mithin auf das „Musterbeispiel", das für andere gleichartige Werke s t e l l v e r t r e t e n d steht und e r s c h l i e ß e n d zu wirken vermag.

Die Frage nach exemplarischer Gültigkeit des Lerninhalts gehört nach W. Klafki an den Beginn jeder Unterrichtsvorbereitung und wird von ihm deshalb als erste von 5 Grundfragen zur didaktischen Analyse gestellt:

I. Welchen größeren bzw. welchen allgemeinen Sinn- oder Sachzusammenhang vertritt und erschließt dieser Inhalt? Welches Urphänomen oder Grundprinzip, welches Gesetz, Kriterium, Problem, welche Methode, Technik oder Haltung läßt sich in der Auseinandersetzung mit ihm „exemplarisch" erfassen?
II. Welche Bedeutung hat der betreffende Inhalt bzw. die an diesem Thema zu gewinnende Erfahrung, Erkenntnis, Fähigkeit oder Fertigkeit bereits im geistigen Leben der Kinder meiner Klasse, welche Bedeutung sollte er – vom pädagogischen Gesichtspunkt aus gesehen – darin haben?
III. Worin liegt die Bedeutung des Themas für die Zukunft der Kinder?
IV. Welches ist die Struktur des (durch die Fragen I, II und III in die spezifisch pädagogische Sicht gerückten) Inhaltes?
V. Welches sind die besonderen Fälle, Phänomene, Situationen, Versuche, Personen, Ereignisse, Formelemente, in oder an denen die Struktur des jeweiligen Inhalts den Kindern dieser Bildungsstufe, dieser Klasse interessant, fragwürdig, zugänglich, begreiflich, „anschaulich" werden kann?
(Klafki 1963, S. 135)

Lemmermann übernimmt diesen Fragenkatalog im wesentlichen, modifiziert ihn lediglich geringfügig, indem er die Frage nach der Struktur des Inhalts an den Anfang stellt:

Wie ist Eigenart und Struktur dieses Gegenstandes oder dieser Tätigkeit beschaffen ...
(Lemmermann ²1978, S. 102)

In einem nächsten Schritt fragt Lemmermann dann:

In welchem Sinn- und Sachzusammenhang stehen Gegenstand oder Tätigkeit? Ist die in der 1. Fragestufe näher untersuchte Einzelsache optimal exemplarisch für Erkenntnisse, Erfahrungen und bzw. oder Fertigkeiten? Wie läßt sich ein Sinn- und Sachzusammenhang begründen? Zur Mikroanalyse tritt die Makroanalyse (s. Seite 269 ff.) hinzu.
(Lemmermann ²1978, S. 103)

Der Begriff des „Exemplarischen" beinhaltet in seiner musikdidaktischen Verwendung vor allem vier Aspekte, die durch die Begriffe des „Elementaren", des „Typischen", des „Repräsentativen" und des „Klassischen" gekennzeichnet sind. Das Verfahren der musikdidaktischen Auswahl exemplarischer Lerninhalte fordert die Berücksichtigung aller dieser Aspekte, wobei jeder einzelne Aspekt eine zunehmende Einengung des Repertoires an Lerninhalten zur Folge hat.

Das Ausgangsproblem der Auswahl „exemplarischer" Musikstücke für den Musikunterricht faßt M. Alt in folgende Frage:

Wie kann das Ganze der Musik auf faßliche und überschaubare Grundstrukturen, auf übergreifende Sinn- und Formzusammenhänge elementarisiert werden, und wie kann der an einem Musikwerk „erlebte Sinn ... aus der konkreten Situation abgelöst, ins Vorstellungsmäßige übernommen, ins Sprachmäßige übersetzt, gedanklich verallgemeinert, in neuer Situation ausprobiert" werden? (H. Roth). Diese Übertragung muß mitgelehrt, an weiteren Beispielen durchgeführt und von Anfang an vom Lehrer bewußt angestrebt werden.
(Alt 1968, S. 204 f.)

Als erstes wesentliches Merkmal des „Exemplarischen" nennt Alt das *Elementare*. Der Schüler soll seine Lernerfahrungen gewinnen an *möglichst einfachen „elementaren" Werken* (S. 206). Alt erläutert den in der Musikdidaktik vieldeutigen Begriff des *Elementaren* folgendermaßen:

> *Es ist aber der didaktische Begriff des Elementaren im Bereich des Werkhörens nicht gleichzusetzen mit dem, was man gemeinhin heute unter „elementarer" Musik versteht; gemeint sind hier vor allem also jene einfachen Werke, in denen die Kunst ebenso zusammengefaßt wie vereinfacht, überschaubar und unmittelbar verständlich erscheint. Denn im Bereich der Kunst „bedeutet Vereinfachen nicht Entblößen, auch nicht ein Herabsetzen irgendwelcher Art, sondern ein Konzentrieren. Dieser Vorgang läßt sich mit dem Destillieren einer Essenz vergleichen ... Aber wie kann man Vereinfachung, Einfachheit erklären? Sie ist nicht Armut oder Leere, sie bedeutet im Gegenteil Erfüllung"* (H. Read).
> (Alt 1968, S. 206)

Als „exemplarisch" kann nach Alt ein Werk aber nicht schon dann gelten, wenn es in diesem Sinne als „elementar" zu bezeichnen ist; es muß vielmehr auch das Merkmal des *Typischen* aufweisen.

> *Das Exemplarische eines Werkes, sein Wesentliches kann durch das Elementare, durch das Einfache und Bündige hervorgehoben werden, desgleichen aber auch durch das Kennzeichnende, das „Typische" am Werk ...*
> *Zum Bündigen, Einsichtigen, Überschaubaren des Elementaren muß bei der Werkauswahl also hinzutreten das Eigentümliche, Kennzeichnende, Unverkennbare, Ausgeprägte des Typischen, wenn das Werk an exemplarischer Geltung gewinnen soll. Je entschiedener es den reinen Typus rein darstellt, um so prägnanter ist seine aufschließende Bedeutung für das ihm zugeordnete Feld der Musik. Man sollte also solche Werke zur Interpretation wählen, die die Bündigkeit und Schlüssigkeit des Elementaren haben und dabei gleichzeitig typisch sind, d. h. keine abseitige Sonderprägung darstellen und somit viele Vergleichsmomente und Ähnlichkeiten mit weiteren Werken des gleichen Schlages aufweisen.*
> (Alt 1968, S. 207 f.)

Vogelsänger ergänzt den Aspekt des *Typischen* durch den des *Repräsentativen*:

> *Neben dem Typischen steht das „Repräsentative" als Ausprägung einer bestimmten Haltung oder Aussage, die erneut „präsent" werden muß; in diesen Begriff spielen das Historische und das Symbolische hinein. Im Musikunterricht werden vor allem solche Werke als „repräsentativ" gelten, die noch aktuell oder aktualisierbar sind; das bedeutet wiederum eine Einschränkung des „klassischen" Werkkanons, denn längst nicht alles, was für eine bestimmte Zeit oder was einem einzelnen Betrachter als für sie repräsentativ gilt, hat exemplarischen Charakter und Stellvertretungswert.*
> (Vogelsänger 1970, S. 107)

Ein vierter Aspekt schließlich, nämlich der des *Klassischen*, präzisiert das Prinzip des Exemplarischen weiter:

> *Noch ein weiteres Mal muß die Stoffauswahl umgrenzt werden: durch die Auswahl „klassischer" Werke. Zielt dieser Begriff in der Didaktik gemeinhin auf menschliche Qualitäten und sittliche Vorbildwerte, die in einzelnen großen Werken zur Geltung kommen und zur Nachfolge aufrufen, so beinhaltet er im Bereich der Musikpädagogik seit eh und je nur musikalische Vorrangigkeit, Wertvordringlichkeit, einen besonderen künstlerischen Wertrang. Das deckt sich durchweg*

mit dem, was in den Wendungen wie „klassische Musik", „Werk der Klassiker" u. a. zum Ausdruck kommt.

Zur Bündigkeit, Überschaubarkeit, Einsichtigkeit des elementaren Werkes, zu dem Kennzeichnenden, Mustergültigen, Ausgeprägten, Unverkennbar-Eigentümlichen des Typischen tritt also der Wertbegriff des Klassischen. Das besagt, daß aus dem übergroßen Reservoir der Musikgeschichte bevorzugt jene Werke zu wählen sind, die im Zeichen der „großen Namen" stehen, daß also gegenüber eingängigen und mustergültigen Werken der Kleinmeister die klassischen vermöge ihrer größeren künstlerischen Bedeutsamkeit und Geltung bei der Auswahl durchweg Vorrang genießen. Damit verbindet sich auch der pädagogische Gesichtspunkt, daß die großen Namen als erste Wertorientierung dienen können im Überangebot unserer Zeit; auch deshalb sollte man diese Namen mit Anschauung, Erfahrung und Erlebnis füllen und ihnen eine besondere Bedeutsamkeit geben. Mag beispielsweise die Klaviersonatine C-Dur von Diabelli elementar noch so eingängig und überschaubar sein, so ist sie doch viel zu leichtgewichtig, um die Welt der Sonate eröffnen zu können.

(Alt 1968, S. 208 f.)

Zusammenfassend läßt sich das Verfahren der Auswahl exemplarischer Werke folgendermaßen darstellen, wobei die einzelnen Aspekte des Exemplarischen gewissermaßen als hintereinander angeordnete Siebe zu verstehen sind:

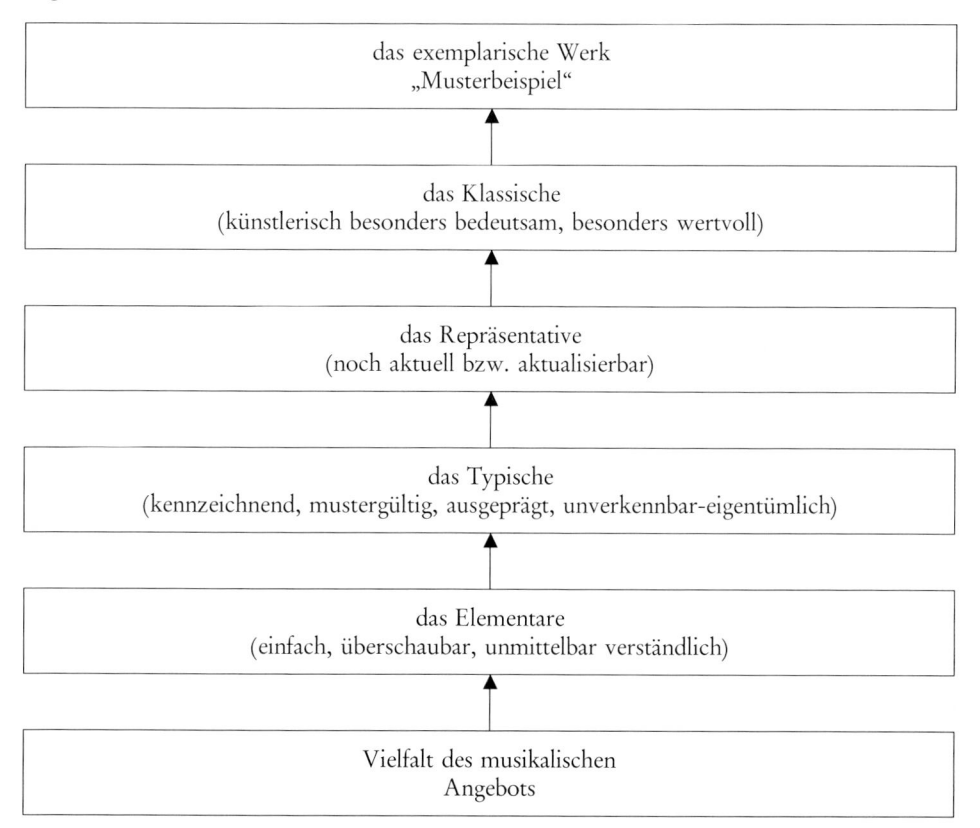

```
┌─────────────────────────────────────────────────┐
│            das exemplarische Werk               │
│                „Musterbeispiel"                 │
└─────────────────────────────────────────────────┘
                        ▲
┌─────────────────────────────────────────────────┐
│                 das Klassische                  │
│   (künstlerisch besonders bedeutsam, besonders  │
│                    wertvoll)                    │
└─────────────────────────────────────────────────┘
                        ▲
┌─────────────────────────────────────────────────┐
│               das Repräsentative                │
│          (noch aktuell bzw. aktualisierbar)     │
└─────────────────────────────────────────────────┘
                        ▲
┌─────────────────────────────────────────────────┐
│                  das Typische                   │
│ (kennzeichnend, mustergültig, ausgeprägt,       │
│            unverkennbar-eigentümlich)           │
└─────────────────────────────────────────────────┘
                        ▲
┌─────────────────────────────────────────────────┐
│                 das Elementare                  │
│    (einfach, überschaubar, unmittelbar          │
│                 verständlich)                   │
└─────────────────────────────────────────────────┘
                        ▲
┌─────────────────────────────────────────────────┐
│            Vielfalt des musikalischen           │
│                    Angebots                     │
└─────────────────────────────────────────────────┘
```

Wenn wir uns nun noch einmal dem eingangs wiedergegebenen Zitat von Michael Alt zuwenden, mit dem dieser das Ausgangsproblem exemplarischen Lernens und Lehrens formuliert hat, so wird deutlich, daß eine wichtige Implikation bisher unbeachtet geblieben ist. Exemplarisches Lernen nämlich bedeutet nicht nur das Erfassen der in den Musterbeispielen repräsentierten Urphänomene usw., sondern auch die Befähigung zur Übertragung, zum Transfer der gewonnenen Einsichten, Erlebnisse, Deutungen usw. auf andere Musikstücke. Hier nun stellt sich der Musikdidaktik eine besondere Schwierigkeit, die zugleich die Reichweite des exemplarischen Prinzips einschränkt. Alt schreibt selbst hierzu:

> *Das Prinzip der Übertragbarkeit von Einsichten, Erlebnissen und Deutungen findet in der Musik seine Grenze an der unverlierbaren Individualität eines Werkes. Die je eigene Interpretation eines Kunstwerkes kann durch das exemplarische Verfahren nicht ersetzt werden, im Gegenteil muß dem Transfer die individuelle Aufschließung des Werkes vorangehen oder doch folgen. Nur soll es nicht, wie bisher oft, bei einem Erlebnisimpuls bleiben, es müssen bei der Werkbehandlung Sacheinsicht und Sinndeutung auf ihre exemplarischen Werte hin bewußt profiliert werden. Das gilt vor allem für die Mittelstufe; auf der Oberstufe sind dem exemplarischen Prinzip viel engere Grenzen gesetzt, da hier die individuelle Geistfülle der Werke ungebrochen aufleuchten soll.*
> (Alt 1968, S. 207)

Doch nicht nur die Individualität eines Werkes, sondern auch die Pluralität der musikalischen Wirklichkeit setzt nach Alt dem exemplarischen Verfahren Grenzen.

> *Es ist bis heute aber schon unmöglich geworden, das Wissen um die vielen Erscheinungen im Sinne der traditionellen Bildungsschule auf das wenige Wesentliche oder auf die elementaren oder fundamentalen Grundlagen zurückzuschrauben; die Pluralität der heutigen Musikwelt widersetzt sich einer solch künstlichen Reduktion.*
> (Alt 1968, S. 21)

Alt gelangt deshalb zu folgendem Schluß:

> *Der Tendenz zur Verwesentlichung und Verinnerlichung sind angesichts der Überfülle der außerschulischen Erfahrungen heute also enge Grenzen gesetzt, besonders im musikalischen Bereich, da hier in ungewöhnlicher Weise Medienwissen und Medienerfahrung das schulische Angebot übersteigen. Kein Wunder auch, wenn der Schüler sich durch diese auf Regression gestellten Bildungsveranstaltungen heute von der faszinierenden Pluralität der musikalischen Erscheinungen abgeschnitten und sich verwiesen sieht auf einen inneren umfriedeten Kreis, der von keinem Wandel berührt erscheint und deswegen auch des im Kunstbereich so belebenden Effektes der Herausforderung und der Verfremdung verlustig geht. Je entschiedener diese Reduktion auf das Bleibend-Substantielle ist, um so mehr verliert der Musikunterricht von der Auftriebskraft des Erregend-Neuen, des Außergewöhnlichen.*
> (Alt 1968, S. 229)

2.3 Der Lernende

Dem Verfahren, musikalische Lerninhalte mit Blick auf den Gegenstandsbereich Musik unter s a c h l o g i s c h e n Gesichtspunkten zu bestimmen, steht jenes p s y c h o l o g i s c h orientierte gewissermaßen komplementär gegenüber, das beim Lernenden und seinen Bedingungen ansetzt. Dieses Verfahren begegnet in der Musikdidaktik in mehreren Ausprägungen, von denen hier einige aufgezeigt werden sollen.

a) Altersgemäßheit und das „psychologisch Elementare"
Ein Lehrplan aus dem Jahre 1958 bestimmt für die Klassen 1-9 der Volksschule folgende Lerninhalte:

1. und 2. Schuljahr
Musik ist in den beiden ersten Schuljahren noch ganz in das erzieherische und unterrichtliche Leben der Klasse einbezogen. Das Volkskinderlied und die ihm eigene Melodie entspricht dem musikalischen Ausdruck dieser Stufe. Das Kind will seine Lieder darstellen, im Reigen tanzen, will die Stimmen der Tiere, die Rufe der Handwerker, den Wind, den Regen, die Glocken, die Eisenbahn nachahmen und alles, was es singt, in Bewegung umsetzen.

3. und 4. Schuljahr
Das Erfassen der Formelemente der Kindermelodie bleibt auch jetzt ganz in das Singen und Musizieren eingebettet.

5. und 6. Schuljahr
Alle vom lebendigen Musizieren losgelöste Theorie ist auch dieser Stufe nicht gemäß und nimmt dem Schüler seine natürliche Freude an der Musik. Trotzdem wird es möglich sein, die Schüler zum Erkennen und Darstellen einfacher Tonfolgen und Rhythmen zu führen. Mit den grundlegenden musikalischen Kenntnissen, die ihnen auf der Grundschulstufe vermittelt werden, können sie jetzt in ihren Liedern immer wiederkehrende Liedanfänge, Melodiewendungen und rhythmische Folgen erkennen. So kann der Schüler auch zum Verständnis der Notenschrift gelangen.

7. und 8. Schuljahr
Die Art des Musikunterrichts in den Abschlußklassen ist von großer Bedeutung für das weitere Verhältnis des jungen Menschen zur Musik überhaupt. Es sollte möglichst auch bei den Knaben in diesem Alter täglich gesungen werden. Die besondere Freude am Rhythmus, die dieser Stufe gemäß ist, wird durch entsprechend lebendige Lieder unserer Zeit in gute Bahnen gelenkt.

Besonders während der Zeit des Stimmwechsels eignet sich für die Knaben das Musizieren und Begleiten der Lieder mit Schlag- und Klanginstrumenten. Fahrtenlieder werden von ihnen in diesem Alter besonders bevorzugt. Auch die Stimmen der Mädchen bedürfen während ihres Stimmwandels aufmerksamer Pflege. Obwohl ihnen das sentimentale Lied jetzt nahe steht, können sie doch zu einem Gefühl für echt und unecht geführt werden. In das mehrstimmige Singen sollte auf dieser Stufe auch der polyphone Liedsatz stärker einbezogen werden.

Im Anschluß an Lieder und kleine Instrumentalstücke wird der Lehrer bei Gelegenheit aus dem Leben großer Meister erzählen und der Altersstufe entsprechende Werke selbst oder durch Schallplatte, Band oder Funk seinen Schülern nahebringen.
(*Bildungsplan für die Volksschulen in Baden-Württemberg* 1958, in: Nolte [Hg.] S. 199-202)

Deutlich erkennbar liegt diesen Ausführungen die Vorstellung zugrunde, daß die für den Musikunterricht auszuwählenden Musikstücke und die im Unterricht zu behandelnden Themen dem Alter der Schüler, ihrem Entwicklungsstand, angemessen sein müssen. Diese Forderung nach Altersgemäßheit basiert auf bestimmten Vorstellungen von Reifung, wonach der Heranwachsende bestimmte naturgegebene Entwicklungsstadien durchläuft, für die jeweils bestimmte Lerninhalte besonders angemessen, andere dagegen weniger geeignet sind.

Karl Stöcker, ein Vertreter der allgemeinen Didaktik, schreibt – er verwendet den Begriff *Kindes- und Entwicklungsgemäßheit* –:

Der Begriff der Kindes- und Entwicklungsgemäßheit ist ein psychologischer: Die allgemeine Psychologie gibt Einblicke in die Struktur des Bildungsprozesses, die auch didaktisch bedeutsam werden

können; die Entwicklungs- und Kindespsychologie weist die Stufen der kindlichen Entwicklung im seelisch-geistigen Wachstum auf; die pädagogische Psychologie vermittelt die Kenntnisse der Psychologie des Bildungsgutes, des Lehrers, der Schulklasse und des Schülers im wechselseitigen Bezug zueinander und zum Unterrichtsgange. In allen diesen Disziplinen spielt aber der Begriff der Kindesgemäßheit mit herein. Sie geben zusammen ein Bild des Kindes und seiner psychischen Besonderheiten, das dann Grundlage didaktischer Maßnahmen wird.
(Stöcker ⁹1960, S. 112)

Die didaktischen Folgerungen eines am Prinzip der Altersgemäßheit orientierten Unterrichts beschreibt Stöcker folgendermaßen:

Jeder Unterricht, der diesem Grundsatz gerecht werden will, sucht also zunächst die jeweilige Alters- und Entwicklungsstufe der Kinder zu treffen. Wie die Kindes- und Entwicklungspsychologie zeigt, sind das seelisch-geistige Wachstum, die Interesse- und Erlebnisformen, die Sicht- und Denkweisen, die Gefühls- und Willensinhalte von Stufe zu Stufe verschieden. Kein Jahrgang gleicht dem anderen, aber die Jahrgänge weisen doch trotz der individuellen Besonderheiten offenbar so viel Gemeinsames auf, daß man von einer allgemeinen „Entwicklungsstufe" sprechen kann.
(Stöcker ⁹1960, S. 114)

Überprüfen Sie die nachstehenden Ausführungen aus den Richtlinien für die niedersächsischen Volksschulen von 1964 auf Aussagen zur Altersgemäßheit von musikalischen Lerninhalten und skizzieren Sie die Entwicklungsstadien, die der Schüler danach vom 1. bis 9. Schuljahr durchläuft. Vergleichen Sie diesen Text mit dem oben wiedergegebenen Lehrplan für die Volksschulen in Baden-Württemberg.

1. bis 3. Schuljahr
Die Musik ist in der ersten Bildungsstufe in das Gesamtleben des Kindes hineinverwoben und bildet darin ein von anderen Lebensäußerungen (Sprache, Bewegung, Spiel, bildnerisches Gestalten) noch u n g e s c h i e d e n e s E l e m e n t. Das Kind will alles, was es singt, in Bewegung umsetzen und seine Lieder darstellen. Es hat seine eigene musikalische Welt, in der es sich ausleben und aussingen will. Die Musik tritt ihm nicht als ein außer ihm Bestehendes gegenüber.

Die L e i e r m e l o d i k, die aus dem Ruf (Kuckucksterz) und dem Kinderliedmotiv (im Dreiton) erwächst, bestimmt durchweg diese Lieder und vor allem auch die eigenen Äußerungen des Kindes. ...

4. bis 6. Schuljahr
Gegen Ende der ersten Bildungsstufe wird dem Kinde bewußtes Singen möglich. Die Erziehung zum Tonbewußtsein erfordert vom Lehrer einen planvollen stufenweisen Aufbau des Tonraumes in der Kindermelodik (Zweiton-Ruf, Dreiton-Kinderliedmotiv, Pentatonik, Dreiklang usf.). Die Tonwortsysteme in Verbindung mit den Handzeichen sind wertvolle Hilfsmittel zur sinnfälligen Andeutung der einzelnen Töne und zur Veranschaulichung von Melodiebewegungen. Alle Verfrühungen in der Liedauswahl durch halbtonstufige Melodik oder zu großen Melodie-Umfang (tiefer Anfang) – sollen unterbleiben. ...

7. bis 9. Schuljahr
Was über das praktische Singen und Musizieren in der zweiten Bildungsstufe gesagt wurde, bleibt in der Oberstufe grundsätzlich gültig und ist weiterzuentwickeln. Dabei ist auch das j u g e n d g e m ä ß e M u s i z i e r e n, vor allem das L i e d g u t d e r J u g e n d g r u p p e n, zu berücksichtigen.

Neben dem praktischen Tun sollte auf dieser Stufe die Auseinandersetzung mit den Formen und Vermittlungsweisen der Musik im Vordergrund stehen. Der kritische Sinn der beginnenden Reife-

zeit macht es möglich und nötig, in angemessener Weise die verschiedenen Formen und Funktionen der Musik zu behandeln (z. B. Musik als klingender Ausdruck von Gemeinschaften wie Familie, Schule, Jugendgruppe und Kirche, als Gebrauchsmusik wie Ständchen und Serenade, als Musik für Tanz und Unterhaltung, als echter Jazz und als zweckfreies musikalisches Kunstwerk).
(Nolte [Hg.] 1975, S. 227 f.)

Im Gegensatz zu dem in diesem Text erkennbaren Bemühen, alle dem jeweiligen Entwicklungsstadium der Schüler nicht angemessen erscheinenden Inhalte aus dem Unterricht herauszuhalten, empfiehlt Theodor W. Adorno in seinem 1957 erschienenen Aufsatz *Zur Musikpädagogik*:

Das Kind als Musiker zu behandeln, ja nach üblicher Rede, es zu überfordern, läßt ihm und seiner Möglichkeit mehr an Gerechtigkeit widerfahren, als es in der eigenen Kindheit absichtsvoll zu befestigen.
(Adorno ⁵1972, S. 104 f.)

Ebenfalls in der Auseinandersetzung mit den von Adorno kritisierten Auffassungen von Kindgemäßheit – Auffassungen, die die Entwicklung musikdidaktischer Konzeptionen bis in die Gegenwart mitgeprägt haben – heißt es in einem neueren Unterrichtswerk:

Zu b): Welche musikalischen Unterrichtsgegenstände sind den verschiedenen Alters- und Entwicklungsstufen angemessen? Wie kann man den unterschiedlichen Begabungsniveaus gerecht werden? Diese Fragen bildeten bisher für den Verfasser eines Musiklehrwerkes das zentrale Problem – und zwar um so mehr, je fester und selbstverständlicher die Vorstellung davon war, welcher Stoff von den Schülern zu lernen und was musikalische Begabung sei.

Diese Vorstellungen wurden erschüttert durch Untersuchungen der Lern- und Begabungsforschung, die gegen Ende der sechziger Jahre erschienen. Sie zwingen dazu, die herkömmlichen Theorien von Begabung, Entwicklung und Lernprozeß nicht nur auf musikalischem Gebiet, sondern ganz allgemein von Grund auf zu revidieren. Dadurch erscheint auch das Problem der Stoffauswahl und -dosierung nun in einem ganz anderen Licht.

Wichtige Ergebnisse und Erkenntnisse:
„Begabte" sind zumeist solche Menschen, die frühzeitig, planmäßig und stetig Lernerfahrungen machen konnten – im Gegensatz zu Menschen, denen solche Erfahrungen vorenthalten blieben.

Neue Lernerfahrungen sind nicht in erster Linie an das Alter (also an physische Reifung) gebunden, sondern sie werden auf Grund schon vorhandener Lernerfahrungen und weitgehend unabhängig vom Alter gemacht.

Lernerfahrungen sind um so wirksamer, je enger sie an vorhandene Erfahrungen anknüpfen und je besser sie motiviert sind.
(Frisius u. a. 1972, S. 0. 11)

Besonders hinsichtlich der Auswahl von Musikstücken werden überkommene Auffassungen von Altersgemäßheit in der neueren Musikdidaktik häufig in Frage gestellt. Dies zeigt sich beispielhaft bei der Erörterung der Frage, ob komplexe Musik entgegen bisheriger Auffassung bereits in der Primarstufe sinnvoll behandelt werden könne. Der nachstehende Text bejaht diese Frage. Arbeiten Sie die Begründungen heraus!

Ende der Sechzigerjahre durchgeführte Versuche mit komplexer Musik in der Grundschule erhärteten die Einsicht, daß es durchaus möglich ist, Kindern Zugänge zu differenzierter Musik zu eröffnen, die ihren bisherigen Erfahrungshorizont übersteigt, bis hin zu komplexer Musik der Avantgarde (Küntzel 1969, Günther 1969). Hierfür lassen sich sowohl Gründe, die in der Musik selbst liegen, als auch lernpsychologische Gründe anführen. Zum einen: Komplexe Musik, d. h., Musik mit differenzierten Klangeigenschaften und vielfältigen satztechnischen und strukturellen Momenten, eröffnet gerade wegen ihrer Vielgestaltigkeit sehr viel mehr sachliche und didaktische Zugänge als simple Musik, die ihre Existenzberechtigung aus dem Attribut „pädagogisch" herleitet.

Zum anderen läßt sich aus lernpsychologischen Untersuchungen entnehmen, daß zu den Bedingungsvariablen der Lernmotivation im Unterricht – und damit auch im Musikunterricht – u. a. der Neuigkeitsgehalt eines dargebotenen Lernstoffes sowie Anreiz und Erreichbarkeitsgrad von Aufgaben zählen (Heckhausen⁵ 1970, 195 f.). Die Erfahrung zeigt, daß komplexe Musik für Grundschüler einen hohen Anreiz hat, der sicherlich auch mit ihrem Neuigkeitsgehalt – gemessen am jeweiligen Erfahrungspotential der Schüler – zusammenhängt. Als Erreichbarkeitsgrad bezeichnet Heckhausen den „Schwierigkeitsgrad der gestellten Aufgabe bezogen auf den erreichten sachstrukturellen Entwicklungsstand (sowie den kognitiven Stil) des einzelnen Schülers". Den höchsten Motivierungswert haben „mittlere Schwierigkeitsgrade, bei denen ein Erfolgs- oder Mißerfolgsausgang ungefähr gleich wahrscheinlich ist" (a. a. O.). Wenn nun aber komplexe Musik wegen ihres durch Vielgestaltigkeit bedingten Anreizes und ihres Neuigkeitsgehaltes für Kinder sogenannter elementarer Musik vorzuziehen ist, wenn andererseits ein mittlerer Schwierigkeitsgrad bei Aufgaben den höchsten Motivierungswert hat, so läßt sich daraus für den Musikunterricht eine wichtige Konsequenz ableiten: der Musikunterricht sollte von komplexer Musik ausgehen und sie durch eine geeignete Methodik in den Fragehorizont der Schüler rücken, d. h. elementare Zugänge finden. (Fischer u. a. 1978, S. 16)

Aufgrund der dargelegten Sachverhalte fordert der Autor zu einer neuen Sichtweise des Elementaren im Musikunterricht auf. Vergleichen Sie diese Sichtweise, die durch den Begriff des „**psychologisch Elementaren**" charakterisiert ist, mit jener, die M. Alt bei der Erläuterung des „Elementaren" als ein Aspekt des Exemplarischen zugrunde legt.

Der Begriff des Elementaren muß hier demnach im Sinne der von Helmut Segler vorgenommenen Differenzierung verstanden werden, nach der zu unterscheiden ist zwischen dem logisch Elementaren und dem psychologisch Elementaren (Segler 1968, S. 58).

Komplexe Musik zählt wohl im allgemeinen nicht zu den logischen Elementaria des Musikunterrichts, da sie ja gerade durch sachlogische Kompliziertheit definiert ist. Aber sie gestattet dennoch psychologisch elementare Zugänge, d. h. konkret: Zugänge über die Untersuchung der Klangeigenschaften (Lautstärke, Tondauer, Klangfarbe usw.: Lernbereich 4 = KLÄNGE HABEN VERSCHIEDENE EIGENSCHAFTEN), über die Betrachtung von grundlegenden Formprinzipien (z. B. Gliederung, Kontrast, Variation) bis hin zur hörenden Erarbeitung einfacher Formverläufe (Lernbereich 6 = WIE MUSIK GEMACHT IST). Wenn es noch einer Bekräftigung bedarf, daß elementare Zugänge zu komplizierten Lerninhalten nicht nur möglich, sondern auch sinnvoll und notwendig sind, so mag hier noch einmal ein bedenkenswerter Satz Adornos zitiert werden, der nicht oft genug wiederholt werden kann: „Kein Schüler der Musik wird leicht zu mehr gebildet werden als zu dem, was in den Werken sich findet, mit denen er sich beschäftigt" (Adorno ⁵1972, S. 111). Auch aus psychologischer Sicht läßt sich ein gewichtiges Argument anführen: „Wenn Erziehung nämlich Schrittmacher von Entwicklung sein soll, so muß sich das Erziehungsangebot als Herausforderung verstehen, muß auf das zielen, was sich eben gerade nicht von selbst einstellt, was mehr ist als das Spiegelbild eines bereits erreichten Entwicklungsstandes" (Ewert 1974, S. 72).

Überträgt man dieses Diktum auf die Lerninhalte des Musikunterrichts, d. h. wendet man es als Entscheidungshilfe bei ihrer Auswahl an, so wird man nicht nur ein Plädoyer für die Einbeziehung komplexer Musik herauslesen können, sondern auch für die Berücksichtigung eines Lernbereichs, der nach verbreiteter Meinung den in der Grundschule erreichbaren Entwicklungsstand übersteigt: nämlich für den Themenkomplex MUSIK IN UNSERER UMWELT (Lernbereich 7).
(Fischer u. a. 1978, S. 16)

b) Schülerinteresse, Aktualität und Lebensnähe
Im vorstehenden Text gilt nicht eine bestimmte Auffassung vom reifebedingten Entwicklungsstand des Schülers als maßgebliches Auswahlkriterium, sondern der Anreiz, den ein Musikstück für den Schüler zu haben vermag. Damit gelangt das Interesse des Schülers in den Blick. Die Frage nach dem Lerninhalt lautet unter diesem Aspekt: Welcher Lerninhalt (z. B. welches Musikstück) vermag eine hohe Zuwendungsbereitschaft beim Schüler auszuüben?

Das Schülerinteresse nun ist aber nicht, wie Forschungsergebnisse nahelegen, vorrangig r e i f e -, sondern eher s i t u a t i o n s bedingt, d. h. es resultiert zu einem guten Teil aus den musikalischen Erfahrungen, die der Schüler in seiner konkreten Lebenssituation bisher erworben hat.
Vogelsänger weist auf diesen Sachverhalt und dessen musikdidaktische Bedeutung hin:

Mehr als die altersspezifischen Interessen, Antriebe und Verhaltensweisen sind es die aus der Umwelt und Umkultur – und das heißt auch aus dem Unterricht – an den Schüler herangetragenen Anregungen und Aufforderungen, die seine Entwicklung beeinflussen und bestimmen. Insbesondere in einer hochentwickelten und komplizierten Kultur und Zivilisation bestehen vielerlei Wechselbeziehungen zwischen „Außenwelt" und „Innenwelt" des Schülers, so daß es nicht genügt, seine psychischen und physischen Dispositionen zu kennen, die in einem bestimmten Entwicklungsstadium normalerweise zu erwarten sind, sondern ebenso die Umweltbedingungen, unter denen sich jene haben entfalten, unter denen sie aber auch unterbunden worden sein können.
(Vogelsänger 1970, S. 112)

Vogelsänger folgert daraus:

So muß also die Frage nach dem altersspezifischen Unterrichtsgegenstand immer neu formuliert und kann nicht allein von allgemein festgestellten oder festgelegten „altersspezifischen Fähigkeiten" oder einem als „objektiv" angenommenen Schwierigkeitsgrad her beantwortet werden.
(Vogelsänger 1970, S. 112 f.)

Verschiedene Untersuchungen – etwa die von Dörte Hartwich-Wiechell – haben ergeben, daß 80-90 % der Schüler zwischen 12 und 20 Jahren *den Beat als liebste Musikgattung bezeichnen, und daß das Musikhören als eine der liebsten Freizeitbeschäftigungen – vor dem Fernsehen übrigens – angegeben wird* (D. Wiechell 1977, S. 97). Ein Musikunterricht für 12- bis 20jährige, der sich an den Interessen der Schüler orientiert, wird daher der Popular-Musik, und hier wiederum ihren aktuellen Ausprägungen, bei der Auswahl der Lerninhalte besondere Aufmerksamkeit schenken. Eben dieser Gedanke, die von der Mehrzahl der Schüler bevorzugte aktuelle Musik zum Lerninhalt zu machen, ist ein wesentlicher Ausgangspunkt der Didaktik der Popularmusik.
Allerdings birgt dieses Prinzip dann, wenn es ausschließlich befolgt wird, einige Gefahren, die H. Rauhe folgendermaßen beschreibt:

Geht man von dem Bedeutungsfeld „augenblickliche Wirklichkeit, Bedeutsamkeit für die unmittelbare Gegenwart" aus, das der Begriff der Aktualität impliziert, so ist diese Auffassung von der

Aktualität der Popmusik gerechtfertigt: Statistiken zeigen, wie hoch der Anteil von Popularmusik in den Musikprogrammen der Rundfunkanstalten ist („akustische Wirklichkeit"), in welchem Ausmaß Popularmusik von Jugendlichen und Erwachsenen gehört wird („Hörwirklichkeit"); die Hörgewohnheiten vieler Konsumenten sind allein oder überwiegend durch Popularmusik geprägt („Wahrnehmungswirklichkeit"). Eine weitere Bedeutung des Begriffs Aktualität, nämlich „Augenblicksbetontheit", spricht ebenfalls dafür, die rasch wechselnden Produkte des Popularmusiksektors jeweils auf dem Höhepunkt ihrer Popularitätskurve als aktuell anzusehen. Die in ihren Augen „aktuelle" Popularmusik pflegen die meisten ihrer Hörer gleichzusetzen mit der unserer Zeit entsprechenden Musik; sie scheint ihnen einen „unmittelbaren Bezug auf die Gegenwart" zu besitzen; sie gilt ihnen als modern, zeitgemäß, ja als authentischer Ausdruck ihrer gesellschaftlichen Situation.
(Rauhe 1973, S. 85)

Ein weiterer Aspekt des hier behandelten Fragenkomplexes bezüglich der Auswahl musikalischer Lerninhalte ist die Frage nach der Lebensnähe des Lerninhalts. Hierbei geht es nicht nur um die Frage nach der möglichen Bedeutung des Unterrichtsinhalts für die Gegenwart, sondern auch für die Zukunft des Schülers.
Vogelsänger umschreibt diesen Aspekt unter Anknüpfung an Klafki folgendermaßen:

Hier ist zunächst nach der allgemeinen Bedeutung des Unterrichtsgegenstandes sowohl im gegenwärtigen Leben der Erwachsenen als auch im Leben des Schülers zu fragen, d. h. nach seiner Aktualität und Lebensnähe. Daran schließt sich die Frage an, warum dieser Gegenstand Unterrichtsgegenstand sein, warum er über die vielleicht schon vorhandene Bedeutung hinaus eine weitere Bedeutung für den Schüler bekommen kann oder soll usw. Daraus ergibt sich die Rechtfertigung für die Auswahl des Gegenstandes und des mit seiner Hilfe zu erreichenden Zieles.

Dabei genügt es also nicht, daß der Lehrer den Gegenstand allein aus dem Blickwinkel des Erwachsenen und „Kenners" betrachtet, sondern er muß versuchen, ihn auch mit den Augen des Schülers zu sehen und dabei zugleich zu bedenken, ob und wieweit er selbst diesen Gegenstand gegenüber dem Schüler glaubwürdig und überzeugend vertreten kann, m. a. W.: Erst wenn ihm selbst dieser Gegenstand wieder „fragwürdig" wird, dann kann er ihn auch dem Schüler zu einem Problem machen, dessen Lösung jenem erstrebenswert zu werden vermag.

Damit geht es gleichzeitig um die Bedeutung des Gegenstandes für das zukünftige Leben des Schülers, und zwar in seiner konkreten und nicht fiktiven Funktion. An diesem Punkt muß ganz realistisch gefragt werden, ob die traditionellen Unterrichtsstoffe, die angeblich zur „Allgemeinbildung" gehören, „bei den Menschen, denen sie in ihrer Jugend vermittelt worden sind, nachweisbar geistiges Leben geweckt haben (Klafki 72/17); hier muß auch gefragt werden, ob der Gegenstand „einen verfrühten Vorgriff auf irgendeine Spezialausbildung" darstellt, denn dann „müßte man auf ihn verzichten" (Klafki 72/17).
(Vogelsänger 1970, S. 146)

Insgesamt steht Vogelsänger dem Prinzip der Lebensnähe aber skeptisch gegenüber:

Das Prinzip der Lebensnähe hat im Musikunterricht nur bedingt Bedeutung. Zwar ist die Musik eine natürliche Lebensäußerung des Schülers, werden natürliche Anlässe wie Tages-, Jahres- und Festkreis und manche Ereignisse der musikalischen Umwelt vom Unterricht beachtet; aber spätestens bei der Werkbetrachtung spürt der Schüler sehr bald, daß sich nur ein Teil der Musik an Mode und Tagesaktualität orientiert, ein wesentlicher Teil aber ganz eigenen Gesetzen gehorcht, die keine Entsprechung im Leben haben. „Lebensnah" erziehen heißt hier, Wertmaßstäbe und Orientierungshilfen für das Leben mitgeben; dabei kann es vertretbare Zwischenziele geben („Ge-

hobene Unterhaltungsmusik", „Volkstümliche Klassik", Jazz u. dgl.). Diese letztgenannte Musik erscheint lebensnah darum, weil sie mehr auf „Umgang" und „Verbrauch" eingerichtet und eher zur Unterhaltung, Entspannung und Erholung dienlich ist als etwa das Meisterwerk, das Konzentration und geistige Anstrengung fordert; aber auch im Umgang mit solcher Musik muß das Geistige nicht ausgeschlossen sein.
(Vogelsänger 1970, S. 114)

Ein Auswahlprinzip, das dem eben beschriebenen nahesteht, greift zurück auf die den Schüler umgebende musikalische Umwelt und ordnet deren Erscheinungen nach dem *Prinzip der psychischen Nähe*. Die Autoren des Lehrbuchs *Musik aktuell* bedienen sich dieses Prinzips:

Schon im Aufbau weicht „Musik aktuell" wesentlich von herkömmlichen Musiklehrbüchern ab. Aufbau und Anordnung gehen von der Frage aus, wo dem Menschen, zumal dem Jugendlichen der Gegenwart, Musik begegnet. Dieses Prinzip der psychischen Nähe ergibt einen räumlich geordneten Bezugsrahmen, in den historische, musikalische, soziologische, sozialpsychologische, technische, ökonomische und andere wichtige Fragen einbezogen werden.
(Breckoff u. a. 1971, S. 11)

Weiter heißt es zu diesem Prinzip:

Ausgehend vom Nahfeld – von der Musik im Haus und in der näheren Umgebung – folgen die Bereiche der Erziehungsinstitutionen, der Kirche, des Theaters, des Konzerts; schließlich folgen Hinweise auf das internationale Musikleben. Innerhalb dieses Bezugssystems sind die einzelnen Beiträge nach ihrer sachlichen Nachbarschaft angeordnet.
(Breckoff u. a. 1971, S. 9)

Der Schüler erscheint hier also gewissermaßen als Mittelpunkt konzentrischer Kreise, die nach außen hin zunehmend fernerliegende musikalische Erfahrungsbereiche darstellen.

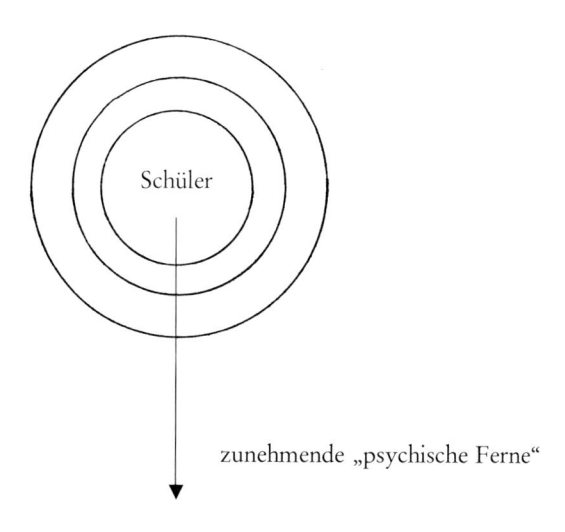

zunehmende „psychische Ferne"

2.4 Methodische Möglichkeiten des Lerninhalts

Ein weiteres in der Musikdidaktik immer wieder angewandtes Auswahlverfahren besteht darin, den Lerninhalt auf seine methodischen Verwendungsmöglichkeiten hin zu untersuchen und diese zum Kriterium der Auswahl zu machen. Auf dieses Verfahren gehen wir im nächsten Kapitel im Zusammenhang mit Fragen nach dem Verhältnis von Methode und Lerninhalt näher ein (vgl. S. 142 ff.).

3. Zum Repertoire musikalischer Lerninhalte in der gegenwärtigen Musikdidaktik

Versucht man die Vielzahl der heute in der musikdidaktischen Literatur genannten Lerninhalte für den Musikunterricht zu ordnen, so lassen sich – ohne daß wir damit ein Klassifikationsschema im strengen Sinne aufstellen wollen – zumindest zwei große Gruppen musikalischer Lerninhalte unterscheiden:
– zum einen die verschiedenen Umgangsweisen mit Musik als grundlegende Ausprägungen musikalischer Betätigung;
– zum anderen Musikstücke sowie Fakten und Informationen hinsichtlich Musik.
Heinz Lemmermann macht auf diese Unterscheidung folgendermaßen aufmerksam:

Der unterrichtsinhaltliche Aspekt ist nicht nur auf Gegenstände gerichtet, sondern auch auf Verhaltensweisen der Musik gegenüber.
    Ein Verhalten ist eine Aktivität, die direkt sichtbar oder hörbar oder direkt erfaßbar ist (Mager).
    Mit Verhalten ist in diesem Zusammenhang hier natürlich nicht das personale Schülerverhalten (gegenüber Mitschülern und Lehrern) gemeint, sondern das <u>musikalische</u> Verhalten. Der Begriff umspannt „jede Art musikalischer Betätigung oder Beschäftigung mit Musik, also Singen, Instrumentenspiel und das Hören von Musik", kurzum „jede Handlung, die irgendwie auf Musik bezogen ist, jede emotionale Reaktion, jede Einstellung oder Stellungnahme zu musikalischen Erscheinungsformen" (Kleinen 248; 53).
(Lemmermann ²1978, S. 107)

Wir gehen zunächst auf Umgangsweisen als Lerninhalte ein.
Die Umgangsweisen mit Musik wurden in Kapitel C dieses Buches bereits gesondert beschrieben, und zwar vor allem in ihrer Bedeutung für die Unterscheidung von Lernfeldern des Musikunterrichts. Wenn sie hier als L e r n i n h a l t e angesprochen werden, so ist dies deshalb berechtigt, weil der Lernende Singen, Musizieren, Hören und andere Formen des Umgangs mit Musik nur erlernen kann, i n d e m er singt, musiziert, hört usw., d. h. also indem die musikalischen Umgangsweisen selbst zum Lerninhalt werden.
Deutlich wird die Eigenschaft von Singen, Musizieren und Hören als L e r n i n h a l t e beispielsweise, wenn man sie ihrer Eigenschaft als L e r n z i e l e gegenüberstellt.
Singen, Musizieren und Hören als Z i e l von Musikunterricht meint konkret benannte Fähigkeiten des Individuums. Z i e l e n t s c h e i d u n g e n in diesem Bereich bestehen in der Festlegung, bis zu welchem Grad die Fähigkeiten entfaltet werden sollen.
Singen, Musizieren und Hören als L e r n i n h a l t e von Musikunterricht meint dagegen grundlegende, anthropologisch begründete Ausprägungen des Umgangs mit Musik. I n h a l t s e n t s c h e i d u n g e n bestehen hier in der Festlegung, ob und in welcher Form die jeweilige Umgangs-

weise im Unterricht berücksichtigt werden soll und welcher S t e l l e n w e r t und welches Gewicht ihr zukommen.

Die nachstehende Analyse neuer Lehrpläne für die Primarstufe zeigt einige Gesichtspunkte auf, die für die Auffassung der Lerninhalte „Singen und Musizieren" (treffender wäre es wohl, von vokalen und instrumentalen Aktionsformen zu sprechen) in der gegenwärtigen musikdidaktischen Diskussion im Unterschied zu jener der fünfziger und sechziger Jahre charakteristisch sind. Diese Sichtweise gilt – sieht man von altersspezifischen Modifizierungen ab – im wesentlichen auch für die anderen Schulstufen.

- *Das Singen, und damit das Lied, hat seine beherrschende Stellung verloren. Aufgrund der gewandelten Zielvorstellungen erlangen das Hören und die rationale Auseinandersetzung mit Musik zumindest gleiches inhaltliches Gewicht.*
- *Das Singen und Spielen im traditionellen Sinne wird ergänzt durch neuartige musikalische Aktionsformen vokaler, instrumentaler und apparativer Art. Nicht mehr allein die Singstimme und elementare Instrumente (Orff-Instrumentarium) kommen zur Anwendung, sondern Schallerzeuger jeglicher Art, selbstgebaute „Wegwerfinstrumente", die verschiedensten Gegenstände des täglichen Lebens, ferner elektroakustische Geräte, vor allem das Tonbandgerät. Elektroakustische Manipulationen wie Mischen, Schneiden, Verfremden usw. sollen ebenso als musikalische Aktionsformen im Unterricht berücksichtigt werden wie Singen und Spielen.*
- *Singen und Spielen sollen nicht, wie in den alten Richtlinien, nur anhand der traditionellen Notenschrift, sondern – gemäß entsprechender Praxis in der Neuen Musik – auch nach graphischer Notation erfolgen.*
- *Verstehen die alten Lehrpläne Singen und Spielen überwiegend im reproduzierenden Sinne, so geben die neuen Richtlinien dem Experiment und der Improvisation breiten Raum. Die letzteren haben z. T. zwar methodische Funktionen, da der Schüler mit ihrer Hilfe die Bedingungen der Schallerzeugung sowie Klangeigenschaften und musikalische Gestaltungsprinzipien erarbeiten und einen erweiterten Musikbegriff entwickeln soll; daneben sind sie aber auch als eigenständige Inhalte aufzufassen, die den Schüler befähigen sollen, selbst musikalische Formverläufe zu planen und zu verwirklichen.*
- *Die eigene Erfindung musikalischer Abläufe erfolgt nach musikalischen Gestaltungsprinzipien oder mit Hilfe der Anregung durch außermusikalische Vorgänge. Namentlich der letztgenannte Bereich erfährt in der Primarstufe besondere Beachtung. Musikalisches Ausgestalten von Geschichten, Erstellen von Hörszenen, akustisches Nachahmen von Vorgängen aus der Umwelt u. ä. sind häufig vorgeschlagene Formen produktiven Gestaltens.*
- *Zielen die alten Richtlinien auf die traditionelle Verwendung von Stimme und Instrument, so fordern die neuen Lehrpläne auch die Erkundung unkonventioneller Formen der vokalen und instrumentalen Klangerzeugung. Damit ziehen sie die didaktische Folgerung aus jenen Entwicklungen in der Neuen Musik, die auf die Auslotung aller Klangmöglichkeiten gerichtet sind.*
- *Obwohl aus seiner beherrschenden Stellung gedrängt, ist das Lied im Lehrplan der Primarstufe aber keineswegs bedeutungslos geworden. Alle Lehrpläne sehen das Liedersingen in der traditionellen Form vor. Gelegentlich ist das deutliche Nachwirken der alten Lehrpläne zu erkennen, so etwa, wenn der Aufbau eines Liedschatzes angestrebt wird. Die Verwendung des Liedes kann unter verschiedenen Aspekten erfolgen. Teils wird seine hedonistische Funktion oder seine Bedeutung für das umgangsmäßige Singen herausgestellt, teils dient es als Material für die künstlerische Gestaltung, teils wird es auf seine Funktionen hin untersucht.*

(Nolte 1982 [a], S. 26 f.)

Bezüglich des Lerninhalts Hören benennen die folgenden Ergebnisse der gleichen Lehrplananalyse einige wesentliche Aspekte.

- *War das Hören in den alten Lehrplänen fast ausschließlich an das eigene Singen und Musizieren der Schüler oder allenfalls noch an den Lehrervortrag gebunden, so gilt die Verwendung von Tonträgern in den neuen Richtlinien als selbstverständlich und unverzichtbar. Entsprechend erweitert sich das Hörrepertoire.*
- *Der in den alten Richtlinien üblichen Beschränkung des Hörrepertoires auf „kleine Werke großer Meister", die aus entwicklungspsychologischen Gründen zudem meist erst in den oberen Klassen der Hauptschule behandelt werden sollten, steht das Bestreben gegenüber, bereits in der Primarstufe den Schüler mit komplexer Musik zu konfrontieren. Hierfür werden ebenso motivationale Gründe angeführt wie für die Anregung, möglichst vielfältige Hörangebote zu machen.*
- *Das Hörrepertoire beschränkt sich zumeist nicht auf das „Kunstwerk", sondern soll entsprechend der Vielfältigkeit der musikalischen Umwelt alle Erscheinungsformen von Musik umfassen, d. h. auch Pop-Musik, Unterhaltungsmusik, Musik aus der Werbung, Folklore usw.*
- *Darüber hinaus fordern verschiedene Lehrpläne, nicht allein alle Arten von Musik, sondern alles Hörbare schlechthin in die Hörerziehung einzubeziehen. Außer Musikstücken und den Ergebnissen des eigenen Singens und Spielens sollen gleichermaßen Umweltschall und die verschiedensten Arten akustischer Ereignisse als Gegenstände des Hörens dienen. Diese Ausweitung der Hörmaterialien trägt dem Umstand Rechnung, daß in der Neuen Musik neben dem Ton auch das Geräusch als kompositorisches Material verwendet wird.*
- *Die Hörerziehung orientiert sich häufig nicht mehr an Kategorien der traditionellen Musik- und Formenlehre, obwohl Ansätze hierzu durchaus noch feststellbar sind. Deutlich ist das Bestreben, vom konkreten Klangeindruck auszugehen und auf viele Arten von Musik gleichermaßen anwendbare Hörkategorien zu vermitteln. Die Anknüpfung an allgemeine Hörkategorien ist mitbestimmt durch den Umstand, daß sich Werke der Neuen Musik mit den Mitteln der traditionellen Musiklehre nicht oder nur unzulänglich erschließen lassen.*

(Nolte 1982 [a], S. 27)

Neben dem Singen, Musizieren und Hören hat auch eine weitere Umgangsweise, auf die wir hier nicht näher eingehen, nämlich das Bewegen nach Musik, in der neueren musikdidaktischen Diskussion eine deutliche Differenzierung als Lerninhalt erfahren.

Die in der neueren musikdidaktischen Literatur als Lerninhalte benannten Musikstücke aufzuführen, würde ein Buch erfordern. Grundsätzlich ist unbestritten, daß jede Musik – welcher Zeit, welchen Stils, welcher geographischen Herkunft auch immer – Lerninhalt im Musikunterricht sein kann. Auch was diejenigen Lerninhalte angeht, die dem Schüler Informationen über Musik verschaffen sollen, erscheint eine Umschreibung des Repertoires kaum möglich. Wir greifen deshalb noch einmal auf die bereits mehrfach zitierte Lehrplananalyse zurück, in der zumindest die wichtigsten der immer wieder genannten Lerninhalte in diesem Bereich aufgeführt werden.

- *Musik als Klangerscheinung*
  Klangmaterial der Musik
  Grundlagen der Schallerzeugung (Abhängigkeit des Schalls vom Material und von der Art der Schallerzeugung)
  Klangeigenschaften (musikalische Parameter)
  Klangarten (z. B. Punkt-, Schicht-, Gleit-, Schwebeklänge)
  verschiedentlich auch Inhalte der traditionellen Musiklehre
  Instrumentenkunde

- *Musik als Struktur*
  Prinzipien der musikalischen Gestaltung (Gleichförmigkeit, Kontrast, Steigerung, Rückentwicklung usw.)
  Musikalische Formverläufe
  verschiedentlich auch Inhalte der traditionellen Formenlehre (Liedformen, Rondoform u. ä.)
- *Musik als Ausdruck*
  Ausdrucksqualitäten musikalischer Gestalten
  Wirkungen von Musik
  Musik als Darstellung von Außermusikalischem
- *Musik als Kunstwerk*
  Musik als zu interpretierendes Werk eines bedeutenden Komponisten
  biographische Einzelheiten aus dem Leben von Komponisten
  Das Werk in seiner Zeit (Musik in ihrer historischen Dimension)
- *Musik im gesellschaftlichen Kontext*
  Musik als soziale Tatsache, als Teil der Umwelt und des öffentlichen Lebens
  Musik an verschiedenen Orten und zu verschiedenen Anlässen
  Funktionen von Musik
  Musik als Manipulationsmittel (z. B. Musik in der Werbung)
  Musik als Konsumartikel
  Einrichtungen des Musiklebens
- *Musik in ihrer Beziehung zum Individuum*
  musikalische Verhaltensweisen
  Höreinstellungen
  Urteile und Vorurteile über Musik
- *Notation von Musik*
  allgemeine Notationsprinzipien
  traditionelle Notenschrift
  graphische Notation
- *Realisation und Verbreitung von Musik*
  Formen der Produktion und Darbietung von Musik
  Besetzungen
  Verbreitung von Musik durch die Medien

(Nolte 1982 [a], S. 28)

F. METHODEN DES MUSIKUNTERRICHTS

Neben der Frage nach den Zielen und Inhalten von Musikunterricht stellt die nach den Methoden einen weiteren wichtigen Problembereich von Musikdidaktik dar. Dieser Problembereich bildet seit dem Beginn des 19. Jahrhunderts das beherrschende Thema der musikdidaktischen Diskussion. Mit der Loslösung vom Konzept der Musischen Erziehung in den sechziger Jahren trat er plötzlich in den Hintergrund. Hierfür gibt es zumindest zwei fachgeschichtliche Gründe. Arbeiten Sie diese Gründe anhand des folgenden Textes heraus.

> *Im musikdidaktischen Schrifttum der vergangenen Jahrzehnte begegnet kaum einmal die Bezeichnung Methode. Die Ursache dafür ist sicher in einer zunächst wenig bewußten Methodenscheu zu suchen, die auf die Methodendominanz des vergangenen Jahrhunderts folgte. Doch ist auch eine sachbedingte Ursache für diese methodische Zurückhaltung heranzuziehen, nämlich die veränderte Situation der Ziele des Musik-Lernens. In den vergangenen Jahrhunderten gab es für schulischen Musikunterricht bzw. Gesangunterricht das konkrete Ziel der Ausbildung von Tonvorstellungsfähigkeit, gekoppelt mit Blattsingübungen und Aufträgen für speziellen Liederwerb. Ein so deutlich bestimmtes und so lange gültiges Ziel konnte methodische Akribie entfachen, konnte die Entwicklung immer neuer Wege herausfordern. Inzwischen hat der schulische Musikunterricht eine Fülle neuer Ziele erhalten; es ist vor allem der Auftrag, Musik selbst zu vermitteln, ihre Formen, ihre Geschichte, ihre stilistische und ästhetische Problematik, es ist der Auftrag, jungen Menschen die Eigenarten und Regelhaftigkeiten unseres Musiklebens verständlich zu machen. Alle diese neuen Ziele sind von Haus aus sperrig gegen strenge methodische Gängelung (Erfahrungen mit nur sachlogischen Aufgabenfolgen als Ersatz-Methoden belegen dies).*
> (Abel-Struth 1982 [a], S. 36)

In jüngster Zeit jedoch hat sich die musikdidaktische Diskussion wieder verstärkt des Methodenproblems angenommen. Hierbei ist – ähnlich wie in der Auseinandersetzung mit der Zielproblematik von Musikunterricht – zu unterscheiden zwischen Überlegungen, wie angesichts welcher Ziele und Inhalte Musikunterricht methodisch am sinnvollsten angelegt werden könnte, und der wissenschaftlichen Auseinandersetzung mit dem Problem „Methoden des Musikunterrichts". Eine Bestandsaufnahme des gegenwärtigen Diskussionsstandes bietet das von W. Schmidt-Brunner herausgegebene Buch *Methoden des Musikunterrichts* (Mainz 1982). Hingewiesen sei ferner auf die Schrift von W. Gruhn / W. Wittenbruch *Wege des Lehrens im Fach Musik* (Düsseldorf 1983).

1. Zum Begriff der Methode

Wenn wir in musikdidaktischem Zusammenhang den Begriff Methode verwenden, so müssen wir uns bewußt sein, daß dieser Terminus hier nicht identisch ist mit dem Begriff der Methode im wissenschaftlichen Sinne. Methode heißt in unserem Zusammenhang: Unterrichtsmethode.

Während wissenschaftliche Methoden Instrumente des Erkenntnisgewinns sind, beziehen sich Unterrichtsmethoden grob gesagt auf die Organisation und Beeinflussung von geplanten Lernprozessen.

So gesichert und zum selbstverständlichen täglichen Begriffsrepertoire des Lehrers gehörig der Begriff der Methode auf den ersten Blick erscheint, so unbequem wird er, wenn man versucht, ihn zu definieren. Bevor Sie weiterlesen, überlegen Sie zunächst einmal, was Sie unter Unterrichtsmethoden verstehen und schreiben Sie es in Stichworten auf.

Wenn wir uns der Allgemeinen Didaktik zuwenden, so begegnet uns eine Fülle von Begriffsbestimmungen, die teilweise erheblich voneinander abweichen. Theodor Schulze (1978) hat eine Anzahl dieser Definitionen zusammengetragen und geordnet. Wir greifen einige davon heraus.

- Methode als zielgerichtete Verfahrensweise
  W. Klafki schreibt: *Formen und Verfahrensweisen ..., mit denen Menschen unter pädagogischen Zielvorstellungen das Lernen anderer Menschen bewußt und planmäßig zu beeinflussen versuchen, nennen wir im erziehungswissenschaftlichen Sprachgebrauch „Methoden".*
  (W. Klafki u. a. 1970, S. 129)

  Ähnlich definiert R. Freudenstein: *Methoden ... sind Operationspläne, Verfahrensweisen und Planungsschritte auf etwas hin, das man erreichen möchte.*
  (Klafki u. a. 1970, S. 167)

- Methode als Prozeß geistiger Aneignung
  In diesem Sinne wird nach Blankertz in der Geschichte der Pädagogik der Begriff Methode vorwiegend verstanden:

  Darunter würden demnach beispielsweise fallen: Herbarts Formalstufentheorie, Kerschensteiners oder Gaudigs Phasen der Arbeitsschulmethode, Waltraud Neuberts Stufung des Erlebnisunterrichtes, das psychologische Artikulations-Schema von Heinrich Roth, aber auch die im Rückgriff auf Kant und Pestalozzi entwickelte erkenntnistheoretische Klimax von Voraussetzung, Denken und Zielsetzung.
  (Blankertz 1972, S. 104)

- Methode als Strukturmoment von Unterricht
  Die Didaktiker der Berliner Schule (P. Heimann, W. Schulz) definieren Methode formal, und zwar als *Strukturmoment* von Unterricht neben den anderen Strukturmomenten Intentionalität, Thematik, Medien, anthropogene und sozialkulturelle Voraussetzungen.
  (Schulz [10]1979, S. 30 ff.)

- Methode als Erfindung
  Heimann macht noch auf einen anderen wichtigen Aspekt von Methoden aufmerksam: Methoden sind Erfindungen, d. h. sie sind zum einen produktive Leistungen *unserer entwerfenden und konstruierenden Phantasie,* zum anderen bilden sie ein riesiges Reservoir, *das als ein vorhandenes Depot die weiterdenkende didaktische Phantasie auch verhängnisvoll festhalten kann in ausgefahrenen Gleisen und Mustern.*
  (Heimann, zit. nach Schulze 1978, S. 21 f.)

- Methode als Muster des Lehrerverhaltens
  N. L. Gage: *Lehrmethoden (teaching methods) sind Muster des Lehrerverhaltens (patterns of teacher behavior), die häufig vorkommen, auf verschiedene Gegenstände angewendet werden können, für mehr als einen Lehrer charakteristisch sind und für das Lernen eine Bedeutung haben.*
  (N. L. Gage, zit. nach Schulze 1978, S. 19)

- Methode als theoretische Konzeption des pädagogischen Handlungszusammenhangs
  L. Klingberg: *Die Methode ist ein System von Regeln, die den Charakter von Anweisungen, von Sollsätzen tragen ... Die Methode ist strukturiert, sie ist eine planmäßige Folge von Handlungen beziehungsweise Operationen, die in einem Systemzusammenhang stehen.*
  (zit. nach Schulze 1978, S. 23)

Eine weitgefaßte Begriffsbestimmung, die hier als letzte wiedergegeben werden soll, findet sich bei Drefenstedt u. a. 1972:

– *Der Begriff „Unterrichtsmethode" wird im weiteren Sinne (gesamte Unterrichtsgestaltung, einschließlich Organisationsformen, Einsatz der Unterrichtsmittel, Stil und Ton des Lehrers usw.) und im engeren Sinne (einzelne Verfahren, die der Lehrer im Unterricht anwenden kann) verwendet.*
– *Mit „Unterrichtsmethode" wird die faktische Tätigkeit des Lehrers selbst (das konkrete Handeln des Lehrers in konkreten Unterrichtssituationen) oder ein verallgemeinertes ideelles Abbild der Tätigkeit des Lehrers (das zumeist durch Widerspiegelung erfolgreicher Tätigkeit von Lehrern erarbeitet wurde) verstanden, das allen Lehrern als Muster zur Verfügung steht und das sie bei der Unterrichtsführung anwenden können.*
– *Als „Unterrichtsmethode" werden Wege (Arbeitsverfahren, Mittel, Muster) für die Unterrichtsgestaltung von sehr unterschiedlichem Allgemeinheitsgrad bezeichnet (z. B. darbietende Methode – Arbeit mit dem Lehrbuch – experimentelle Methode – Leselernmethode). Dabei zeigt sich folgendes: Je allgemeiner der Begriff verwendet wird, desto kleiner ist die Zahl der angegebenen Methoden (oft nur drei: z. B. die vermittelnde, die entwickelnde und die ermittelnde Methode, oder Lehrervortrag, Unterrichtsgespräch und selbständige Arbeiten der Schüler). Je spezieller der Begriff gefaßt wird, desto größer wird die Zahl der genannten Unterrichtsmethoden. Erkennbar ist die Tendenz, die objektiv hierarchische Vielfalt des „Unterrichtsmethodischen" immer umfassender darzustellen und speziellere Unterrichtsmethoden als „Verfahren", „Elemente" und „Varianten" zu bezeichnen.*
– *Es gibt Auffassungen, die den Begriff „Unterrichtsmethode" ausschließlich auf die Tätigkeit des Lehrers eingrenzen, und andere, die ihn sowohl auf die Tätigkeit des Lehrers als auch auf die des Schülers beziehen.*
– *Bei Erklärungen werden die „Unterrichtsmethoden" als „Wege", als „Arbeitsverfahren", als „Mittel" oder auch als „Muster" bezeichnet, die vom Lehrer eingeschlagen, angewendet, beziehungsweise genutzt werden, um den Bildungs- und Erziehungsprozeß im Unterricht zu führen (Drefenstedt u. a. 1972, S. 430 f.).*
(zit. nach Schulze 1978, S. 26 f.)

Nicht nur in der Allgemeinen Didaktik, sondern auch in der Musikdidaktik erweist sich der Methoden-Begriff als recht komplex. Dies zeigt sich bereits in der Vielfalt der verwendeten Bezeichnungen. Neben „Unterrichtsmethode" werden Begriffe verwendet wie:
Unterrichtsgestaltung,
Unterrichtsorganisation,
Unterrichtsform,
Unterrichtstechnik,
Lernorganisation,
Formen und Prinzipien des Lehrens und Lernens,
Wege des Lehrens,
Lehrverfahren,
Lehrweise,
Lösungswege,
Prinzipien und Modelle von Unterricht,
Vermittlungsvariable.
Definitionen des Methoden-Begriffs finden sich allerdings selbst in der musikdidaktischen Spezialliteratur zum Methodenproblem nur recht selten. Insgesamt gesehen, scheint die von W. Klafki eingangs gegebene allgemeindidaktische Methoden-Definition am ehesten das in der Musikdidaktik verbreitete Methoden-Verständnis zu treffen.

So stellt beispielsweise E. K. Schneider (1978, S. 314) Klafkis Definition an den Anfang seines Artikels *Unterrichtsmethoden* in W. Gieselers *Kritische Stichwörter: Musikunterricht*. An anderer Stelle greift Schneider ebenfalls auf Klafki zurück und übernimmt dessen Definition von Methoden als *Organisations- und Vollzugsformen zielgerichteten unterrichtlichen Lernens und Lehrens* (Schneider 1980, S. 222). Schneider erläutert diese Begriffsbestimmung dann weiter:

Methoden fungieren hier als Lernhilfen, die zwischen der Ausgangslage und den Zielvorstellungen der Beteiligten vermitteln. Mit dem Begriff „Unterrichtsmethoden" werden alle Überlegungen erfaßt, die sich auf die Gesamtanlage und die Einzelphasen des Unterrichts, auf die Strukturierung der sozialen Beziehungen sowie auf die Verkehrsformen von Lernenden und Lehrenden richten.
(Schneider 1980, S. 222)

Charakterisiert Schneider in seiner Definition Methoden als *Lernhilfen*, so geht Nolte vom Begriff des *methodischen Handelns* aus und sieht unter Bezug auf Th. Schulze (1978) hierin denjenigen musikdidaktischen Problembereich, der sich mit den B e d i n g u n g e n befaßt, unter denen geplantes Lernen stattfindet.
Hierbei spielen folgende Überlegungen eine Rolle:

Lernen, so lautet die Prämisse, ist ein Vorgang, der sich im Innern des Lernenden abspielt und über den wir trotz Lerntheorien im Grunde relativ wenig wissen. Unbestritten aber findet Lernen in Situationen und in bezug auf Situationen statt.

Lernen ist also von äußeren Bedingungen abhängig. Die pädagogische Lenkung des Lernens ist deshalb darauf angewiesen, die Bedingungen des Lernens zu beeinflussen, bestimmte Bedingungen absichtlich herbeizuführen oder unerwünschte zu vermeiden. Methodisches Handeln ist also nicht primär auf die Lernprozesse selbst gerichtet, sondern auf deren Ermöglichung, die Schaffung von Lernvoraussetzungen. Grundlegende Aufgabe des methodischen Handelns ist es also, „Lernsituationen oder Folgen und Felder von Lernsituationen herzustellen und zu gestalten".

Damit wird die Lernsituation zum Zentralpunkt, in dem sich der Zusammenhang des methodischen Handelns konstituiert. Sie ist charakterisiert als eine spezifische, zum Zweck des Lernens herbeigeführte Situation, die es für den Lernenden zu bewältigen gilt. Wesentliches Merkmal einer Lernsituation ist mithin ihr Aufgabencharakter.

„Methodisches Handeln" meint nun allerdings nicht nur die Aktivitäten in der Lernsituation – etwa das Eingehen auf das Verhalten der Lernenden, das Bemühen um Zustandekommen und Fortgang der Lernsituation usw. Methodisches Handeln umfaßt vielmehr auch die Aktivitäten, die einer Lernsituation vorausgehen oder nachfolgen, z. B. ein Konzept der Lernsituation entwerfen, den Aufbau einer Instrumentalgruppe planen, ein Tafelbild entwerfen usw. Methodisches Handeln ist also nicht nur praktisch, sondern besitzt auch eine planende theoretische Komponente.
(Nolte 1982 [b], S. 71)

Besteht also *die grundlegende Aufgabe methodischen Handelns in der Planung und Gestaltung von Lernsituationen, die durch bestimmte Aufgabenstellungen charakterisiert sind* (Nolte 1982, S. 72), so nähern wir uns dem fachspezifischen Methodenrepertoire des Musikunterrichts über die Frage: Gibt es charakteristische, stets wiederkehrende Situationen des schulischen Musiklernens?
Überschaut man die neuere musikdidaktische Literatur, so werden zumindest fünf solcher charakteristischer Lernsituationen immer wieder beschrieben:
Der Lernende soll
– Musik klanglich verwirklichen, also singen und spielen;
– Musik erfinden;

- Musik hören;
- sich mit Musik auseinandersetzen (d. h. Musik analysieren, beschreiben, über Musik nachdenken, Musik in Zeichen oder Bewegung umsetzen u. ä.);
- Kenntnisse über Musik erwerben (hinsichtlich Material, Struktur, Ausdrucksqualitäten, gesellschaftlichen Bedingungen usw.).

Vergleicht man diese Situationen miteinander, so wird deutlich, daß der Lernende bei ihrer Bewältigung schwerpunktmäßig jeweils zu bestimmten Formen musikalischen Verhaltens, besser: zu bestimmten Umgangsweisen mit Musik greifen muß. (Zum Begriff „Umgangsweisen mit Musik" s. o. S. 30 ff.)

Auf die zentrale Bedeutung dieser Umgangsweisen für das Methoden-Repertoire von Musikunterricht wird in der musikdidaktischen Literatur verschiedentlich hingewiesen. So schreibt S. Abel-Struth,

daß der Mensch bestimmte Umgangsweisen mit Musik entwickelt hat; dies sind insbesondere Singen und Musizieren, Hören von Musik, Bemühen um Einsicht in Phänomene der Musik und des Musiklebens, Teilhabe an den Funktionen der Musik u. a. Diese menschlichen Umgangsweisen mit Musik sind (graduell unterschiedlich nach Alter und Interesse) auch konstitutiv für musikalisches Lernen; demgemäß erscheinen sie als musikalische Arbeitsformen (auch Aktivitätsformen) im Musikunterricht.
(Abel-Struth 1982 [a], S. 37)

Die hier vollzogene Identifizierung von musikalischen Umgangsweisen mit musikalischen Arbeitsformen im Musikunterricht wird im folgenden Text unterstrichen und namentlich für die Grundschule als besonders hilfreich herausgestellt.

Die Tatsache, daß der musikdidaktische Methodenbegriff eng mit dem System der musikalischen Verhaltensweisen verflochten ist (welcher Systematik man sich auch immer anschließen will), soll hier gar nicht negativ bewertet werden. Zumindest für die Methodik des Musikunterrichts in der Grundschule ist damit nämlich ein für die Praxis hilfreiches Instrumentarium gewonnen. Gerade in einer Entwicklungsphase des Schulkindes, in der die Aufmerksamkeitsspanne noch vergleichsweise gering ist, d. h. die Fähigkeit, sich längere Zeit einer Sache oder Tätigkeit konzentriert zuwenden zu können, erst allmählich wachsen muß, hängen Lehr- und Lernerfolg wesentlich von einer methodisch variablen Lernorganisation ab. Dies muß nicht etwa einen Wechsel in der Sache (des Lerngegenstandes) innerhalb einer Unterrichtsstunde bedeuten, wie vielfach irrtümlich geglaubt wird, sondern es meint einen Wechsel der methodischen Vermittlungsform. Da im musikdidaktischen Sprachgebrauch der Begriff Methode sehr eng an den Begriff musikalische Verhaltensweise gekoppelt ist, kann Methodenwechsel (cum grano salis) fast immer als Wechsel der Verhaltensweise verstanden werden.
(Fischer 1982, S. 131)

Daß mit der Verknüpfung bzw. weitgehenden Gleichsetzung von Umgangsweisen mit Musik und Methoden nun keineswegs das gesamte Methodenrepertoire des Musikunterrichts charakterisiert ist, sondern fachspezifische Methoden erfaßt werden, bleibt festzuhalten und ist den eben zitierten Autoren voll bewußt. Daß im Musikunterricht daneben noch andere, nicht fachspezifische Methoden zur Anwendung kommen, ist unbestritten. Hierzu Fischer:

Die bewußte Konzentration auf die Tatsache der weitgehenden Analogie von Methoden und musikalischen Verhaltensweisen hat nichts mit einer Abwertung oder Unterbewertung anderer

methodischer „Entscheidungsfelder" (Artikulationsschemata, Sozialformen, Unterrichtsformen, Medieneinsatz) zu tun, sondern beruht auf der schulpraktischen Erfahrung, daß Entscheidungen über die in bestimmten inhaltlichen Zusammenhängen sinnvollen musikalischen Aktivitäten allen anderen Entscheidungen vorgeordnet sind. Erst wenn abgeklärt ist, welche handlungsorientierten Zugänge zu einem Unterrichtsgegenstand möglich und ergiebig sind, kann ihre zeitliche Abfolge im Unterricht (Artikulation als Gliederung in Phasen) bzw. die Folge von „Kooperationsformen" bzw. die Frage nach den in den einzelnen Unterrichtsphasen sinnvollen Medien beantwortet werden.
(Fischer 1982, S. 143)

2. Methode und Lernziel

Zum Bezug von Methoden des Musikunterrichts zu musikalischen Lernzielen heißt es im folgenden Text:

Wie man Unterricht plant, Material dafür auswählt, Schritte anordnet und Verlauf organisiert, kann nur sinnvoll sein, wenn über das Ziel des Unterrichtes bzw. der einzelnen Stunde vorweg nachgedacht und entschieden wurde. Methode ist stets der (didaktischen) Erwägung von Zielen, Inhalten und materialen Erfordernissen nachgeordnet, ihre Aufgabe ist das Bedenken und Realisieren eines möglichst effektiven Weges zu dem vorausbestimmten Ziel hin. Ihre Freiheit liegt in der Vielfalt methodischer Ansatzmöglichkeiten, der Wahl geeigneter Arbeitsformen und Arbeitsmittel, der Gliederung des Weges und der Beobachtung motivierender Abwechslung. Methoden haben nur Sinn im Zusammenhang eines vorgegebenen, didaktisch erwogenen Zieles.
(Abel-Struth 1982 [a], S. 40)

Und an anderer Stelle:

Für eine Methode (des Unterrichts) ist bestimmendes Merkmal, daß es sich um einen bewußt eingeschlagenen Weg eines Lehrers handelt, auf dem Schüler zu einem Lernziel geführt werden. Der Begriff Methode meint die Planung eines Lernprozesses, für den die Zielintention vorgegeben ist, eine Ordnungsfolge, deren Stufen nacheinander zu durchlaufen sind.
(Abel-Struth 1982 [a], S. 35)

Drei Kernaussagen lassen sich diesen beiden Texten entnehmen:

1. Ein bestimmendes Merkmal von Methoden ist ihre Z i e l g e r i c h t e t h e i t. Anders formuliert: Methoden sind auf die Verwirklichung von Lernzielen angelegt.
2. Über die Methode kann erst dann entschieden werden, wenn das Lernziel festgelegt ist. Denn:
3. Die Methode muß dem Ziel a d ä q u a t sein.

Der 2. Satz findet sich in der Allgemeinen Didaktik – hier insbesondere bei W. Klafki – in Form der These vom Primat der Didaktik im Verhältnis zur Methodik. Diese These ist nicht selten mißverstanden worden in dem Sinne, daß die Methodik im Verhältnis zur Didaktik (also die Frage nach dem „Wie?" im Verhältnis zur Frage nach dem „Was?") als zweitrangig anzusehen sei. Hinweisen soll diese These aber nur darauf, daß Entscheidungen über Methoden zeitlich nachgeordnet, nämlich im Anschluß an vorausgegangene Ziel- und Inhaltsentscheidungen, erfolgen.
Der 3. Satz, daß die Methode dem Ziel adäquat sein muß, läßt sich auch negativ formulieren: Ein angestrebtes musikalisches Lernziel kann durch unangemessene Methoden gefährdet oder gar verfälscht werden. Hierzu ein Beispiel:

Lernziel: Entfaltung von Hörfähigkeiten zum Zweck bewußten Musikhörens.
Methode: Der Schüler lernt zuerst die Kuckucks-Terz nachsingen, hörend wiederzuerkennen und
  mit dem Notenbild zu verknüpfen; dann folgen entsprechende Übungen im tritonischen,
  pentatonischen und Oktavraum; es schließen sich Übungen mit gebrochenen Drei-
  klängen, Dreiklangsumkehrungen usw. an.

Dieses Verfahren, das gewiß auch eine Form von Ausbildung der Hörfähigkeiten – aber eben eine völlig andere als die angestrebte – darstellt, würde das angestrebte Ziel umwandeln in das Ziel „Singen nach Noten".

Müssen Methoden zieladäquat sein und ist die Methoden-Entscheidung in dieser Hinsicht abhängig von der vorangegangenen Ziel-Entscheidung, so ist die Ziel-Entscheidung ihrerseits aber wiederum mit davon abhängig, ob sich das Ziel methodisch überhaupt erreichen läßt. Diese Feststellung klingt zwar trivial, doch dürfte die Nichtbeachtung dieses Zusammenhangs eine der Ursachen dafür sein, daß manch eine von der Musikdidaktik postulierte Zielsetzung vor allem von Praktikern als illusionär eingestuft worden ist. Für die Entwicklung musikdidaktischer Konzeptionen gilt also ebenso wie für die konkrete Unterrichtsplanung:

4. Methodischen Überlegungen kommt zumindest eine korrigierende Rolle bei der Aufstellung von musikalischen Lernzielen zu.

Auf einen weiteren für den Musikunterricht wichtigen Bezug zwischen Methode und Lernziel weist der folgende Text hin: Danach

gehören Methoden in jenen Bereich, der sich mit Intentionen und Themen des Unterrichts befaßt. Es ist eine Aufgabe von Unterricht, den Schülern Arbeitstechniken, Fragestellungen, Analyseverfahren usf. zu vermitteln sowie deren Voraussetzungen, Reichweite, Ergebnisse, Übertragbarkeit zu reflektieren. Im methodenbezogenen Unterricht sind diese Arbeitsweisen (Wege der Erkenntnisgewinnung) Themen des Unterrichts. Ihre selbständige Anwendung als Ziel ist die unerläßliche Voraussetzung für eine selbständige Erschließung musikalischer Phänomene und Probleme.
(Schneider 1980, S. 221)

Ähnlich heißt es in einem anderen Beitrag:

Die musikalischen Arbeitsformen können unterschiedliche Funktionen übernehmen; sie reichen vom methodischen Element im Sinne eines Details der methodischen Planung bis zum Teilziel einer Musikstunde, von der Sozialform bis zum Ziel allgemeinen Lernens. Die musikalische Arbeitsform Singen kann als methodisches Element zur Übung der Tonvorstellung eingesetzt werden und ebenso, mit der Aufgabe richtiger Phrasierung, sauberer Intonation, Beherrschung der Lautstärke usw. Teilziel einer Musikstunde sein. Mancher Lehrer wird gemeinsames Singen als Sozialform sehen, allgemeinen Lernerfolg durch Anregung von „Eigentätigkeit" im Singen erhoffen oder die Liedern innewohnenden Chancen der Lösung oder Beruhigung in einer Art von Therapie nutzen wollen. Die gleiche Vielfalt an musikalischen Arbeitsformen innewohnenden Funktionen zeigt auch die sog. rhythmische Bewegungserziehung. Sie ist methodisches Element zur Veranschaulichung musikalischer Vorgänge, erhält Zielfunktion für die Ausbildung der Bewegungsfähigkeit, dient als Sozialform der Gruppenarbeit, ist einsetzbar in therapeutischen Aufgaben und gilt als Muster fröhlicher, befriedigender Eigentätigkeit junger Kinder. Auch das Musizieren, insbesondere das Improvisieren, läßt eine weite Spanne zwischen Arbeitsform und Ziel, zwischen methodischem Element und Sozialform erkennen.
(Abel-Struth 1982 [a], S. 37)

Die Aussagen dieser beiden Texte lassen sich wieder in einem Kernsatz zusammenfassen:

5. Musikalische Arbeitsformen können sowohl methodisches Element wie auch Lerninhalt und Lernziel von Musikunterricht sein.

Das Verhältnis von Methode und Ziel kann sogar unter bestimmten Umständen dergestalt sein, *daß beide in einem gewissen Sinne zusammenfallen* (Richter 1982, S. 258).

Das Verhältnis von Methode und Ziel ist ferner davon bestimmt, daß beide in einem gewissen Sinne zusammenfallen. Dies trifft in besonderem Maße für das hörende Verstehen von Musik zu: Ein Ziel erfüllt sich – schrittweise zwar und auf größere Vollkommenheit tendierend – auf dem Wege, im Gebrauch der Methode(n). Umgekehrt nimmt die Anwendung der Methode(n) stets ein Stück des Verstehens-Zieles voraus. Das Verstehen ist gleichsam schon immer – von undeutlich zu deutlicher sich steigernd – im Gebrauch der Methode da, das Ziel erfüllt sich in ihrem Vollzug. Der Endpunkt, den wir Ziel nennen, ist eigentlich nur „Re"sultat (= das rekapitulierende, wiederholende Zurückspringen), und wird andererseits möglicherweise zum Aufbruch auf einen neuen Weg, zum Beginn einer neuen Methode. Das Eigentümliche des Zieles – jedenfalls gilt dies für Verstehensbemühungen gegenüber Kunst – ist, daß es sich in dem Moment auflöst, in dem es erreicht ist: Es wird Vergangenheit, häufig geronnen zu einer Formel, z. B. als: „dieses Stück ist ...". Gegenwärtig ist das Ziel des Verstehens, solange es „auf dem Wege" ist. Das Nennenkönnen des Erreichten ist ein blasses „Wieder-holen" dessen, was auf dem Wege des Verstehens betrieben und erlebt wurde. ...

In diesem Sinne kann man – ein wenig emphatisch – formulieren: Der Weg (die Methode) ist eigentlich das Ziel; der Weg des Hörens (mit allen Umwegen) ist seine Erfüllung, und die Erfüllung – die stets vorläufiger Natur ist – besteht im Hörversuch; sie steht nicht erst am Ende. Wie wir „Leben" nur haben, wenn wir es vollziehen und „betreiben", nicht aber, wenn wir es lediglich betrachten, so „haben" wir hörendes Verstehen im Versuch und in der näherungsweisen Erfüllung, nicht aber in der Reflexion. Sie bietet nur Rekonstruktion eines ehemaligen Lebendigen. Und im Sinne des geforderten engen Zusammenhangs von „Schule und Leben" ist es wichtig, daß im Unterricht Hören – als Weise des Verstehens – nicht als Reflexion über Hören, sondern als vollzogenes und zu vollziehendes Hören betrieben und gelernt wird.
(Richter 1982, S. 258 f.)

Die Unterscheidung der verschiedenen Funktionen musikalischer Umgangsweisen als Methode, Lerninhalt und Lernziel stellt nicht nur ein wichtiges Element für die Unterrichtsplanung dar, sondern erweist sich auch als aufschlußreich bei der Analyse musikdidaktischer Konzeptionen. Überprüft man anhand dieser Unterscheidung das musikdidaktische Schrifttum, so wird beispielsweise die Tendenz erkennbar, daß musikalische Umgangsweisen in ihrer Funktion als Lernziel häufig Gefahr laufen, sich zu verselbständigen und zu hypertrophieren:

Wie die Betrachtung des Begriffsfeldes um Musikmethode ergab, können musikalische Arbeitsformen unterschiedliche Funktionen übernehmen. Solche Funktionen können sich jedoch auch verselbständigen und hypertrophieren. Am auffälligsten ist die Tendenz zur Ziel-Hypertrophie. Arbeitsformen wie Singen, elementares Instrumentalspiel und vor allem körperliche Bewegung neigen dazu, zum Ziel zu avancieren, ganze Konzepte auszubilden und andere Zielintentionen zu usurpieren. Das gleiche gilt auch für Arbeitsmittel wie z. B. die graphische Notation, die starke Tendenz der Ziel-Hypertrophie zeigt. Ursache solcher Entwicklungen ist vor allem die praktische Handlichkeit der Arbeitsformen oder des Arbeitsmittels, die Chance einer funktionierenden Unterrichtsstunde und „vollbeschäftigter" Schüler. In besonders starkem Maße ist diese Tendenz bei der Integration allgemeinerzieherischer Prinzipien erkennbar, die stets dahin neigen, aus dem methodischen Bereich, in dem sie anregend und aktualisierend wirken, in den Ziel-Bereich überzuwechseln. Das päd-

> *agogische Prinzip der Kreativitätsförderung ist hier wohl das deutlichste Beispiel; was als Prinzip gerade auch bei musikalisch-kognitiven Aufgaben vorzüglich differenzierungsfähig war, denaturierte zu einem Ziel musikalischer Improvisation, von Haus aus zu unmusikalischer Unzulänglichkeit verurteilt. Schlagworte wie „Motivation" oder „Eigentätigkeit" verdecken hier leicht die Ziellosigkeit einer Musikstunde, den Verzicht auf musikalischen Lernerfolg bei Schülern.*
> (Abel-Struth 1982 [a], S. 42)

Und noch eine weitere für den Bezug zwischen Methode und Lernziel bedeutsame Tendenz läßt sich beobachten, nämlich die der *Methoden-Delegation aus der Musikmethodik in andere Lern- und Erziehungsbereiche*:

> *Neben der methodischen Hypertrophie ist auch eine Tendenz der Methoden-Delegation aus der Musikmethodik in andere Lern- und Erziehungsbereiche zu beobachten. An musikalische Arbeitsformen wie z. B. Gruppenmusizieren werden gerne Ziele delegiert, die außermusikalischer Art sind. Es sind Ziele wie soziales Verhalten, auch heilpädagogische Ziele. Ganz abgesehen davon, daß sie wohl schwerlich wirklich erreicht werden können, also nur Scheinziele sind, sind es von Haus aus musikfremde Ziele; sie sind als solche bewußt zu halten, gleich ob man sie dennoch als Aufgabe von Musikunterricht ansieht oder nicht. Wenn nicht alles täuscht, gibt es dazu auch eine Tendenz des Methodenrücklaufs in die Musikmethodik; Sozialformen des Unterrichtes, die im erzieherischen Bereich anstehen, fließen in Musikunterricht ein. Sie sind nun angereichert mit erzieherischen Wünschen an Musik; doch in der Regel geht damit die spezifisch musikmethodische Denkweise verloren. Es sollen damit nicht erzieherische Aufgaben auch des Musikunterrichtes ausgeschlossen werden; man wird nur deutlich zwischen Musik-Lernen und Erziehung zu unterscheiden haben. Im methodischen Bereich bedeutet dies die Unterscheidung zwischen Musikmethoden und Musik als Methode.*
> (Abel-Struth 1982 [a], S. 43)

In einem Kernsatz zusammengefaßt, heißt dies:

6. Methoden des Musikunterrichts können sowohl auf musikalische wie auch auf allgemeine erzieherische Lernprozesse gerichtet sein. Zu unterscheiden ist also zwischen Musikmethoden und Musik als Methode.

3. Methode und Lerninhalt

Auch für die Beziehung zwischen Methode und Lerninhalt gilt der bereits angeführte Satz vom Primat der Didaktik im Verhältnis zur Methodik. Auf diese Beziehung angewendet, lautet er:

1. Erst nach der Auswahl des Lerninhalts kann über die anzuwendende Methode entschieden werden.

Das heißt zugleich aber auch:

2. Die Methode muß dem Lerninhalt adäquat sein.

So wäre es beispielsweise verfehlt, ein Werk der seriellen Musik mit dem theoretischen Rüstzeug der funktionalen Harmonielehre anzugehen. Ein anderes Beispiel führt Chr. Richter an:

> *Viele von Joseph Haydns Streichquartetten und Sinfonien nach 1778 lassen sich nicht angemessen auf dem Raster der Funktionsteile des Sonatensatzes in einer „Zeitleiste" darstellen. Das Prinzip*

der thematischen Prozesse, von dem diese Werke bestimmt sind, widerspricht sowohl dem formalen Raster als auch der Vorstellung der Gestaltbildung durch unterschiedliche formale und inhaltliche Teile. Das Besondere – die variantenreiche Entfaltung aus einer Wurzel – würde auf diese Weise eingeebnet und einem gar nicht geltenden Prinzip mit Gewalt untergeordnet. Die Folge: Haydns Intention und die Aufmerksamkeit auf das Spiel der thematischen Veränderungen werden verleugnet.

Andererseits dürfen Haydns Werke nun nicht über den Kamm der „thematischen Prozesse" geschoren werden. Vielmehr sorgt gerade dieses Prinzip dafür, daß die Eigenart jedes unter diesem Prinzip stehenden Werkes einen eigenen Zugang anbietet.
(Richter 1982, S. 257)

Die Beziehung zwischen Methode und Lerninhalt ist also wesentlich gekennzeichnet durch die Leitfrage:
Welche methodischen Zugriffsmöglichkeiten entsprechen der Eigenart des Lerninhalts?
Diese Frage aber setzt als denknotwendig voraus, daß der ausgewählte Lerninhalt so etwas wie ein „methodisches Potential" besitzt. W. Klafki spricht in diesem Zusammenhang vom *immanent methodischen Charakter der didaktischen Thematik* (Klafki 1979, S. 30).
Wenn wir diesen voraussetzen, so ergibt sich für die Beziehung zwischen Methode und Lerninhalt die Folgerung, daß unterschiedliche Lerninhalte grundsätzlich auch unterschiedliche methodische Potentiale besitzen. Das aber bedeutet, daß es Lerninhalte gibt, die für bestimmte Lernsituationen und das Erreichen bestimmter Lernziele ein geeigneteres methodisches Potential aufweisen als andere. Im Interesse größtmöglicher Lerneffektivität müßten daher die methodischen Erwägungen zurückwirken auf die Inhaltsentscheidungen. Unser Satz, daß erst nach Auswahl des Lerninhalts über die anzuwendende Methode entschieden werden kann, bedarf damit einer Modifizierung. Wir fassen diesen Sachverhalt zusammen:
Ähnlich wie hinsichtlich der Lernzielbestimmung kann den methodischen Überlegungen auch bezüglich der Auswahl der Lerninhalte eine korrigierende Funktion zukommen.
Auf eine Gefahr, die sich für die konkrete Unterrichtsplanung aus dem eben Gesagten ergeben kann, soll hier sogleich aufmerksam gemacht werden, auf die Gefahr nämlich, daß Inhalte des Musikunterrichts vorrangig nach ihrem methodischen Potential ausgewählt werden. Die Existenz gewisser „musikdidaktischer Evergreens" (wie etwa Smetanas *Moldau* oder Mussorgskys *Bilder einer Ausstellung*) deuten auf eine solche Gefahr hin. Wie sehr beispielsweise gerade die Entscheidung für den Lerninhalt „Programmusik", dem die beiden Beispiele zuzuordnen sind, von methodischen Überlegungen beeinflußt sein kann, belegt folgendes Zitat aus dem Lehrerband eines neueren Unterrichtswerkes:

Als Einstieg in einen fruchtbaren Lernprozeß hat sich vor allem Musik mit außermusikalischen Bezügen bewährt, d. h. Programmusik und Musik, die mit Wort, Bild, Szene oder Tanz verbunden ist. Sie bietet vielfältige Möglichkeiten, an kindliche Vorerfahrungen aus der realen Umwelt und aus der Märchenwelt anzuknüpfen. Außerdem ist Musik mit außermusikalischen Bezügen häufig durch kontrastreichen Ausdruck, durch plastische Themengestaltung und farbige Instrumentation gekennzeichnet: Eigenschaften also, die trotz ihrer Komplexität psychologisch elementare Zugänge ermöglichen.
(Fischer u. a. 1978, S. 59)

Es gilt also, das methodische Potential von Lerninhalten als wichtigen musikdidaktischen Faktor bewußt zu machen (erinnert sei an Abschnitt 2.4 in Kap. E über Lerninhalte), zugleich aber auch, wie wir noch sehen werden, vor seiner Hypertrophierung zu warnen.

Auf einen weiteren wichtigen Aspekt der Beziehung zwischen Methode und Lerninhalt weist H. J. Kaiser hin: Methoden, so Kaiser, sind nicht nur Verfahren zur Vermittlung von Inhalten, sondern sie haben auch eine gegenstandskonstitutive Funktion:

Wenn Lernen ein Prozeß ist, wenn ferner Denken prozessual zu fassen ist, dann gibt es keinen Inhalt im Sinne eines aggregathaften, von der Methode des Inhaltsgewinns losgelösten Seins. Inhalte sind immer nur als gerade gedachte Inhalte möglich, d. h. der Weg des Lernens und der Vermittlung, der Prozeß des Denkens strukturiert eben diese Inhalte.
(Kaiser 1972, S. 130)

Anders formuliert: Der Lerninhalt konstituiert sich beim Lernenden entsprechend dem Weg der Vermittlung.

Auf diesen Sachverhalt macht auch Chr. Richter unter Bezug auf Fr. Rapp aufmerksam und erläutert ihn anhand eines Beispiels:

Der Hinweis, daß eine Methode den zu befragenden Gegenstand strukturiert, definiert (d. h. einen Ausschnitt oder Frageaspekt aus der potentiellen Totalität seiner Daseinsfülle und Wirkung abgrenzt) und dadurch konstituiert, gilt für natur- und erfahrungswissenschaftliche Erkenntnis, für Mathematik (die ja mehr Methode als Gegenstand ist) und generell für jeden Versuch wissenschaftlicher Vergewisserung. Er gilt auch für Methoden des Hörens und des Musikverstehens:
   Lege ich z. B. für das Hören eines Musikstückes als Vorgabe ein Formschema zugrunde, so konstituiere ich dieses Stück (und das Hören des Stückes ebenfalls) als mehr oder weniger genaue Ausprägung dieser Form und mache es eben dadurch zu einem definierten Gegenstand.
(Richter 1982, S. 255)

Wie sehr durch die gegenstandskonstitutive Funktion von Methoden der Gegenstand auch verkürzt und einseitig erscheinen kann, geht aus den weiteren Erläuterungen Richters hervor:

Gleichzeitig jedoch schneide ich gewissermaßen ab, was das Stück auch noch ist oder sein könnte: ein Mittel zum Assoziieren oder zum Meditieren; das Dokument einer historisch-menschlichen Haltung usw. Hierfür ist zwar auch die Frage nach der Formung des Stückes von Bedeutung; die wissenschaftlich-definierende Methode aber richtet den Blick eben nur auf die möglichen Antworten ihres ausgesonderten Frageaspektes.
(Richter 1982, S. 255 f.)

Wenn wir den Satz von der gegenstandskonstitutiven Funktion der Methoden mit dem oben wiedergegebenen Zitat, in dem der Einstieg in das Werkhören in der Primarstufe über Programmmusik empfohlen wird, konfrontieren, so wird seine musikdidaktische Bedeutung zusätzlich unterstrichen. Der methodische Einstieg über Programmmusik kann danach zur Folge haben, daß sich der Unterrichtsinhalt Musik im Bewußtsein des Schülers auf dem Weg über außermusikalische Assoziationen konstituiert und damit andere Auffassungsweisen überdeckt. Die Einwirkung von Methoden – und zwar insbesondere solcher, die den Lernweg bestimmen – auf den Lerninhalt erfolgt nicht nur innerhalb kleinerer Lerneinheiten wie Unterrichtsstunden, sondern auch im Rahmen von Unterrichtsreihen und kann u. U. ganze musikdidaktische Konzeptionen prägen.

Auf die Gefahr einer Verzerrung des Lerninhalts und der angestrebten Lernziele, wie sie sich etwa aus dem methodischen Einstieg über Programmmusik in das Werkhören ergeben kann, macht Günther Noll aufmerksam:

In einem gewissen Sinne weist Musik mit programmatischen Intentionen oder Hinweisen eine „pädagogische Dimension" auf. Nicht zuletzt deswegen wird sie in einigen didaktischen Positionen gern an den Anfang gesetzt. Michael Alt z. B. mißt ihr eine große Bedeutung bei, um „Kindern und Jugendlichen einen ersten Zugang zur Musik zu ebnen" (Alt 1969, 101). Heinz Antholz weist aber mit Recht darauf hin, daß „das programmatische Instrumentalstück ... als das propädeutische Hörwerk didaktisch suspekt" ist, „wenn (seine) Auslegung auf ‚Musik ohne Musik' angelegt ist" (Antholz ²1972, 103). Sein Hinweis zielt auf die Gefahr der pädagogischen Begrenzung, sich mit der bloßen Auffindung der jeweiligen Vorlage in einer musikalischen „Wiedergabe" zu begnügen, d. h. das genuin Musikalische außer acht zu lassen oder als untergeordnet anzusehen. Die Beschäftigung mit programmatisch intendierter oder konzipierter Musik müßte demnach zugleich und von Anfang an um die Erkenntnis der spezifischen musikalischen Gestaltungsmittel bemüht sein, die der Komponist in einem jeweiligen konkreten Falle individuell einsetzt, auch um die Herausbildung von Assoziationsstereotypen zu verhindern. Jeder Praktiker weiß aus Erfahrung, wie leicht, insbesondere von jüngeren Schülern, eine individuelle kompositorische Lösung generalisiert wird, wenn beispielsweise nach der Erfahrung von Prokofieffs „Peter und der Wolf" die Flöte immer die Vorstellung von Vögeln assoziiert, wenngleich dieses Instrument auch dazu häufig eingesetzt wird.

Assoziative Stereotypenbildungen beim Musikhören sind aber nicht nur ein musikpädagogisches, sondern ein generelles musikpsychologisches Rezeptionsproblem. Der schon von früher Kindheit an einsetzende intensive Fernsehkonsum speichert eine Fülle von unbewußt wahrgenommenen musikalischen Assoziationsbildern, die nahezu typenhaft prägend wirken, z. B. elektronische Klänge bei Science fiction-Filmen, tiefe gezupfte Bässe oder pulsierende Rhythmen auf Schlaginstrumenten, auch plötzlich einsetzende Forte-Klänge von Blechbläsern bei spannungsgeladenen Szenen, punktierte Rhythmen bei Reiterszenen, Streicher bei Liebesszenen usw. Dies führt nahezu zwanghaft zu der Vorstellung, daß Musik, wenn sie nicht, wie Pop und Jazz z. B., unmittelbar körperlich wahrgenommen wird, immer etwas Bildhaftes, Gegenständliches, Szenisches usw. darstelle. Wen wundert es daher, wenn Schüler ein Klarinettenglissando aus Bartóks Konzert für Orchester mit quietschenden Autobremsen assoziieren oder bei Bruckners Sinfonik die Erinnerung an eine grausame Mordszene wachgerufen wird und ein Schüler aussagt, daß sich diese Musik anhöre, „wie wenn'ne Frau ermordet wird im Fernsehen" (mitgeteilt von Maria Herrmann, vgl. Noll 1970, 31). Eine vordringliche Aufgabe des Musikunterrichts bestünde darin, diese stereotypen Rezeptionsmuster aufzuheben, indem ihre Wirkungsmechanismen aufgedeckt werden. Die eigentliche Problematik der Behandlung von programmatisch bestimmter Musik besteht in der Lösung der Aufgabe, die Möglichkeiten der Darstellungs- und damit verbunden der Assoziationsvielfalt von Musik bewußt zu machen und die Herkunft und Wirkung von Assoziationsklischees aufzuweisen, ohne daß einerseits eine die Absichten des Komponisten verfehlende Vorstellungs- bzw. Erkenntnisweise entsteht und andererseits die Phantasieentfaltung der Schüler behindert wird. Stellt man programmatisch konzipierte Musik an den Anfang der Einführung in das Werkhören, wäre Sorge dafür zu tragen, daß an dieser Musik gleichzeitig in altersangemessener Form andere methodische, z. B. instrumentenkundliche, formal-analytische, zeithistorische Ansätze verfolgt werden sowie auch Musik aus anderen Genres und Gattungen herangezogen wird...
(Noll 1980, S. 13 f.)

4. Methode und anthropogene Voraussetzungen von Musikunterricht

Daß methodische Überlegungen die anthropogenen Voraussetzungen von Unterricht – jene Voraussetzungen also, die der Lernende in die Lernsituation einbringt – mitbedenken müssen, ist ein lange in der Musikdidaktik verfochtener Grundsatz.

Untersucht man die auf anthropogener Basis angestellten methodischen Überlegungen, so kommt vor allem den entwicklungspsychologischen Ansätzen besondere Bedeutung zu. Sie gehen von der Vorstellung einer naturgegebenen Abfolge von Entwicklungsstufen des Lernenden aus und leiten hiervon methodische Folgerungen ab. Entwicklungspsychologisch angeregte methodische Überlegungen haben insbesondere auf dasjenige Methoden-Repertoire eingewirkt, das auf die langfristige zeitliche Organisation von musikalischen Lernprozessen, d. h. also auf die Organisation der Lernwege ausgerichtet ist.

Ein früheres Beispiel hierfür basiert auf der Ansicht, daß Ontogenese und Phylogene nach dem gleichen Entwicklungsschema verlaufen, daß also die individuelle Entwicklung die gleichen Entwicklungsstadien durchläuft wie die Stammesentwicklung.

Ein anderes, bis in die sechziger Jahre wirksames Entwicklungsmodell stützt sich auf Untersuchungen zur Entwicklung der kindlichen Melodik. Die methodische Konsequenz dieses Ansatzes war eine Planung des Lernweges von der fallenden Terz (Kuckucks-Terz) über die Tritonik, die Pentatonik zum Oktavraum und die Erschließung der Musik vom Kinderlied über das Volkslied zur Kunstmusik. Letztere war als Lerninhalt vorgesehen, sobald der Lernende die Pubertät erreicht hatte und damit nach entwicklungspsychologischer Auffassung die seelische Reife zur Beschäftigung und Auseinandersetzung mit musikalischen Kunstwerken erlangt hatte.

Beispielhaft spiegelt sich diese Planung des Lernweges in den oben S. 123 und 124 f. wiedergegebenen Lehrplantexten von 1958 und 1964.

Während derartig starre entwicklungspsychologische Modelle in jüngerer Zeit suspekt geworden sind und in der aktuellen musikdidaktischen Diskussion kaum eine Rolle spielen, festigt sich andererseits die Vorstellung von einem altersspezifisch differenzierten Methoden-Repertoire. So ist beispielsweise eines der drei Hauptkapitel der von W. Schmidt-Brunner jüngst herausgegebenen Bestandsaufnahme *Methoden des Musikunterrichts* den *Methodenfragen des Musikunterrichts im Bezug auf die verschiedenen Altersstufen* gewidmet. Der Gedanke eines altersspezifischen Repertoires an Methoden liegt auch den folgenden Überlegungen zugrunde:

Der Psychologe Otto Ewert hat auf die Verantwortung hingewiesen, die der Grundschullehrer für die Kontinuität der psychischen Entwicklung des Kindes zu tragen hat. Für den ersten Musikunterricht in der Schule heißt das ..., „daß die kindlichen Formen des Erfahrungserwerbs ... nicht abrupt durch künstliche Lernsituationen abgelöst werden dürfen. Seine (des Kindes) überwiegend handlungsbezogene Erkenntnistätigkeit darf nicht durch rezeptiv-passives Aufnehmen verdrängt werden" (Ewert 1974, S. 72).

Die wichtigste Konsequenz für den Musikunterricht dürfte sein, daß die erste Begegnung mit komplexer Musik sich im Rahmen einer Lernsequenz vollziehen sollte, die ... „kindliche Formen des Erfahrungserwerbs", d. h. spielerisch-experimentelle und motorische Zugänge eröffnet ...
(Fischer u. a. 1978, S. 14)

5. Strukturierung des Methoden-Repertoires

Zur Strukturierung des musikdidaktischen Methoden-Repertoires werden weithin mit Vorliebe zwei Systematisierungsansätze aus der Allgemeinen Didaktik herangezogen. Der eine Ansatz stammt von W. Klafki, der andere von W. Schulz. Beide stellen den Versuch dar, die Methodenvielfalt im Bereich schulischen Lernens für alle Fächer generell zu strukturieren.

W. Klafki verwendet das folgende Ordnungsschema:

- *Großgliederung des Unterrichts*
- *Gliederung einer Unterrichtseinheit*
- *Sozialformen des Unterrichts*
- *Aktionsformen des Lehrens und Lernakte der Schüler*
- *technisch-organisatorische Voraussetzungen des Unterrichts*
- *Medien des Unterrichts*

(W. Klafki u. a. 1970, S. 137 ff.)

W. Schulz schlägt die nachstehende Einteilung vor:

- *Methodenkonzeptionen*
- *Artikulationsschemata*
- *Sozialformen des Unterrichts*
- *Aktionsformen des Lehrens*
- *Urteilsformen*

(Schulz [10]1979, S. 30 ff.)

Beiden Ordnungsschemata, die von den Autoren noch weiter differenziert werden, ist eine gewisse hierarchische Gliederung von oben nach unten gemeinsam, und zwar in der Weise, daß nach oben hin die komplexeren, nach unten die weniger komplexen Methoden aufgeführt werden. Was die Schemata indes nicht zu verdeutlichen vermögen, ist das Zueinander der verschiedenen Ebenen von Methoden.

Hierzu schreibt H. Blankertz:

Die methodische Organisation des Unterrichts verlangt Entscheidungen auf allen fünf Ebenen. Von einem Punkt aus lassen sich die Maßnahmen auf den anderen Ebenen nicht deduzieren, obschon sie andererseits auch nicht völlig unabhängig voneinander sind. Wer sich etwa im „Verfahren" auf die Projektmethode eingelassen hat, kann als Sozialform nicht mehr den Frontalunterricht wählen; wer die Aktionsform „Gespräch" bevorzugt, würde sich mit autoritären Urteilsformen selber behindern. Aber nur in dieser negativ ausschließenden Weise waltet der Zusammenhang, nicht positiv ableitend.

(Blankertz [12]1986, S. 105)

Eine von E. K. Schneider vorgeschlagene Aufschlüsselung des musikdidaktischen Methoden-Repertoires lehnt sich eng an das Schema von Schulz an. Schneider faßt lediglich die Begriffe „Artikulationsschemata" und „Arbeitsstufen" unter der übergreifenden Bezeichnung *Phasengliederung des Unterrichts* zusammen.

Schneider ist sich der Unzulänglichkeiten des Ordnungsschemas voll bewußt. Er führt aus:

Die Aspekte unterrichtsmethodischen Vorgehens sind so vielfältig und in sich so komplex, daß es bisher nicht gelungen ist, alle denkbaren Funktionen von Unterrichtsmethoden zufriedenstellend zu systematisieren. So wird in der folgenden Aufschlüsselung der Zusammenhang zwischen Lernprinzipien und Unterrichtsmethoden nur unzureichend erfaßt. Auch die in der unterrichtlichen Praxis so wichtigen methodischen Leitgedanken wie das Prinzip der Anschauung, wie die Forderung nach Wechsel von Aktion und Reflexion im Musikunterricht, nach dem Wechsel von vorwiegend kognitiven und vorwiegend affektiven Phasen, nach dem Wechsel der Sozial- und Aktionsformen werden in der folgenden Systematik nur gelegentlich und nicht systematisch angesprochen.

(Schneider 1980, S. 223)

Im folgenden gehen wir auf die verschiedenen Gruppen von Methoden unter dem Aspekt ihrer musikdidaktischen Ausprägungen und Anwendungsmöglichkeiten etwas näher ein.

5.1 Methodenkonzeptionen

„Methodenkonzeptionen" werden hier Verfahrensweisen genannt, die von einem Gesamtentwurf des Unterrichtsverlaufs her die einzelnen Lernschritte determinieren.
(Schulz [10]1979, S. 31)

Für den Musikunterricht sind vor allem drei Methodenkonzeptionen von Bedeutung.

a) Das elementenhaft-synthetische Verfahren

Elementenhaft-synthetische Verfahren bauen aus Wissenselementen Wissenszusammenhänge auf, wie eine umstrittene Lesernmethode aus Buchstaben Worte und schließlich Sätze zusammenfügen läßt.
(Schulz [10]1979, S. 31)

Zu diesem Verfahren schreibt E. K. Schneider:

Dieses Vorgehen entspricht einem Lernen in Lehrgängen (Kursen) oder lehrgangsähnlichen Formen. Es ist eine primär fachimmanent gegliederte Schrittfolge und ist überall dort verwendbar, wo eine Systematisierung von der Sache her möglich und kontinuierliches Fortschreiten schulisch sinnvoll erscheint wie z. B. in der Stimmbildung, Instrumentenkunde, Gehörbildung, im „Hören mit Noten" (Venus). Das Verfahren erscheint ökonomisch, es ist vergleichsweise einfach einzusetzen, es ermöglicht systematisches Üben. Es hat aber den Nachteil, daß es jeweils nur begrenzte Anwendungsbereiche erschließt (in diesen allerdings zur Grundlagenbildung unerläßlich ist), vornehmlich auf kognitive und psychomotorische Verhaltensbereiche ausgerichtet ist, die Geschlossenheit der Lernprozesse und die Lehrerzentrierung betont sowie Eigeninitiativen der Schüler nur bedingt zuläßt. ...

Das Lernen in Lehrgängen und lehrgangsähnlichen Formen kann nur phasenweise den Musikunterricht leiten, es ist aber eine notwendige Ergänzung von offenen Unterrichtsformen.
(Schneider 1980, S. 223)

Das elementenhaft-synthetisierende Verfahren ist auf musikalisches Lernen im Anschluß an Pestalozzi beispielhaft von H. G. Nägeli in seiner *Gesangbildungslehre* (Nägeli 1810) angewandt worden. Nägelis Methode, die Musik aus Elementen (Rhythmik, Melodik, Dynamik) synthetisierend aufzubauen, hat den schulischen Gesangunterricht des 19. Jahrhunderts nachhaltig beeinflußt. Ein im Prinzip ähnliches Verfahren liegt dem von Venus 1968 entwickelten Konzept einer *Unterweisung im Musikhören* zugrunde.

b) Das ganzheitlich-analytische Verfahren

Ganzheitlich-analytische Verfahren gehen von einem (oft diffusen) Gesamteindruck aus, von einem Filmerlebnis z. B. oder von einer Exkursion der Klasse, um ihn in seinen Aspekten zu klären und so zu einem präzisierten und differenzierten Gesamtbild zu verhelfen.
(Schulz [10]1979, S. 31)

Hierzu E. K. Schneider:

Das ganzheitlich-analytische Verfahren thematisiert komplexe Unterrichtsgegenstände (Probleme, Gesamteindruck), die von den Schülern als Thema gewählt oder vom Lehrer vorgeschlagen sein können. Aus ihnen werden unter initiativer Mitwirkung der Schüler Teilprobleme herausgelöst, die in ihren Aspekten differenziert bzw. geklärt werden. Der Weg führt über die Analyse zur bewußten Synthese. Dieses Verfahren entspricht als Typ dem schülerzentrierten projektorientierten Lernen bis hin zum Lernen in Projekten. ...

Die Vorteile des ganzheitlich-analytischen Verfahrens werden nicht nur wirksam in Projekten, deren Durchführung in der Schule Grenzen gesetzt sind. Sie lassen sich gut in den verschiedensten Mischformen ausnutzen wie z. B. in Lernprojekten, die in Lehrgänge eingegliedert sind, in Formen des „Forschenden Lernens" (z. B. Tschache) bis hin zu Wegen des Werkhörens (Lemmermann, Venus, Fischer) und Gestaltens von Musik (z. B. Roscher), in denen Schüler offene Lernsituationen vorfinden, Einzelmomente selbständig herauslösen und deuten/gestalten können.
(Schneider 1980, S. 223)

Rechnet Schneider das Projektverfahren zu den ganzheitlich-analytischen Verfahrensweisen, so wird es von W. Schulz als gesonderte Methodenkonzeption ausgewiesen:

c) Projektverfahren

Projektverfahren gehen ... von Zielsetzungen aus, die auf Schülerinitiative zurückgehen oder jedenfalls nicht allein auf Lehrerinitiative, und suchen sie in gemeinsamer Arbeit zu planen, arbeitsteilig zu lösen und dann der Kritik zu unterwerfen. Als Projektziel wird in der Regel nur ein „Werk" anerkannt, die Objektivierung des Lernfortschritts in einer Theateraufführung z. B., in einer Ausstellung, in einem selbstgebauten Fahrradschuppen, einer Reiseplanung, dem renovierten Klassenraum.
(Schulz [10]1979, S. 31)

5.2 Phasengliederung des Unterrichts (Artikulationsschemata)

Artikulationsschemata strukturieren den Unterrichtsprozeß nach den vermuteten Lernphasen der Schüler und den ihnen jeweils zugeordneten Lernhilfen der Lehrer oder Mitschüler.
(Schulz [10]1979, S. 32)

Derartige Artikulationsschemata sind in der Geschichte der Pädagogik mehrfach entwickelt worden (ein besonders bekanntes Beispiel sind die Formalstufen Herbarts). Ein von der Musikdidaktik heute häufig aufgegriffenes Artikulationsschema stammt von Heinrich Roth. Roth unterscheidet sechs Lernphasen:

1. Stufe der Motivation (Anstoß zum Lernen)
2. Stufe der Schwierigkeiten (Widerstände im Lerngegenstand)
3. Stufe der Lösung (Finden des Lösungsweges)
4. Stufe des Tuns und Ausführens (Erproben des Lösungsweges)
5. Stufe des Behaltens und Einübens
6. Stufe des Bereitstellens, der Übertragung und der Integration des Gelernten.
(H. Roth [10]1967, S. 245 ff.)

Eine an Roth anknüpfende, leicht modifizierte Phasengliederung schlägt H. Lemmermann vor:

Da m. E. die Motivation keine vorgeschaltete Stufe ist, sondern ein Unterrichtsgrundsatz, der für alle Stufen seine Bedeutung hat (wie Roth in seinen weiteren Darlegungen im Grunde auch bedenkt!), und da die 4. und 5. Stufe m. E. keine erheblichen Unterscheidungsmerkmale ausweist, so sei hier zumindest für den Musikunterricht folgende Vierstufung angeboten:

Problemstufe
Lösungsstufe
Übungsstufe
Übertragungsstufe
(Lemmermann ³1984, S. 171)

Ein ebenfalls an Roth orientiertes, durch die Praxis modifiziertes Artikulationsschema findet sich bei W. Fischer u. a.:

Motivationsphase: Impulse, Denkanstöße durch Hörbeispiele, Aufzeigen von Problemen, Zusammentragen von Schülermeinungen und -erfahrungen zu bestimmten musikalischen Phänomenen, Schilderung von Situationen oder Vorlesen von Texten, die im Zusammenhang mit dem Unterrichtsgegenstand stehen o. ä.
Explorationsphase(n): Höraufträge, Arbeitsanweisungen, Sammlung und Ordnung von Gegenständen, Eindrücken, Kriterien usw. Experimentieren, Improvisieren, Singen und Spielen im Sinne der Aufgabenstellung des Unterrichts o. ä.
Übungs-/Auswertungsphase(n): Die in der Explorationsphase gefundenen Ergebnisse, Lösungen oder Probleme werden diskutiert, erworbene Kenntnisse oder Fähigkeiten geübt.
Anwendungs-/Übertragungsphase(n): Erworbene Kenntnisse oder Fähigkeiten werden in einen größeren Zusammenhang gestellt (z. B. Zusammenfassung von Teilergebnissen) bzw. auf neue Situationen/Problemstellungen übertragen.
(Fischer u. a. 1978, S. 48)

Spezifisch musikdidaktische Artikulationsschemata sind bisher allenfalls andeutungsweise versucht worden, so etwa von S. Vogelsänger. Obwohl zunächst auch an Roth anknüpfend, sieht Vogelsänger die Gliederung des Lernprozesses nicht als starre Abfolge, sondern in Abhängigkeit vom Unterrichtsgegenstand:

Der Prozeß, in dem sich das Lernen vollzieht, gliedert sich in mehrere Lernstufen oder Lernphasen; er ist bestimmten Lernformen zugeordnet, die sich aus dem Unterrichtsgegenstand ergeben.
(Vogelsänger 1970, S. 86)

Entsprechend der Abhängigkeit vom Unterrichtsgegenstand erhalten die von Vogelsänger als Beispiele beschriebenen Lernprozesse „Liedeinstudierung" und „hörendes Erarbeiten" unterschiedliche Phasengliederungen.

Für das Beispiel „Liedeinstudierung" schlägt Vogelsänger einen Dreischritt vor:

Konfrontation: Einführung des neuen Liedes,
Interpretation: Festigung bis zum sicheren Können,
Integration: Ausgestaltung und Begleitung, Einbau in eine musikalische Form u. ä.
(Vogelsänger 1970, S. 87)

Das „hörende Erarbeiten" dagegen erfordert nach Vogelsänger folgende Phasengliederung:

Beim hörenden Erarbeiten verläuft der Lernprozeß zunächst ähnlich so, wenn ein Werk selbst erarbeitet wird, bevor man es betrachtet (Lieder und Kunstlieder oder Teile von ihnen; Instrumentalwerke oder Teile von ihnen). Danach muß in einem neuen Lernprozeß betrachtend weitergelernt werden; auf diesen andersartigen Prozeß muß der Schüler sich umstellen, häufig durch „Umschalten auf eine andere Gangart", wenn etwa das Lehrgespräch zur tragenden Unterrichtsform des betrachtenden Teiles wird. Die ersten Lernstufen dieses neuen Lernprozesses sind zumeist bereits im ersten Lernprozeß mit bewältigt; von hier aus ist dann der Vorgang der gleiche wie beim reinen Anhören von Musik.

Dabei steht ein Werk im Mittelpunkt, das nur vom Anhören her erarbeitet werden kann oder soll; die ersten Lernstufen bestehen hier zunächst im Zuhören und Einhören, dabei kommt es schon zu ersten Eindrücken und Stellungnahmen. Daraus ergeben sich die weiteren Lernschritte; hier bedeutet jede Lernstufe auch ein erneutes, oft mehrmaliges Anhören des ganzen Werkes, häufig auch einzelner Abschnitte. In diesem Lernprozeß liegt der Akzent auf dem Lernen durch Hören, Denken, Verstehen und Durchschauen in einem Erkenntnisprozeß mit Hilfe von <u>Deskription und Reflexion</u>; dabei werden – je nach Aufgabenstellung – die verschiedenen <u>fachspezifischen Arbeitsweisen</u>, z. T. als Probier- und Übungsstufen, eingesetzt.
(Vogelsänger 1970, S. 87 f.)

5.3 Sozialformen

Sozialformen des Unterrichts variieren das Verhältnis zwischen dem Lernen von etwas und dem Lernen mit anderen.
(Schulz [10]1979, S. 32)

Bei Schneider heißt es hierzu:

Sozialformen sind Unterrichtsmethoden, mit denen die sozialen Beziehungen im Unterricht strukturiert werden.
  Sie werden beschrieben als äußere Organisation der am Unterricht Beteiligten: Wenn die Gesamtgruppe unter einer Zielsetzung versammelt ist, spricht man vom Lernen im Plenum (Klassenverband), bei der arbeitsgleichen oder arbeitsteiligen Gliederung der Lehr-Lerngruppe in Teilgruppen vom Gruppenunterricht bis hin zum Lernen in Partner- oder Einzelarbeit. ...
  Ein Blick in die Praxis zeigt, daß der lehrerzentrierte Frontalunterricht bis heute trotz vielerlei Bedenken (z. B. stark autoritätsbezogenes, eher rezeptives Lernen, eher konvergentes Denken) die übermäßig dominierende Sozialform im Musikunterricht darstellt. Nicht seine völlige Ablösung, sondern seine flexiblere, offenere Gestaltung ist anzustreben etwa über das thematisch gebundene Unterrichtsgespräch, über das Musizieren in verschiedenen Gruppierungen, über die Arbeit an vorgegebenen Materialien.
  Viel zu wenig (weithin wohl nur als Ausnahme) und viel zu spät werden die das selbständige und soziale Lernen besonders fördernden, in sich äußerst vielgestaltigen gruppenunterrichtlichen Sozialformen im Musikunterricht eingesetzt. Zwar ist ihrer Verwendung immer dann, wenn Musik erklingt (beim Werkhören, Singen, bei Gestaltungen), durch die akustische Belastung aller eine Grenze gesetzt – es sei denn, es stehen mehrere Räume und genügend Medien zur Verfügung. Doch gibt es im Musikunterricht eine Fülle von Möglichkeiten, diese kooperativen Sozialformen zu benutzen, etwa bei der Planung von Klangexperimenten, bei der Analyse von Musik mit Hilfe von Notationen, bei der Auswertung von Quellen, der Aufarbeitung von Informationen. In der Sekundarstufe II wird in Formen des „Forschenden Lernens" der Gruppenunterricht einen größeren Raum einnehmen.
(Schneider 1980, S. 224)

5.4 Aktionsformen

Aktionsformen des Lehrens werden die Weisen genannt, in denen der Lehrende agiert. Sie lassen sich in zwei Gruppen einteilen:
a) <u>Direkt</u> wendet er sich an die Lernenden z. B. im Vortrag, in der Frage, im Unterrichtsgespräch, in der Demonstration.

b) Indirekt wirkt er über Situationen, in denen er die Lernenden bewußt sich selbst überläßt, über schriftliche Arbeitsanweisungen, über präformiertes Material bei Gruppenarbeit, Schülerexperimenten, Lernspielen.
(Schulz [10]1979, S. 33)

E. K. Schneider rechnet zu den Aktionsformen auch die Handlungen der Lernenden:

Aktionsformen werden die Verfahrensweisen genannt, die sich auf die Handlungen der am Lehr- und Lernprozeß Beteiligten beziehen, auf Aktionen also wie Fragen, Motivieren, Vorspielen, Experimentieren, Informieren, Erklären, Materialien bereitstellen, Materialien bearbeiten.
(Schneider 1980, S. 224)

Zur didaktischen Bewertung von Lehrer- und Schüleraktivitäten führt Schneider aus,

daß 1. Schüleraktivitäten nicht für sich selbst schon von Wert sind, sondern ohne Zieldimension und ohne Sachanspruch zu bloßer Betriebsamkeit und vagem Gerede verkommen, und
daß 2. Darbietungsformen des Lehrers wie Vortrag, Vorspiel oder Demonstration, kurz und gezielt eingesetzt, in einem durch Methodenvielfalt gekennzeichneten Unterricht ihren unverzichtbaren Platz haben. Ebenso behält auch die Lehrerfrage ihre Berechtigung, wenn sie als echte Frage oder als didaktische Frage in der offenen Form der Anregung, des Denkanstoßes auftritt.
(Schneider 1980, S. 224)

Neben dem von Schneider fachspezifisch ausgefüllten Gliederungsschema der Methoden nach Schulz finden sich in der Musikdidaktik noch einige andere Ordnungsschemata:

- *Lernprozeß* (Gliederung nach Lernphasen)
- *Lernformen*
   a) einfache Lernformen: Nachahmen, Üben, Probieren, Gestalten
   b) höhere Lernformen: Denken, Verstehen, Durchschauen, Formulieren, Strukturieren
- *Unterrichtsformen*
   musizierendes Erarbeiten, hörendes Erarbeiten, Erzählen, Vortragen, Darstellen, Entwickeln, Lehrgespräch
- *Unterrichtsprinzipien*
   Motivation, orientierendes Lehren und Lernen, exemplarisches Lehren und Lernen, das Musische, Anschauung, Selbsttätigkeit, Kindgemäßheit, Lebensnähe, Übung.
(Vogelsänger 1970, S. 84 ff.)

- *Unterrichtsgrundsätze* (allgemeine methodische Leitlinien)
   Der Lehrer wird
   1. einen Handlungsablauf der Stunde planen,
   2. Motivationen schaffen und verstärken,
   3. die Schüleraktivität anregen,
   4. den Unterricht anschaulich, „anhörlich" und lebendig gestalten,
   5. die Arbeitsintensität variieren,
   6. die Lernwege sachgerecht wechseln,
   7. sachgerecht Sozialformen wählen,
   8. die Ergebnisse sichern und die Leistungen kontrollieren.
(Lemmermann [2]1978, S. 162)

- *subjektbezogene Methoden*
- *objektbezogene Methoden*
(Meyer 1975)

W. Fischer hält folgenden an den musikalischen Verhaltensweisen orientierten Raster zur Darstellung von Methoden des Musikunterrichts insbesondere in der Primarstufe für geeignet und verweist auf den praktischen Nutzen eines solchen Ordnungsschemas:

Die Tatsache, daß der musikdidaktische Methodenbegriff eng mit dem System der musikalischen Verhaltensweisen verflochten ist..., soll hier gar nicht negativ bewertet werden. Zumindest für die Methodik des Musikunterrichts in der Grundschule ist damit nämlich ein für die Praxis hilfreiches Instrumentarium gewonnen... Ohne einer vorschnellen Analogie das Wort reden zu wollen, soll hier lediglich unterstrichen werden, daß sich auf diese Weise ein besonders geeigneter Raster zur systematischen Darstellung von Methoden in den verschiedenen Bereichen des Musiklernens ergibt. Mit „geeignet" ist hier nicht nur theoretische Plausibilität gemeint, sondern auch: hilfreich für Unterrichtsplanung und -analyse. Erfahrungen in der Lehrerfortbildung zeigen immer wieder: noch wichtiger als die Kenntnis zahlreicher, aber isolierter (d. h. aus einem bestimmten Unterrichtskontext herausgelöster) Unterrichtstechniken ist ein sozusagen „metamethodisches" Wissen, genauer: die Kompetenz, angemessene Handlungsstrategien auf der Grundlage systematischen Methodenwissens zu entwickeln. ...

SINGEN/SPIELEN/ IMPROVISIEREN	*mit der Stimme und/oder Instrumenten umgehen im Sinne von: realisieren, begleiten, experimentieren, improvisieren, verklanglichen und darüber nachdenken*
HÖREN	*zuhören, erkennen, bestimmen, vergleichen, ordnen, zuordnen, über das Gehörte nachdenken, Vermutungen über noch nicht Gehörtes anstellen*
MIT NOTATION UMGEHEN	*mit traditioneller oder graphischer Notation umgehen im Sinne von: notieren, Notationen zuordnen, Klangerwartungen zusammentragen, über Notation nachdenken*
MUSIK IN BEWEGUNG, SZENE, BILD UMSETZEN	*Musik in Bewegungen umsetzen, tanzen, Musik mimisch, gestisch, szenisch darstellen und über die Darstellung nachdenken, musikalische Eindrücke in Form und Farbe übertragen*
ERFINDEN/BASTELN	*erfinden von Texten, Szenen, Tonbandcollagen, experimentieren im Zusammenhang mit der Einführung in die Grundlagen der Akustik bzw. der Medientechnologie, Instrumente basteln*
NACHDENKEN	*sich mit musikalischem Material, der Musikkultur, der musikalischen Umwelt auseinandersetzen im Sinne von: analysieren, schlußfolgern, begründen, erklären, zuordnen, Aufgaben lösen usw.*

(Fischer 1982, S. 131 und 133)

W. Gruhn gibt seinen Ausführungen zum Thema *Wege des Lehrens im Fach Musik* folgende Gliederung:

<u>*Grundformen des Lehrens und Typen des Lernens*</u>
Lernen und Lehren
Grundformen des Lehrens
Typen des Lernens
Aktionsformen des Lehrens und Lernens
Akte des Lehrens und Lernens
Intentionen und Funktionen
Rollendimensionen des Lehrers
Frage – Impuls

Unterrichtsformen
Sozialformen und Organisationsformen des Unterrichts
Klassenunterricht
Frontalunterricht
Unterrichtsgespräch
Diskussion
Gruppendifferenzierungen
Gruppenunterricht
Partnerarbeit
Einzelarbeit
Arbeitsblätter
Übungstests
Programmierte Unterweisung
Verbundunterricht
Teamteaching
Projektunterricht
Epochenunterricht

Unterrichtsmethoden
...
Darstellendes (expositorisches) Lehrverfahren
Fragend-entwickelndes/erarbeitendes Lehrverfahren
Entdecken-lassendes Lehrverfahren
Darstellungsmöglichkeiten
Induktive – deduktive Methode
Ganzheitliches – elementhaftes Verfahren
Diachronische – synchronische Betrachtungsweise
Spezifische Aspekte im Musikunterricht
Aktualgenetischer Musikunterricht
Solmisationsmethoden
Das Orffsche Schulwerk

Unterrichtsgliederung
Artikulationsschema von Unterrichtsabläufen:
Stufentheorien und Phasenmodelle
Stufentheorien
Funktionale Unterrichtsphasen

Unterrichtsprinzipien
...
Exemplarisches Lehren und Lernen
Veranschaulichen
...
Ergebnissicherung
(Gruhn/Wittenbruch 1983, S. 81 ff.)

E. Nolte 1982 schlägt ein Ordnungsschema vor (s. Schaubild S. 156), das darauf angelegt ist, Methoden nicht nur summierend zu ordnen, sondern auch in ihren Bezügen zueinander zu verdeutlichen. Zentraler Bezugspunkt ist hierbei die musikalische Lernsituation als fachspezifischer methodischer Handlungszusammenhang (vgl. hierzu oben S. 137).

Von der Ebene der fachspezifischen Lernsituationen aus lassen sich die verschiedenen Methoden-Erscheinungen des Musiklernens in Anlehnung an Schulze nun nach drei Richtungen hin weiter ausfalten und dabei in systematischen Zusammenhang bringen.

Auf einer tieferen Ebene sind zunächst alle unterrichtlichen Einzelmaßnahmen und Handlungen anzusetzen, die in einer Lernsituation zum Tragen kommen. Hierher gehören Methoden-Erscheinungen wie Vorsingen, Nachsingen, Nachklatschen, Nachahmen, Notieren, Sichbewegen, Beobachten, Fragen stellen, Impulse geben usw., also die unterschiedlichen, konkret beobachtbaren Aktionsformen von Lehrenden und Lernenden.

Obwohl konkret beobachtbar, sind diese Methoden-Erscheinungen, die als „Elemente methodischen Handelns" bezeichnet werden sollen, dennoch abstrakter als die auf der Ebene der Lernsituation. Denn ihre methodische Bedeutung erhalten sie erst im Zusammenhang der Lernsituation. Einzeln für sich genommen sind sie mehrdeutig interpretierbar. So können die Methoden-Elemente Vorsingen/Nachsingen durchaus der Liederarbeitung dienen; sie können aber auch als Mittel der Hörschulung gebraucht werden. Die Methoden-Elemente bilden gewissermaßen die Grundsubstanz, aus der sich die Handlungsmodelle der musikalischen Lernsituationen zusammensetzen.

Eine andere Gruppe von Methoden-Erscheinungen erschließt sich beim Ausbau des Schemas auf der Ebene der Lernsituationen zur Seite hin.

Hier lassen sich mindestens drei Gruppen von Methoden-Erscheinungen einordnen, nämlich zunächst die Unterrichtsprinzipien, d. h. allgemeine methodische Leitgedanken wie z. B. das Prinzip der Umsetzung von Musik in grafische Zeichen oder in Bewegung, beides deutbar als musikpädagogische Ausprägungen des Anschauungsprinzips; ferner das Prinzip der Selbsttätigkeit, das Prinzip des entdeckenden Lernens, das Prinzip des Vergleichs, das Prinzip der Lebensnähe u. ä. Eine zweite Gruppe bilden die Sozialformen des Lernens (Frontalunterricht, Einzelunterricht, Gruppenunterricht, Projektunterricht); eine dritte die Artikulations-Schemata (Phasengliederung der Lernsituation).

Was berechtigt nun dazu, diese Methoden-Erscheinungen hier einzuordnen?

Der Zusammenhang wird deutlich, wenn man sich die Funktion dieser Methoden-Erscheinungen vor Augen führt. Diese besteht in der Organisation der drei wichtigsten Aspekte einer Lernsituation, nämlich ihres Interaktions- und Kommunikationsrahmens, ihres curricularen Inhalts und ihres zeitlichen Verlaufs.

So wird z. B. durch die Sozialformen des Unterrichts, durch das Prinzip des entdeckenden Lernens und das Prinzip der Selbsttätigkeit der Interaktions- und Kommunikationsrahmen der Lernsituation organisiert. Das Anschauungsprinzip in seinen verschiedenen Ausprägungen oder das Prinzip des Vergleichs (d. h. der Gegenüberstellung von Gleichem, Ähnlichem oder Verschiedenem) beziehen sich auf die Organisation des curricularen Inhalts und wirken bis hin zu den materialen Gegebenheiten der Lernsituation. Die Artikulations-Schemata schließlich regeln die Lernsituation in ihrem zeitlichen Verlauf. Die einzelnen Methoden-Erscheinungen beziehen sich also jeweils auf einen bestimmten Aspekt einer Lernsituation. Sie lassen sich daher als „Methoden-Aspekte" bezeichnen.

(Nolte 1982 [b], S. 73 und 76)

Methoden des Musikunterrichts

```
                                    ┌─ ─ ─ ─ ─ ─ ─ ─ ─ ─ ─ ┐
                                    │ Lernsituation:       │
                                    ├─ ─ ─ ─ ─ ─ ─ ─ ─ ─ ─ ┤
                                    │ Interaktions-        │
                                    │ Kommunikations- } rahmen
                                    │ curricularer Inhalt  │
                                    │ Verlauf              │
                                    └─ ─ ─ ─ ─ ─ ─ ─ ─ ─ ─ ┘
                                              ⎫
                                              ⎬
                                              ⎭
            ┌──────────────────┐
            │ Methoden-Aspekte │
            └──────────────────┘
            z.B.: — Sozialformen des U.
                  — Unterrichtsprinzipien
                    (Anschauung
                    Vergleich u.ä.)
                  — Artikulationsschemata

                          ⇧

z.B.: — Vom Volkslied zum musik. Kunstwerk
      — Vom psychisch Nahen zum Entfernten
        …

                Musik verwirklichen
                Musik erfinden
                Musik hören
                Musik interpretieren, analysieren
                Kenntnisse über Musik erwerben
                    ╲ ╲ │ ╱ ╱
┌──────────────┐    ┌──────────────┐              ┌──────────────┐
│ Wege musik.  │ ⇦  │ Modelle      │      ⇨       │ Elemente     │
│ Lernens      │    │ musikalischer│              │ method.      │
│ und Lehrens  │    │ Lernsituationen│            │ Handelns     │
└──────────────┘    └──────────────┘              └──────────────┘
                    z.B.: — Liederarbeitung       z.B.: — Vorsingen
                          — Werkinterpretation          — Nachsingen
                            …                           — Nachklatschen
                                                        — Fragen stellen
                                                        — Impulse geben
```

(Nolte 1982 [b], S. 74 f.)

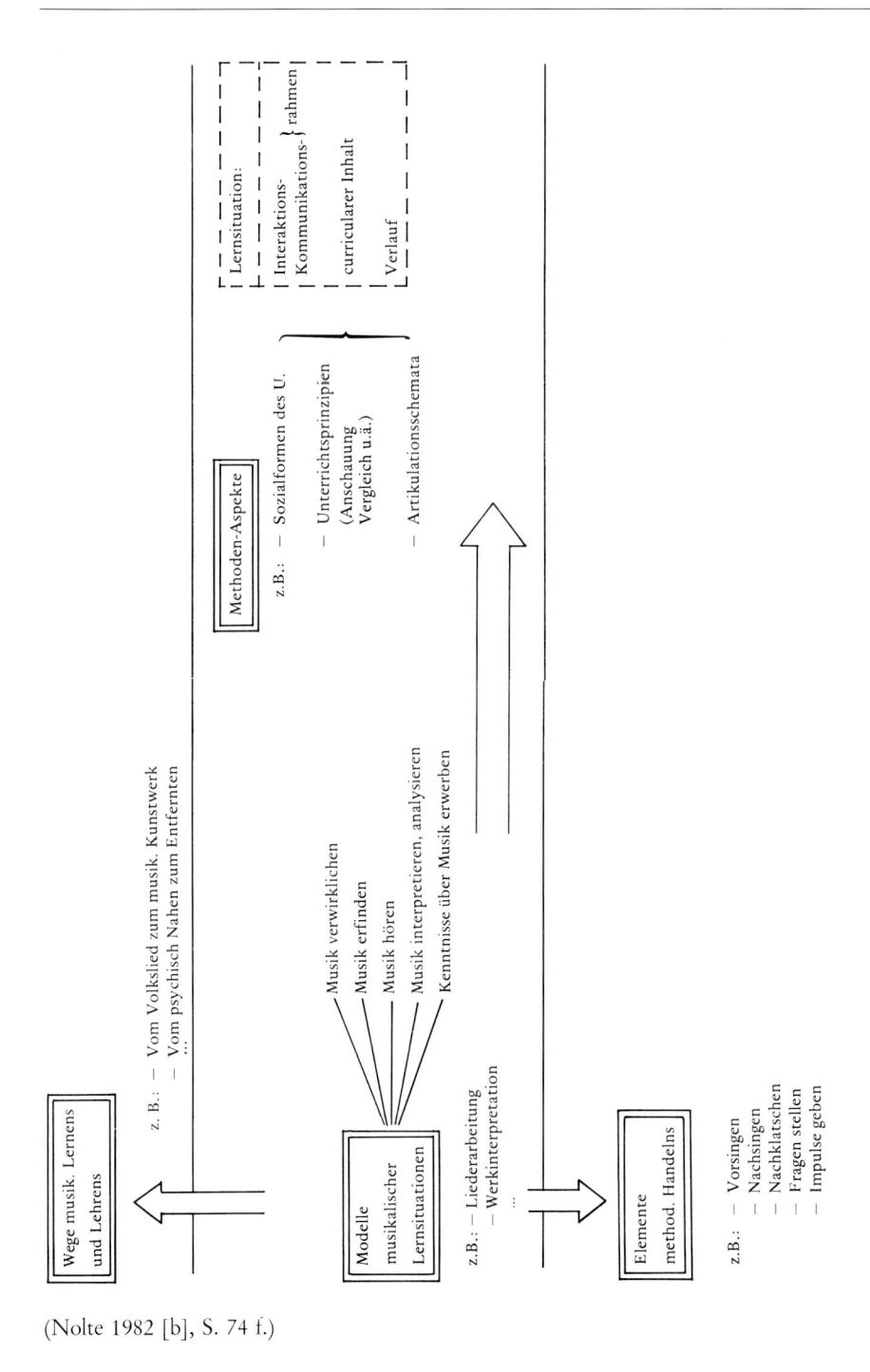

G. DER MUSIKUNTERRICHT UND DIE SCHULE ALS ORGANISATION

1. Einführung

Musikdidaktiken, wie sie bisher vorliegen, beschäftigen sich mit den Zielen und Inhalten des Musikunterrichts, sie reflektieren die Struktur der Vermittlungsprozesse, sie fragen nach der Bedeutung musikalischer Phänomene für junge Menschen usf. Von wenigen Ausnahmen abgesehen erwecken diese Didaktiken all den Anschein, als ob es einzig und allein darum ginge, „richtige" Inhalte, Ziele und Methoden zu finden bzw. zu definieren, um den konkreten Musikunterricht zu gestalten und zu verbessern. Wie so häufig wird dabei das Nächstliegende übersehen: Musikunterricht findet nicht im luftleeren Raume, sondern in einer Organisation, der öffentlichen allgemeinbildenden Schule, statt. Unsere Grundthese lautet demzufolge: Ohne Einbeziehung des Zusammenhanges von Musikunterricht und Schule als Organisation sind Reflexion über und Planung von Musikunterricht unzureichend. Dabei leitet uns eine Überlegung, die der Pädagoge Siegfried Bernfeld bereits 1925 formuliert hat:

> *Die Organisation der Erziehung diktiert das Erziehungsresultat.*
> (Bernfeld 1925, S. 127)

In den folgenden Abschnitten sollen Sie
1. eine weitergehende und differenziertere Einsicht in die strukturelle Abhängigkeit des Musikunterrichts und damit auch seiner Theorie, der Musikdidaktik, von den organisatorischen Rahmenbedingungen der Schule gewinnen.
2. Wir möchten Ihnen weiterhin zeigen, daß die Schule als Organisation in sich keineswegs widerspruchsfrei ist, was sich in der Praxis auf den Musikunterricht entscheidend auswirkt.
3. Schließlich möchten die folgenden Überlegungen und Darstellungen in der Weise auf Sie einwirken, daß Sie über die Bereitschaft, den Organisationscharakter von Schule als unumgänglich zu durchschauen und „anzunehmen", freier mit seinen Konsequenzen für den Musikunterricht umgehen können.

Wir haben zuvor darauf hingewiesen, daß die strukturelle Verknüpfung von Musikunterricht und Schulorganisation von der gegenwärtigen Musikdidaktik nicht ausreichend gewürdigt und in ihren weitreichenden Konsequenzen auch für die musikdidaktische Theoriebildung zu wenig berücksichtigt wird. Allerdings gibt es in der Musikdidaktik vereinzelte Stimmen, die diesen Zusammenhang wenigstens ansatzweise aufgegriffen haben:

> *Wenn die Situation der bekannten Misere des Musikunterrichts geändert werden soll, dann genügt es nicht, einfach da oder dort punktuell etwas zu ändern. Vorausgehen muß die Einsicht, daß Schulorganisation und Musikunterricht bis jetzt nicht aufeinander zugeschnitten waren, sondern sich in Fehlrichtungen entwickelten zum Schaden des Ganzen ...*
>
> *Alles Klagen über zu wenig Stunden, zu wenig Räume, zu wenig Ausstattung ist für sich allein ohne Wirkung. Erst die Umgestaltung des Ganzen, ein neuer „background", eine neue „Schulphilosophie", eine Neubesinnung auf das, was Schule sein soll und sein kann, bringen Erfolg. So lassen sich also die Querelen zwischen Schulorganisation und Musikunterricht nicht beheben, wenn das System bleibt, wenn also, um mit einem modischen Wort zu sprechen, die Kritik bloß systemimmanent ist.*
> (Gieseler 1973, S. 76 f.)

> Anmerkung:
> Die diesen Gedanken begründende These Gieselers, daß *zwar die pädagogische Theorie heute neue Ufer anstrebt oder schon erreicht hat, daß aber die Schulorganisation selbst noch aufruht auf dem, was als neuhumanistischer Bildungshorizont bezeichnet wird und (besonders bei weiterführenden Schulen) immer noch auf das „Elitäre" drängt*, teilen wir nicht. U. E. greift Gieseler hier noch zu kurz, wenn er die Schulorganisation noch auf ein B i l d u n g s k o n z e p t zurückführt. Denn darin wird übersehen, daß dieses nur die ideologische Oberfläche eines Zusammenhanges bildet, in dem die allgemeinbildende Schule sich letztlich n u r über ihre gesellschaftliche Funktionstüchtigkeit, dies im konservierenden Sinne verstanden, legitimiert. Ihr Beitrag zur gesellschaftlichen Reproduktion, der darin zu sehen ist, daß die Schule entweder Qualifikationen oder Ideologien zur Sicherung des Fortbestehens der jeweiligen gesellschaftlichen Formation vermittelt, sichert der Schule ihren Bestand, aber gibt ihr zugleich auch die Organisationsstruktur vor.

Die Gieselersche Argumentation ist aus der völlig unbefriedigend empfundenen Situation des Musikunterrichts seinerzeit entsprungen. Sie ist eine der wenigen Stimmen in der musikdidaktischen Landschaft der letzten zwanzig Jahre, die ein Bewußtsein für die Bestimmungskraft der Schule als Organisation im Hinblick auf den Musikunterricht entwickelt haben bzw. diesen Zusammenhang begrifflich zu fassen suchen. Das ist eigentlich verwunderlich, weil die allgemeine Erziehungswissenschaft, insbesondere aber die Soziologie in ihrer Spielart als Organisationssoziologie genügend Beiträge zum Komplex „Schule als Organisation" hervorgebracht haben.

2. Zielstruktur

2.1 Ebenen der Zielsetzung

Um nicht abstrakt zu bleiben, wollen wir am Beispiel des Musikunterrichts in der Grundschule des Landes Nordrhein-Westfalen die bestimmende Einflußnahme der Schule als Organisation auf den Musikunterricht verdeutlichen. Die hieran entwickelten Bestimmungen gelten prinzipiell für alle Bundesländer; Differenzen in den Details spielen, sofern überhaupt vorhanden, im betrachteten Zusammenhang keine maßgebliche Rolle.

> *So können wir also den Begriff* <u>Organisation</u> *ohne Bedenken für geplante, sorgsam aufgebaute und auf spezifische Ziele gerichtete soziale Gebilde reservieren.*
> (Etzioni [3]1971, S. 13)

> *Als soziale Organisation werde ich also ein Kollektiv bezeichnen, das im Hinblick auf bestimmte Ziele wie etwa Produktion, Verteilung von Gütern oder Ausbildung von Menschen eingerichtet wird.*
> (Lapassade 1972, S. 84)

Ein wesentliches, den o. g. Definitionen gemeinsames Bestimmungsmerkmal ist die Z i e l g e b u n d e n h e i t von Organisationen, also auch der Schule als Organisation.

Im folgenden wollen wir zeigen, daß diese Zielgebundenheit eine komplexe Systematik hervorbringt, die sich auf verschiedenen Ebenen artikuliert.

a)
Im Artikel 7, Abs. (1) des Grundgesetzes sichert sich der Staat zwei entscheidende Rechte, die ihm eine Monopolstellung für das Schulwesen zuweisen:
1. das Recht auf E i n r i c h t u n g von Schulen und
2. das Recht auf K o n t r o l l e über sie.

> *Das gesamte Schulwesen steht unter der Aufsicht des Staates.*
> (Grundgesetz, Art. 7, Abs. (1))

Dadurch erhält alles, was in der Schule geschieht, eine Bedeutsamkeit, die der davon Betroffene als „unvermeidbare Erfahrung" mit in sein Leben hineinnimmt: Die schulische Wirklichkeit erhält durch die prinzipiell staatliche Trägerschaft eine besondere Legitimation, wie sie sonst vielleicht nur noch die Kirchen sichern können.

b)
Schreibt das Grundgesetz nur die Tatsache des staatlichen Schulmonopols fest, so formuliert die Landesverfassung von Nordrhein-Westfalen (die wir hier beispielhaft heranziehen) dagegen u. a. bereits „Grundsätze der Erziehung" (Art. 7 der Landesverfassung):

(1) Ehrfurcht vor Gott, Achtung vor der Würde des Menschen und Bereitschaft zum sozialen Handeln zu wecken, ist vornehmstes Ziel der Erziehung.
(2) Die Jugend soll erzogen werden im Geiste der Menschlichkeit, der Demokratie und der Freiheit, zur Duldsamkeit und zur Achtung vor der Überzeugung des anderen, in Liebe zu Volk und Heimat, zur Völkergemeinschaft und Friedensgesinnung.

Diese Grundsätze lassen sich nach zwei Zieldimensionen auseinanderhalten. Die erste formuliert Ziele im Sinne von letzten Bezugnahmen, die zweite definiert Haltungen, welche den in der ersten Dimension angesprochenen Gemeinschaftsbezug näher bestimmen, gewissermaßen operationalisieren:

(1) Gottesfurcht – Menschenwürde – Gemeinschaftsbezug

(2) Erziehung a) im Geiste der Menschlichkeit
                 Demokratie } zur Toleranz (Bezug: Einzelner – Einzelner)
                 Freiheit

        b) in Liebe zu Volk } zur Völkergemeinschaft und Friedensgesinnung
                    Heimat   (Bezug: Einzelner – Viele)

Die hier genannten Grundsätze haben allerdings noch einen so hohen Allgemeinheitsgrad, daß nahezu alle nur denkbaren konkreten Ziele darunter begriffen werden können, so auch: Ob Musik in der Schule und, wenn ja, mit welchem Auftrag usf.

Aufschlußreich ist nun zu sehen, in welcher Weise die Schulgesetzgebung des Landes (hier: Nordrhein-Westfalen) Präzisierungen der Landesverfassung vornimmt.

Besonders relevante Regelungen für das Problem der Aufgaben und Zielbestimmung von Schule bilden das Schulordnungsgesetz sowie zwei Rechtsverordnungen, die Allgemeine Schulordnung und die Ausbildungsordnung (hier für die Grundschule in NW) und schließlich bestimmte Erlasse des Kultusministers, die Richtlinien für einzelne Schulstufen bzw. -formen und Schulfächer.

c)
Das Schulordnungsgesetz zitiert zwar den Artikel 7 der Landesverfassung in voller Länge. Doch geht es in der Auslegung dieser Vorgabe beträchtlich weiter:

Erster Abschnitt
Aufgabe und Gestaltung des Schulwesens
§ 1
(1) Schulen sind Stätten der Erziehung und des Unterrichts.
(2) Ehrfurcht vor Gott, Achtung vor der Würde des Menschen und Bereitschaft zum sozialen Handeln zu wecken, ist vornehmstes Ziel der Erziehung. Die Jugend soll erzogen werden im

Geiste der Menschlichkeit, der Demokratie und der Freiheit, zur Duldsamkeit und zur Achtung vor der Überzeugung des anderen, in Liebe zu Volk und Heimat, zur Völkergemeinschaft und Friedensgesinnung (Art. 7 LV).
(3) Die Schule hat die Aufgabe, die Jugend auf der Grundlage des abendländischen Kulturgutes und deutschen Bildungserbes in lebendiger Beziehung zu der wirtschaftlichen und sozialen Wirklichkeit sittlich, geistig und körperlich zu bilden und ihr das für Leben und Arbeit erforderliche Wissen und Können zu vermitteln.
(4) Die Jugend soll fähig und bereit werden, sich im Dienste an der Gemeinschaft, in Familie und Beruf, in Volk und Staat zu bewähren. In allen Schulen ist Staatsbürgerkunde Lehrgegenstand und staatsbürgerliche Erziehung verpflichtende Aufgabe. Unterricht und Gemeinschaftsleben der Schule sind so zu gestalten, daß sie zu tätiger und verständnisvoller Anteilnahme am öffentlichen Leben vorbereiten.
(5) In Erziehung und Unterricht ist alles zu vermeiden, was die Empfindungen Andersdenkender verletzen könnte.
(6) Erzieher kann nur sein, wer in diesem Geiste sein Amt ausübt.
(Kultusminister des Landes Nordrhein-Westfalen ⁶1983, S. 96)

Es erfolgt u. a.:
1. eine Differenzierung von B i l d u n g (*sittlich-geistig-körperlich*) und A u s b i l d u n g (*für Leben und Arbeit erforderliches Wissen und Können*),
2. eine Beschwörung des Rahmens, in dem Erziehung und Bildung sich vollziehen sollen, der überdies erste Perspektiven für die Einbeziehung ästhetischer Praxis bietet (1: *abendländisches Kulturgut*, 2: *deutsches Bildungserbe*, 3: *wirtschaftliche und soziale Wirklichkeit*),
3. eine Verpflichtung der Lehrer auf die zuvor genannten Grundlagen.

Doch bleibt auch hier die Zielsetzung für Schule und Unterricht weiterhin in beträchtlichem Maße auslegungsfähig und auslegungsbedürftig, weil der Handlungsspielraum für die Betroffenen noch weitgehend undefiniert bleibt. Daher ist es auch nicht verwunderlich, daß unterhalb der Gesetzgebungsebene der Kultusminister – über das Instrument der Rechtsverordnung (die durch den Landtagsausschuß für „Schule und Weiterbildung" zustimmungsbedürftig ist) – weitere Auslegungen und Differenzierungen der Ziele für Schule und Unterricht vorlegt.

d)
Eine Rechtsverordnung im zuvor genannten Sinne stellt die A l l g e m e i n e   S c h u l o r d n u n g dar, die zu erlassen dem Kultusminister durch den § 26 des Schulverwaltungsgesetzes aufgegeben ist. Die interpretatorische Funktion dieser Allgemeinen Schulordnung (ASchO) im Hinblick auf das Schulordnungsgesetz wird in der Präambel recht deutlich:

Die ASchO soll als ein verbindlicher Handlungsrahmen für alle am Erziehungsprozeß Beteiligten – Lehrer, Schüler und deren Erziehungsberechtigte – die Erfüllung des insbesondere in Artikel 7 der Landesverfassung und in § 1 des Schulordnungsgesetzes festgelegten Bildungs- und Erziehungsauftrags der Schule gewährleisten.
(Kultusminister des Landes Nordrhein-Westfalen ⁶1983, S. 137)

Wir geben Ihnen die weitergehende Differenzierung der Zielvorgaben des Schulordnungsgesetzes durch die Allgemeine Schulordnung:

Die Schule als Stätte von Bildung und Erziehung hat im Rahmen der in der Verfassung des Landes Nordrhein-Westfalen festgelegten allgemeinen Bildungs- und Erziehungsziele die Aufgabe, die

Schüler zu mündigen Menschen heranzubilden und ihnen Kenntnisse, Fähigkeiten und Fertigkeiten zu vermitteln, die ihnen selbständiges Urteil und eigenverantwortliches Handeln in Familie, Staat und Gesellschaft ermöglichen.

Unsere gesellschaftliche Ordnung versteht sich als pluralistisch und bietet im Rahmen rechtsverbindlicher Normen und auf der Grundlage gemeinsamer Grundüberzeugungen unterschiedlichen Anschauungen und Handlungsweisen Raum. Als Teil dieser Ordnung hat die Schule den einzelnen Schüler weitestmöglich zu fördern, ihm die Entfaltung seiner individuellen Neigungen und Fähigkeiten zu ermöglichen, die Wahrung seiner Rechte zu gewährleisten und in ihm die Fähigkeit und Bereitschaft zu sozialem Handeln und politischer Verantwortlichkeit zu wecken. Erziehung zu Selbständigkeit, Mündigkeit und sozialer Verantwortung setzt voraus, daß der Schüler seinem Alter und seiner Einsichtsfähigkeit entsprechend an der Gestaltung des Schullebens teilhat. Erziehung zur Mündigkeit bedeutet zugleich, daß jeder einzelne die allgemeinverbindlichen Rechtsnormen achten lernt, zur Wahrnehmung seiner Pflichten in Staat und Gesellschaft bereit wird und die Rechte der anderen als Schranke der individuellen Entscheidungs- und Handlungsräume anerkennt. Die individuelle Förderung der Schüler ist die wesentliche pädagogische Aufgabe des Lehrers. Er trägt aber zugleich gegenüber allen Schülern die Verantwortung für die erfolgreiche Durchführung des Unterrichts und hat die Einsicht zu vermitteln, daß das Zusammenwirken in der Schule von allen Beteiligten die Einhaltung bestimmter verbindlich geltender Regelungen erfordert. Unterricht und Erziehung vollziehen sich somit in einem Spannungsverhältnis: Die individuellen Ansprüche, Wünsche und Verhaltensweisen sind ständig mit den Regelungen und Anforderungen auszugleichen, welche einerseits die organisatorischen Grundlagen der schulischen Erziehung sichern und andererseits grundlegende Bedingungen des sozialen Handelns und Verhaltens verdeutlichen.
(Kultusminister des Landes Nordrhein-Westfalen ^{6}1983, S. 137 f.)

e)
Eine weitere zielrelevante Rechtsverordnung stellt die A u s b i l d u n g s o r d n u n g für die einzelnen Schulstufen bzw. Schulformen dar. Sie bildet eine weitergehende Spezifizierung der für Schule insgesamt geltenden Zielvorgaben im Hinblick auf eine Schulstufe bzw. Schulform. Da wir die Entwicklung von Zielen exemplarisch an den Zielvorgaben für die Grundschule in Nordrhein-Westfalen verfolgen, sei hier die diesbezügliche Ausbildungsordnung (AO-GS, § 1 *Ziel des Bildungsgangs*) aufgeführt:

§ 1
Ziel des Bildungsgangs
Die Grundschule als die für alle Kinder gemeinsame Grundstufe des Bildungswesens hat auf der Grundlage des in der Landesverfassung und den Schulgesetzen vorgegebenen Bildungs- und Erziehungsauftrags die Aufgabe,
- *alle Schüler unter Berücksichtigung ihrer individuellen Voraussetzungen in ihrer Persönlichkeitsentwicklung, in den sozialen Verhaltensweisen sowie in ihren musischen und praktischen Fähigkeiten gleichermaßen umfassend zu fördern,*
- *grundlegende Fähigkeiten, Kenntnisse und Fertigkeiten in Inhalt und Form so zu vermitteln, daß sie den individuellen Lernmöglichkeiten und Erfahrungen der Kinder angepaßt sind,*
- *durch fördernde und ermutigende Hilfe zu den systematischeren Formen des Lernens allmählich hinzuführen und damit die Grundlagen für die weitere Schullaufbahn zu schaffen,*
- *die Lernfreude der Schüler zu erhalten und weiter zu fördern.*
(Kultusminister des Landes Nordrhein-Westfalen ^{2}1981, S. 5)

Bei genauerer Betrachtung fällt die ausdrückliche Betonung der umfassenden Förderung von *musischen und praktischen Fähigkeiten* auf. Interpretiert man das „Musische" und „Praktische" „konservativ" also im Sinne einer Einheit, nimmt also die bildnerischen (Kunst/Textil), musikalischen und sportlichen Bereiche und deren Stundenanteile zusammen, so kommt man auf durchschnittlich gut 30 % am Gesamtstundendeputat für die musischen und praktischen Fächer im Grundschulunterricht, wenigstens nominell (vgl. AO-GS, Anlage „Stundentafel").

Das ist um so erstaunlicher, als außer der Förderung des Sozialverhaltens kein bestimmter inhaltlicher Bereich genannt wird. (Vielleicht ist es aber auch so, daß das, was genannt wird, es besonders nötig hat, während die nicht erwähnten Gegenstandsbereiche als selbstverständlich bekannt und unhinterfragt vorausgesetzt werden?!)

f)
Als für den Musikunterricht u n m i t t e l b a r relevante Zielsetzungsebene bleibt die E r l a ß ebene. Sie wird vom Kultusminister in der Form der Festsetzung von Richtlinien für den Musikunterricht (hier: der Grundschule in NW) in Anspruch genommen. Da wird nun auch bestimmender Sachverstand gefordert, weil juristisch relevante Vorgaben allein nicht weiterhelfen.

Die Aufgabe des Musikunterrichtes in der Grundschule
Der Musikunterricht verlangt eine fachspezifische Einführung, eine fach- und zielgerechte Lernbereitschaft und einen systematischen Aufbau von der Grundschule an. Dabei muß der kindliche Erlebnis- und Gestaltungsspielraum um der ungehinderten Entfaltung der frühen Fähigkeiten und Fertigkeiten willen erhalten bleiben. Insbesondere sollen auch die dem neueren Musikunterricht eigenen elementaren Spiel-, Übungs- und Tätigkeitsformen in einer angemessenen Weise wirksam bleiben; keineswegs darf es also im Musikunterricht der Grundschule zu einer „Verleugnung des Kindes" kommen. Nur bei solcher fachspezifischer Einstellung kann der Musikunterricht der Grundschule zu einem integrierenden Teil einer durchgehenden allgemeinen Musikerziehung werden.

Die Veränderung der musikalischen Umwelt stellt dem Grundschulunterricht neue Aufgaben. Das Kind ist heute von den frühesten Lebensjahren an einbezogen in die mikrofonale Klangwelt, die es umgibt. Es ist die Aufgabe des Musikunterrichtes, diese vorerst naiven und ungeordneten Höreindrücke mehr und mehr der Musikerziehung zugänglich zu machen in einem gestuften Lehrgang des Werkhörens, der schon in der Grundschule eröffnet wird.

Da die heutige Medienkultur jegliche Art von Musik jedermann verfügbar macht, wird endgültig jener Vorbehalt hinfällig, der Grundschule sei nur eine volkstümliche Pflege des Liedes und der Popularmusik aufgegeben, während den weiterführenden Schulen die Einführung in die entfaltete Tonkunst zufalle.

Es werden alle Erscheinungsformen der Musik, gleich welcher Herkunft, Art und Qualität in den Musikunterricht auf allen Stufen einbezogen, neben Volksmusik und Kunstmusik historische und zeitgenössische Konzertmusik, die Formen der heutigen Unterhaltungsmusik (Jazz, Beat, Pop), europäische und exotische Musik, natürlich und elektronisch erzeugte Musik. Nur wenn der Lehrer vielfältige Aufklärung gibt, kann sich der Schüler in dieser Pluralität zurechtfinden.

Damit erwächst dem Musikunterricht ein neues Aufgabenfeld. Denn diese vielstimmige musikalische Umwelt, die von der Kunstmusik bis zur Musikreklame reicht und die Musik der verschiedenen Zeiten und Völker einbezieht, muß schrittweise in eine übergreifende musikalische Sach- und Verstehensordnung gebracht werden, in der jede Art von Musik ihren geistigen Ort und Stellenwert finden soll.

Dabei müssen vor allem die vielen ungeordneten musikalischen Brutto-Informationen der Medienkultur mit der Unterrichtsarbeit der Schule in einen durchgehenden Zusammenhang gebracht werden. Nachdem die Medien dem Musikunterricht sein früheres Vermittlungsmonopol genommen haben, sind Formen eines „aufsammelnden" Unterrichtes zu entwickeln, der die Einwirkungen und Erfahrungen der mikrofonalen Mittler einbezieht und diese um exemplarisch ausgelesene Werke und Übungen der Schule sammelt, sachgemäß akzentuiert und einordnet. Diese musikpädagogische „Information" im Sinne eines „In-Form-Setzens" der gesamten musikalischen Erfahrung sollte als Denkrichtung schon dem Kinde geläufig werden, um ein beziehungsloses Nebeneinander von Musikunterricht und Medienkultur frühzeitig zu unterbinden.

Der Musikunterricht wird in der Grundschule in Form eines fachlichen Lehrganges durchgeführt; doch nimmt er sich auch der musikalischen Ausgestaltung des Schullebens an.
(Kultusminister des Landes Nordrhein-Westfalen 1980, MU/2)

Da es hier nicht um eine inhaltliche Diskussion der Richtlinien geht, verzichten wir auf eine weitergehende Analyse. Sie werden es im übrigen bemerkt haben: Die im vorhergehenden Text unterschwellig angesprochenen „Lernfelder" Werkhören, Musikübung, Musiktheorie und Musikpädagogische Information verweisen auf die Mitarbeit von M. Alt in der damaligen „Lehrplankommission Grundschule" des Kultusministers des Landes Nordrhein-Westfalen (vgl. Kap. C. 4.1).

Wir wollen im folgenden vielmehr die Systematik verdeutlichen, aus der Organisationsziele für konkretes Unterrichtshandeln im Fach Musik entfaltet werden. Dazu ist es zweckmäßig, sich zuvor noch einmal wichtige Vermittlungsstellen bewußt zu machen, über die eine Differenzierung und Auslegung des Verfassungsauftrages zu Unterricht und Erziehung erfolgen. Dabei wird zugleich deutlich, in welchem Maße dieser Verfassungsauftrag auslegungsfähig und auslegungsbedürftig ist. (Den exemplarischen Bezug bildet wiederum der Musikunterricht in der Grundschule des Landes Nordrhein-Westfalen.)

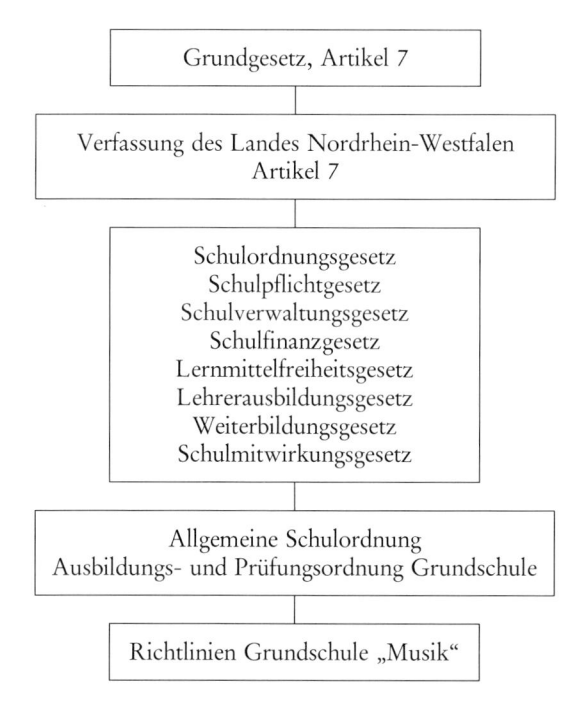

```
┌─────────────────────────────────────┐
│        Grundgesetz, Artikel 7       │
└─────────────────────────────────────┘
┌─────────────────────────────────────┐
│  Verfassung des Landes Nordrhein-   │
│         Westfalen Artikel 7         │
└─────────────────────────────────────┘
┌─────────────────────────────────────┐
│          Schulordnungsgesetz        │
│          Schulpflichtgesetz         │
│        Schulverwaltungsgesetz       │
│          Schulfinanzgesetz          │
│       Lernmittelfreiheitsgesetz     │
│        Lehrerausbildungsgesetz      │
│         Weiterbildungsgesetz        │
│        Schulmitwirkungsgesetz       │
└─────────────────────────────────────┘
┌─────────────────────────────────────┐
│       Allgemeine Schulordnung       │
│ Ausbildungs- und Prüfungsordnung    │
│            Grundschule              │
└─────────────────────────────────────┘
┌─────────────────────────────────────┐
│    Richtlinien Grundschule „Musik"  │
└─────────────────────────────────────┘
```

Der Vergleich der Zielsetzungen auf verschiedenen Setzungsebenen, wie sie zuvor aufgezeigt worden sind, läßt die folgenden Prinzipien erkennen:
1. Die Ziele des Musikunterrichts (hier: der Grundschule in NW), so wie sie in den Richtlinien formuliert sind, ergeben sich nicht denknotwendig aus dem Grundgesetz bzw. der Landesverfassung. Dagegen sind die Ziele des Musikunterrichts in der Grundschule mit der Landesverfassung und anderen gesetzlichen Vorgaben verträglich. Man kann noch exakter formulieren: Sie sind im Sinne der Landesverfassung formuliert. (Das ist ja auch keineswegs verwunderlich, da die Grundschule als organisiertes Ausbildungssystem ihre Existenz der Verfassung verdankt.)
2. Die Zielsetzungen werden desto detaillierter, enger, je näher sie an der Realisierungssituation angesiedelt sind. (Darin liegt ein nicht zu übersehender Spielraum: Die in der Landesverfassung z. B. geforderte Erziehung im Geiste der Demokratie und Freiheit ist u. U. durch die weiteren Stationen der „Kleinarbeitung" dieses Zieles bis hin zum konkreten Musikunterricht bis zur Unkenntlichkeit verstümmelt; umgekehrt kann der konkrete Musikunterricht u. U. eine Erziehung zu Demokratie und Freiheit ermöglichen, u. U. sogar realisieren, die weit über das formale Postulat der Landesverfassung hinausgeht, ja sogar auf dem Hintergrund des Demokratie- und Freiheitspostulats die Landesverfassung selbst in Frage stellen läßt.)
3. Ein drittes Prinzip wird sogar in der Schulgesetzgebung formuliert (*Schulverwaltungsgesetz des Landes NW, § 1*):

Schulen im Sinne dieses Gesetzes sind Bildungsstätten, in denen Unterricht unabhängig vom Wechsel der Lehrer und Schüler nach einem von der Schulaufsichtsbehörde unter Anführung dieser Vorschrift festgesetzten oder genehmigten Lehrplan erteilt wird.
(Kultusminister des Landes Nordrhein-Westfalen ⁶1983, S. 115)

Die Ziele von Schule, d. h. auch von Musikunterricht, sind zugewiesene Ziele; nicht die jeweils konkrete Schule bzw. der darin stattfindende Musikunterricht entwickeln ihre Ziele aus sich selbst heraus, sondern – wie ersichtlich – die Schulaufsichtsbehörde. Die oberste Schulaufsichtsbehörde aber ist der Kultusminister.

Denjenigen also, um derentwillen die Organisation Schule mit dem darin angesiedelten Musikunterricht besteht, den Schülern, werden die Ziele „aufgezwungen". Sie können sich ihnen – auf Grund der Schulpflicht – nicht entziehen. Die hier sichtbar werdende Verbindung von Organisationsstruktur und Entscheidungs-/Weisungskompetenzen faßt die Soziologin R. Mayntz in der folgenden Weise:

Dabei ist die untere Gruppe, d. h. diejenige, auf die eingewirkt wird, gewöhnlich weniger in sich gegliedert, als die einwirkende Gruppe, das Personal. Bürokratisierung und rationale Ordnung herrschen besonders in dieser oberen Gruppe vor. Ihre Mitglieder werden in der Regel freiwillig rekrutiert und üben in der Organisation ihren Beruf aus. Zwischen den beiden Mitgliedergruppen existiert typischerweise keine Mobilität, d. h. ein direkter Aufstieg von der unteren in die obere Gruppe findet normalerweise nicht statt.
(Mayntz 1963, S. 60)

4. Weiterhin wird ein viertes Prinzip der Setzung von Zielen für den Musikunterricht deutlich: Die Geltungsdauer der jeweiligen Ziele steht nicht im Ermessen der jeweils vom Musikunterricht unmittelbar Betroffenen, Schüler und Lehrer (daraus läßt sich z. T. die Antiquiertheit mancher Musikunterrichtsrichtlinien erklären).
5. Schließlich sei auf ein fünftes Merkmal von Zielsetzungen für Schule und Musikunterricht hingewiesen: Je näher die Zielsetzung an der konkreten Realisierungssituation, d. h. am

(Musik-)Unterricht, angesiedelt ist, desto leichter kann sie geändert werden. Die Geltungsdauer der Ziele hängt vom Rang ab, den die setzende Instanz innerhalb der betreffenden Instanzenhierarchie einnimmt. Für die Schule gilt als Besonderheit: Es sind nicht die Schüler und – von Ausnahmen abgesehen – nicht die Lehrer im Musikunterricht, welche eine Zieländerung (formell) festschreiben können, sondern letztlich die unteren Stufen der Schulaufsicht. Diese erfahren ihre Legitimation durch die oberste Schulaufsichtsbehörde, den Kultusminister. (Ein Beispiel: Richtlinienkommissionen werden vom Kultusminister ernannt. Die Zusammensetzung erfolgt zumeist auf der Ebene der Schulkollegien für das Gymnasium, auf der Ebene der Regierungspräsidenten bzw. der Schulämter für die Grund-, Haupt- und Realschulen. Der Kultusminister delegiert an Experten, zu denen durchaus (Musik-)Lehrer zählen können, die Zielfindung, den Setzungsentscheid behält er sich vor. Diese Struktur der Kompetenzverteilung unterscheidet u. a. das bundesrepublikanische Schulsystem grundlegend z. B. vom englischen oder amerikanischen Schulsystem.)

2.2 Zielkonflikte – Konflikte um Ziele

Im allgemeinen kann man davon ausgehen, daß die Zielformulierungen der untersten Ebene, hier der in den Richtlinien formulierten Ziele für den Musikunterricht in der Grundschule, den auf den höheren Ebenen formulierten nicht widersprechen (vgl. auch S. 164). Handelt es sich doch auch bei den Zielen für den Musikunterricht der einzelnen Klassenstufe (sofern Richtlinien dafür vorliegen) immer noch um Zielformulierungen, die – obgleich von Experten des Faches erarbeitet – das Verordnungsverfahren durch den Kultusminister über sich ergehen lassen müssen. Damit ist aber die Kontrolle im Hinblick auf die Übereinstimmung von Fachzielen und allgemeinen Zielen der Organisation Schule prinzipiell gewährleistet. Dennoch kann es vorkommen, daß mehrere Ziele nicht oder nur teilweise miteinander vereinbar sind. In diesen Fällen spricht die Organisationssoziologie von Zielkonflikten.

Wir hatten zuvor mehrere Zielsetzungsebenen unterschieden, die Ebene des Grundgesetzes, die Ebene der Landesverfassung, die Schulgesetzgebungsebene, die Verordnungs- und Erlaßebene, wie sie z. B. in den Richtlinien für den Musikunterricht in der Grundschule erscheint. Nun lassen sich folgende Konfliktmöglichkeiten denken:

a) Konflikte innerhalb einer Zielsetzungsebene
Eine Analyse unseres Beispiels, Musikunterricht in der Grundschule des Landes Nordrhein-Westfalen, zeigt: Ein Konflikt auf den Ebenen der Verfassungen existiert nicht, da das Grundgesetz in Artikel 7 einzig die rechtlichen Rahmenbedingungen für Schule ganz allgemein formuliert. Die Landesverfassung geht darüber beträchtlich hinaus, wenn sie in Artikel 7 *Grundsätze* für die schulische Erziehung formuliert. Aber auch hier läßt sich kein innerer Widerspruch feststellen.

Auch die flankierenden Gesetzesregelungen, die Rechtsverordnungen des Kultusministers im Zusammenspiel mit dem Landtagsausschuß für Schule und Kultur (jetzt: Schule und Weiterbildung) sowie die hier herangezogenen Erlasse des Kultusministers, die den weit gesteckten Rahmen des Grundgesetzes und der Landesverfassung ausschöpfen oder einengen können, lassen keine internen Konflikte erkennen.

b) Konflikte zwischen verschiedenen Zielsetzungsebenen
Konflikte zwischen verschiedenen Zielsetzungsebenen wären denkbar z. B. zwischen der Richtlinienebene und der Ebene der Rechtsverordnungen. Doch dürften sie relativ selten sein, da die Instanz, die sie entwickelt, und die Instanz, die sie in Kraft setzt, identisch sind: der Kultusminister.

Für den betrachteten Zusammenhang der Musik in der Grundschule lassen sich demzufolge auch keine Zielkonflikte ausmachen.

c) Konflikte um Ziele im Musikunterricht

Ziele sollen durch Personen, d. h. durch Musiklehrer innerhalb der Organisation Schule verwirklicht werden. Zu diesem Zwecke müssen sie je situationsspezifisch interpretiert werden. Hier nun – das zeigt die Geschichte der Organisation Schule allgemein, des Musikunterrichts im besonderen, finden sich zahlreiche Konfliktsituationen, die dadurch zustande kommen, daß Zielvorgaben individuell ausgelegt werden (müssen). So ist z. B. keineswegs eindeutig festzumachen, was unter *Erziehung zur Selbständigkeit, Erziehung zur Mündigkeit und sozialer Verantwortung* zu verstehen ist (vgl. *Allgemeine Schulordnung* in: Kultusminister des Landes Nordrhein-Westfalen ⁶1983, S. 137). Ferner bieten Formulierungen wie *frühe Aktivierung des kritischen Bewußtseins, Ermöglichung elementarer Formen der Mitbestimmung* (vgl. Kultusminister des Landes Nordrhein-Westfalen 1980, S. 10) einen Interpretationsspielraum, der – fast zwangsläufig – zu Konflikten um die Ziele im Musikunterricht der Schule führen muß. (Ein Beispiel für diesen Sachverhalt bilden z. B. die Berufsverbote. Durch sie schützt sich der Staat vor ihm gefährlich erscheinenden Interpretationen von vorgegebenen Zielen für den Unterricht in der Schule).

Anmerkung:
Konflikte, die um die Art und Weise der Realisierung von Organisationszielen entstehen, werden im allgemeinen nicht als Zielkonflikte im Sinne der Organisationssoziologie bezeichnet.

d) Zum Abschluß der Diskussion über Konflikte in den Zielsetzungen von Schule und Musikunterricht muß auf eine Konfliktmöglichkeit hingewiesen werden, die erst bei genauerer Analyse offenkundig wird.

Konflikte in den Zielsetzungen des Musikunterrichts entstehen dadurch, daß zwischen den ausdrücklich formulierten Zielen und solchen, die sich über die Organisiertheit von Schule und Musikunterricht zunächst unbemerkt durchsetzen, ein Zwiespalt entsteht. Ein Beispiel: Nahezu alle Richtlinien für den Musikunterricht wollen den Schüler zu „selbstbestimmtem Lernen", zu „kritischem Bewußtsein", zu „Formen der Mitbestimmung" erziehen. Anstatt aber sein Lerntempo, seine Lernumgebung, die Inhalte und Ziele seines Lernens selbst bestimmen zu können, wird dem Schüler der Maßstab eines an Vielen, einer Klasse oder eines Kurses, gemittelten Lerntempos vorgegeben; das erfolgt in einer keineswegs freiwillig aufgesuchten Lernumgebung (im frühen Alter ist die Schulpflicht z. B. unhintergehbar!); die Ziele und Inhalte seines Lernens werden durch die Richtlinien gesetzt und durch den Lehrer vermittelt. Da entsteht für den Schüler zwangsläufig die Frage, ob nicht gerade das Gegenteil von dem gelernt werden soll, was in den ausformulierten Zielen gefordert wird. Ist es verwunderlich, wenn Schüler u. a. auf diese offensichtliche Doppelbödigkeit mit Schulverweigerung reagieren, insbesondere wenn selbst gute und beste Schulabschlüsse weder Arbeit noch Studium garantieren?

Es handelt sich also um einen Zielkonflikt, den die Organisation Schule in sich selbst produziert. Durch diese mit den ausformulierten Zielen konkurrierenden latenten Zielsetzungen werden Inhalte und Handlungsmuster generiert, welche die amerikanische Unterrichtsforschung unter dem Begriff *hidden curriculum* zu fassen sucht; die deutsche Unterrichtsforschung hat diesen Gedanken unter dem Begriff des heimlichen Lehrplans aufgegriffen. Hiermit ist, um es zusammenzufassen, gemeint, daß der Schüler auf Lernziele verpflichtet wird, die durch das Arrangement seines Lernens, durch die Organisation Schule entgegen den ausdrücklich formulierten Zielen vorgegeben werden und denen er sich kaum entziehen kann.

3. Organisationsstruktur und Handlungsstruktur

3.1 Handlungsteilung

a) Fachlehrersystem

Die Aufgabe der Organisation Schule, wie sie in ihren Zielen formuliert und fixiert ist, hat einen so hohen Komplexitätsgrad, daß sie nicht von einer Person allein bewältigt werden kann. Sie muß daher zwangsläufig auf mehrere Personen verteilt werden. Schule als Organisation verdankt ihre Struktur – ähnlich wie andere Organisationen – u. a. dem Prinzip der Spezialisierung, d. h. der Form von Arbeitsteilung, durch die bestimmte Aufgaben auf bestimmte Personen festgelegt werden: Musikunterricht soll von einem dazu in besonderer Weise ausgebildeten Fachmann erteilt werden. Der Begriff „soll" mag die Tatsache andeuten, daß Musik auch von Lehrern erteilt wird, die aufgrund von Neigung und ohne entsprechende Ausbildung das Fach schulisch vertreten.

Neben der spezifisch musikalisch/musikpädagogischen Qualifikation weist dieser im allgemeinen noch ein oder zwei weitere Qualifikationen auf (z. B. Deutsch, Mathematik o. ä.).

Diese Aufgabenverteilung ist überindividuell, d. h. sie erfolgt auf gedachte Organisationsmitglieder, hier auf Lehrer hin: Die konkrete Person X übernimmt die Stelle (in der Organisationsforschung auch „Position" genannt) eines Musiklehrers an der Schule Y (als Organisationseinheit). Diese Stelle bleibt so lange erhalten, wie es Musikunterricht im Kanon der Fächer der betreffenden Schulform und Schule gibt.

Diese Form von Spezialisierung, das Fachlehrertum, geht letztlich auf die Hoffnung zurück, die Effektivität der Aufgabenbewältigung durch Aufgabendifferenzierung zu erhöhen.

Die Aufteilung des gesellschaftlichen Wissens in Fächer und die Delegation der Vermittlung bestimmter Sektoren aus diesem Wissen an Spezialisten, d. h. Fachlehrer, bringt u. a. die folgenden Vorteile:

1. Die Qualifizierungsphase, die Ausbildungszeit, kann verkürzt werden: Eine Beschränkung des Studiums auf zwei, höchstens auf drei Unterrichtsfächer garantiert einen bestimmten Qualitätsstandard, der bei Ausweitung des Studiums auf vier, fünf und mehr Fächer nur unter Ausdehnung der Gesamtstudienzeit der betreffenden Person gehalten werden könnte. Zu Ende gedacht liefe das auf den ewigen Studenten hinaus, der gesellschaftlich niemals produktiv würde.
2. Routinisierung der Handlungsabläufe und damit Verbesserung und Effektivierung von (Musik-) Unterricht durch die prinzipiell wiederkehrenden Inhalte, Sachbereiche und methodischen Arrangements.
3. Reduzierung des Vorbereitungsaufwandes für konkreten Unterricht durch Routinisierung der entsprechenden Handlungsabläufe auf wenige Bereiche, d. h. Fächer.
4. Sicherung und Erweiterung des einmal erreichten Wissens- und Fertigkeitsniveaus: Der Zweifach-, maximal Dreifachlehrer ist eben sehr viel eher in der Lage, „auf dem Stand seiner Fächer zu bleiben", als dies jemandem möglich wäre, der – im Extremfall – das gesamte Spektrum von Unterrichtsfächern einer Schulform oder Schulstufe lehrend bewältigen müßte.
5. Das Fachlehrerprinzip garantiert eine eindeutige Zuweisung von Verantwortlichkeiten. Damit läßt sich aber auch das Lehrerhandeln viel einfacher kontrollieren. Denn auf Kontrolle kann kein System verzichten, das seine eigene Bestandssicherung zu einer zentralen Aufgabe von Schule gemacht hat.

b) Fächersystem

Das Fachlehrertum als Strukturprinzip geht auf eine wesentliche Voraussetzung zurück: Die Organisation Schule teilt den Gesamtbestand gesellschaftlichen Wissens und Könnens in Einzelbereiche und delegiert die Vermittlung seiner relevanten oder als wesentlich erachteten Teile an einzelne Schulfächer. Zweck ist auch hier: Optimierung der Zielerreichung, d. h. der Lernzuwächse unter Begrenzung der Kosten so weit eben möglich. Das stellt die in der Schule als Fächer repräsentierten Bereiche gesellschaftlichen Handelns, so auch die Musik, in ganz bestimmte Zwänge, die ursprünglich sachfremd – nunmehr die Sache Musik selbst im innersten berühren.

Wir haben zuvor auf das Faktum der S c h u l p f l i c h t hingewiesen. D. h., es gibt p r i n z i p i e l l für kein Kind ein Entkommen aus diesem Zwang und dessen Folgen. Dem kann sich auch der Musikunterricht nicht entziehen. So wird das gesellschaftliche Faktum Musik zur „Musik in der Schule". Alle Belastungen, welche die Schule aufgrund ihres Organisiertseins auf Kinder und Jugendliche zuführt, treffen auch die „Musik in der Schule." (Schule bildet, selbst wenn sie im Laufe der Zeit von Kindern und Jugendlichen weitgehend verinnerlicht sein mag, die „aufgezwungene Lebenswelt", der die Welt des wirklichen Seins – wenigstens aus subjektiver Sicht – gegenübersteht, und zwar – wie wir aus dem Phänomen der Schulverweigerung ausreichend wissen – großenteils ohne Brücke von einer Welt in die andere.)

Wir fassen zusammen:
1. Musik erscheint als Schulfach-Musik in einem „nicht-wirklichen" Bereich jugendlichen Alltags.
2. Musik erscheint als „portionierte" gesellschaftliche Praxis im Schulalltag, und zwar in dreifachem Sinne:

    Die Sache „Musik" beginnt und endet jeweils dort, wo die Schulstunde beginnt und endet. Damit tut Schule so, als ob e r l e b t e Z e i t und o b j e k t i v e Z e i t (gemessene Zeit) notwendigerweise identisch sind. Vom Gegenteil überzeugen uns sämtliche psychologischen Untersuchungen zum Aufbau des Zeitempfindens bei Kindern und Jugendlichen.

    Musik begegnet dem Jugendlichen in der Schule in der a l t e r s h o m o g e n e n G r u p p e, der Schulklasse, von der vorausgesetzt wird, daß – wenigstens prinzipiell – alle Schüler der betreffenden Klasse denselben Vorkenntnisstand haben. Wo aber lernt der Mensch v o r und n a c h seiner Schulzeit? Sicherlich n i c h t in der altershomogenen Gruppe!

    Schließlich vermittelt sich die „Musik in der Schule" über einen Lehrer, der – in der Regel (von den ersten beiden Jahren der Grundschule abgesehen) – nach der Musikstunde wieder verschwindet. Sache Musik und Musiklehrer werden dadurch zu Repräsentanten des S c h e i n e s von gesellschaftlich-musikalischem Handeln. Das will sagen, Musik erscheint eben nicht eingebunden in die Totalität der gesellschaftlichen Handlungen von Individuen, sondern als Lerngegenstand Musik in der Enklave des noch nicht selbst verantworteten Handelns von Kindern und Jugendlichen.

c) Der Ort schulischen Musikhandelns

Die Spezialisierung geht aber noch weiter; denn sie strukturiert auch den Rahmen, in dem Musikunterricht stattfindet: Das Ideal eines jeden Musiklehrers ist der sachgerecht ausgestattete Musikraum. Angenommen, wir finden eine solche Schule, deren es ja einige geben soll. Was bedeutet das? Die – aufgezwungene, nicht-wirkliche Wirklichkeit Schule wird selbst weiter aufgebrochen dadurch, daß der Klassenraum für den Musikunterricht verlassen wird und die Klasse in den Musikraum zieht (ähnliches gilt ebenfalls für andere Unterrichtsfächer). Dort aber herrscht gegenüber der normalen Unterrichtssituation eine veränderte Schulwirklichkeit, das reicht von der andersgearteten Raumausstattung bis hin zur Veränderung des sozialen Gefüges durch andere Banknachbarn usf. Die Alternative zum Musikraum wäre der für musikalisches Tun sachgerecht ausgestattete Klassenraum. Der aber ist für die öffentliche allgemeinbildende Schule kaum realisierbar, da ja auch andere Schulfächer, die sich in ähnlicher Lage befinden, z. B. Physik, Chemie,

Kunst usf., einen ähnlichen Anspruch geltend machen könnten. Dazu dürften aber – wenigstens gegenwärtig – kaum Geldmittel bereitgestellt werden.

Musikalisches Tun in der Schule ist, auf Grund des Charakters als „Musik in der Schule", nicht nur der gewohnten Lebenssituation, in der das Kind und der Jugendliche mit Musik umgehen, enthoben, sondern wird innerhalb des Schulalltags noch einmal, durch den Wechsel des Lernortes und des Lernarrangements, zusätzlich in eine „Ausnahmesituation" hineinversetzt.

3.2 Handlungskoordination

a) Problemaufriß

Versetzen wir uns einen Augenblick zurück in die Zeit des legendären „Dorfschulmeisters". Dieser war in seiner Schule für alle Schulfächer auf allen Klassenstufen zuständig. Darüber hinaus war er – außer der vorgesetzten Schulbehörde – nur sich selbst gegenüber rechenschaftspflichtig. Welche strukturellen Unterschiede weist demgegenüber die gegenwärtige Schule auf?

Der Fachunterricht führt zu unterschiedlich großen Ansammlungen von zuständigen und ausgebildeten Fachlehrern innerhalb des Lehrerkollegiums einer Schule. Hier erfolgt nun ein für alle größeren Organisationen charakteristischer und entscheidender Schritt: Zur Koordinierung der unterschiedlichen Tätigkeiten einer Organisation erfolgt die Bildung von Abteilungen, im hier betrachteten Zusammenhang die Bildung von Fachkonferenzen an den Schulen:

§ 7
Fachkonferenzen
(1) Die Lehrerkonferenz kann Fachkonferenzen einrichten.
(2) Mitglieder der Fachkonferenz sind die Lehrer, die die Lehrbefähigung für das entsprechende Fach besitzen oder darin unterrichten. Der Vorsitzende der Fachkonferenz und seine Stellvertreter werden für die Dauer des Schuljahres von den Mitgliedern aus deren Mitte gewählt. Je zwei Vertreter der Erziehungsberechtigten und der Schüler können ohne Stimmrecht an Fachkonferenzen teilnehmen.
(3) Die Fachkonferenzen entscheiden in ihrem Fach insbesondere über folgende Angelegenheiten:
  1. Grundsätze zur fachmethodischen und fachdidaktischen Arbeit sowie zur Leistungsbewertung,
  2. Anregungen an die Lehrerkonferenz zur Einführung von Lernmitteln und Anschaffung von Lehrmitteln,
  3. Vorschläge für den Aufbau von Sammlungen sowie für die Einrichtung von Fachräumen und Werkstätten.
(Kultusminister des Landes Nordrhein-Westfalen ⁶1983, S. 39)

Der zitierte Auszug aus dem Schulmitwirkungsgesetz des Landes Nordrhein-Westfalen läßt die Funktionen einer derartigen Abteilungsbildung deutlich werden: Mit der zunehmenden Anzahl von Stellen wird es immer schwieriger, die vielfältigen Arbeiten auf das Ziel von Schule – Erziehung und Unterricht – auszurichten. Es entwickelt sich ein Bedarf an K o o r d i n a t i o n dieser unterschiedlichen Tätigkeiten. (Mit dem Begriff „Koordination" ist ein zweites w e s e n t l i c h e s s t r u k t u r b i l d e n d e s P r i n z i p von Organisationen überhaupt angesprochen.) Die Fachkonferenzbildung – als Abteilungsbildung – allein aber würde die geforderte Erleichterung in der Gesamtabstimmung nicht im ausreichenden Maße garantieren. Gleichzeitig mit der Fachkonferenzbildung erfolgt eine I n s t a n z e n b i l d u n g : Die Fachkonferenzen erhalten einen (gewählten) Leiter, der Anlaufstelle für die Schulleitung wird.

Anmerkung:
Die idealtypische Trennung von Instanz mit Leitungs- und Entscheidungsaufgaben einerseits und Abteilung mit Ausführungsaufgaben andererseits ist – organisationstheoretisch gesehen – nicht exakt einzuhalten; denn die Entscheidungsbefugnis – Kriterium einer Instanz (d. h. leitenden Stelle) – gilt für die gesamte Fachkonferenz als Ensemble aller Fachlehrer der betreffenden Schule. (Im Sinne der Organisationstheorie, die im allgemeinen zwei Gruppen von Koordinationsinstrumenten (a) personenorientierte: 1. Koordination durch persönliche Weisungen und 2. Selbstabstimmung sowie (b) technokratische: Koordination durch 1. Programme und 2. durch Pläne unterscheidet, handelt es sich bei der Abstimmung durch Fachkonferenzen um das Koordinationsinstrument der „Selbstabstimmung".

Die Entscheidungsbefugnis von Fachkonferenzen reicht aber nur in den inhaltlichen Bereich hinein, sie nimmt damit zugleich Teile der letztlich dem Kultusminister vorbehaltenen Fachaufsicht wahr; sie reicht nicht in den Bereich der Dienstaufsicht, die dem Schulleiter vorbehalten bleibt:

§ 20
Schulleitung und Schulleiter
(1) Jede Schule hat einen Schulleiter. Der Schulleiter ist zugleich Lehrer der Schule.
(2) Der Schulleiter leitet die Schule. Er trägt die Verantwortung für die Durchführung der Bildungs- und Erziehungsarbeit in der Schule. Er ist Vorgesetzter aller an der Schule tätigen Personen. Der Schulleiter vertritt die Schule nach außen. Er trägt die Verantwortung für die Verwaltung der Schule. Ihm obliegt die Erledigung der laufenden schulischen Angelegenheiten. Er nimmt das Hausrecht wahr.
(Kultusminister des Landes Nordrhein-Westfalen ⁶1983, S. 128)

Der vorangehende Textauszug definiert in geradezu klassischer Weise die Instanz „Schulleiter": Der Kultusminister als oberste Instanz in der hierarchischen Struktur der Schulbürokratie delegiert zwei grundlegende Rechte an die Instanz „Schulleiter" (a) nach außen: das Geschäftsführungs- und das Vertretungsrecht, (b) nach innen: das Direktionsrecht, welches Weisungsbefugnis, Entscheidungsbefugnis und die Zuweisung von Verantwortung umschließt. Das abschließende Organigramm mag das Gesagte noch einmal vor Augen führen:

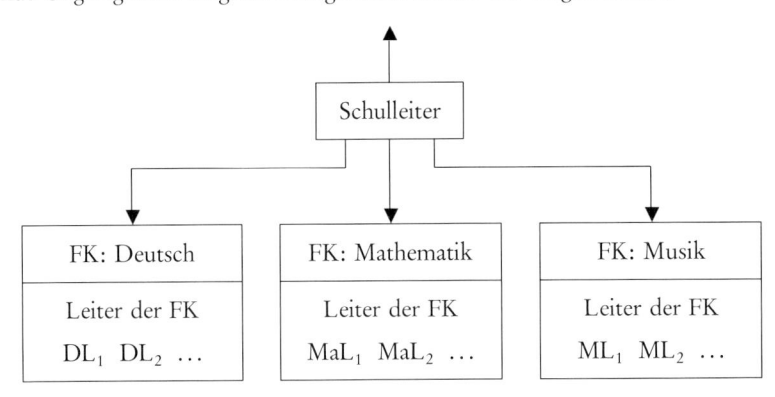

```
                          ┌─────────────┐
                          │ Schulleiter │
                          └──────┬──────┘
          ┌──────────────────────┼──────────────────────┐
          ▼                      ▼                      ▼
  ┌───────────────┐      ┌───────────────┐      ┌───────────────┐
  │  FK: Deutsch  │      │ FK: Mathematik│      │   FK: Musik   │
  ├───────────────┤      ├───────────────┤      ├───────────────┤
  │ Leiter der FK │      │ Leiter der FK │      │ Leiter der FK │
  │  DL₁ DL₂ ...  │      │ MaL₁ MaL₂ ... │      │  ML₁ ML₂ ...  │
  └───────────────┘      └───────────────┘      └───────────────┘
```

Legende:
FK   Fachkonferenz
DL   Deutschlehrer
MaL Mathematiklehrer
ML   Musiklehrer

Aufgrund der Zweifach- bzw. Dreifachqualifikation ist – in der Regel – jeder Lehrer Mitglied in mindestens zwei Fachkonferenzen.

b) Die Situation im Fach Musik
Nun ist bekannt, daß in den seltensten Fällen mehr als ein Musiklehrer an den Schulen (welcher Form auch immer) unterrichtet. Daraus ergibt sich, daß eine Fachkonferenz Musik nur äußerst selten an einer Schule anzutreffen sein wird, da erst ab zwei Fachlehrern eine Fachkonferenz im betreffenden Fach eingerichtet werden soll (Verwaltungsvorschriften zu § 7 des Schulmitwirkungsgesetzes des Landes Nordrhein-Westfalen). Welche Konsequenzen ergeben sich daraus für das Fach Musik?

1. Der Musiklehrer ist im allgemeinen auf sich allein gestellt. Die schulinterne Sach- und Fachdiskussion, wie sie durch die Fachkonferenzen aufgegeben wird, findet für ihn „nur mit sich selbst" statt. Daraus ergeben sich zwei Folgen: Der Musiklehrer erfährt einerseits keine Korrektur durch Fachkollegen im Hinblick auf den Sachstand des Faches: Jeder Lehrer, der in einem Fach unterrichtet, welches durch mehrere Lehrer an derselben Schule vertreten wird, kennt den Nutzen – u. U. auch die Belastung – der impliziten Korrektur, die sich durch die Anwesenheit mehrerer älterer, jüngerer oder auch gleichaltriger Fachkollegen von selbst einstellt. Andererseits erhält er keinerlei kollegiale Anregung innerhalb seines Tätigkeitsbereiches, kurz: Die Auslegung von fachspezifischen Zielvorgaben sowie deren Realisierung hat der Musiklehrer im allgemeinen allein zu verantworten.

2. Das Fehlen einer Fachkonferenz „Musik" bedeutet Wegfall einer Stelle, die zwischen Schulleiter und einzelnem Lehrer vermittelt. Aus der Sicht des Schulleiters: Die Koordination mit den anderen Aufgabenfeldern der Schule muß der Schulleiter selbst übernehmen. Damit gerät er sehr leicht in die Gefahr, die Dienstaufsicht mit der Fachaufsicht zu vermischen, welches ihm selbst wohl selten bewußt sein wird: Jeder Musiklehrer, der mehrere Schulen und damit Schulleiter kennengelernt hat, weiß um die Abhängigkeit des Faches Musik von den spezifischen Perspektiven der Schulleitung. Wird der Musikunterricht als Mittel für die Außendarstellung der Schule mißdeutet? Weiß der Musiklehrer diese Perspektive geschickt zu nutzen, erhält er für Chor- und Orchesterarbeit und darüber vermittelt auch für den normalen Musikunterricht die notwendigen sachlichen und finanziellen Ressourcen. Bisweilen jedoch hat in den Köpfen von Schulleitern ein bestimmtes Zerrbild von Musikunterricht überlebt. Dann erfolgt – je nach Temperament – ein Druck auf den Musikunterricht in eine bestimmte Richtung, oder er fällt unter die Vorstellung der Kompensation, welches im besten Falle zur Duldung des Musikunterrichts führt. Die Durchsetzung eines unverfälschten Blickes auf den Musikunterricht wird für den Musiklehrer in seiner Situation als „Einzelkämpfer" dann recht problematisch.

3. Das Ende des vorhergehenden Gesichtspunktes deutete den Horizont des dritten bereits an: Das Fehlen einer Fachkonferenz Musik, d. h. die Vertretung des Faches Musik nur durch einen Musiklehrer, bedeutet schlichtweg eine geringere Repräsentanz des Faches in der entsprechenden Schule. Fünf Deutschlehrer an einer Schule z. B. können eben in ganz anderer Weise die Belange ihres Faches gegenüber den anderen Fachkollegen wie auch gegenüber der Schulleitung zur Geltung bringen, als dieses ein einziger Musiklehrer vermag.

Anmerkung:
Man muß hier genau unterscheiden zwischen dem organisatorischen und dem personalen Aspekt. Ein tüchtiger Musiklehrer – allein an seiner Schule – kann durchaus die Bedeutsamkeit musikalischer Unterweisung gegenüber Lehrerkollegium und Schulleitung einsichtig machen. Aber hier geht es nicht um den personalen, sondern um den organisatorischen Aspekt. Hier spielt dann die Größe einer organisatorischen Einheit, also eine Ansammlung von Stellen, eine die Struktur der Organisation Schule erheblich beeinflussende Rolle.

3.3 Leitungsgefüge

> Eine Situation: Der Musiklehrerin X, die auch noch das Fach Englisch unterrichtet, teilt der Schulleiter mit, daß der Schulrat Y des Schulamtes in B sie in acht Tagen – im Rahmen einer Regelbeurteilung – anhospitieren werde. Der Schulrat ist ehemals Lehrer in den Fächern Deutsch und Geschichte gewesen.

Die zuvor skizzierte Situation macht Instanzen sichtbar, die bestimmend bis in den konkreten Musikunterricht hineinwirken.

Wir haben im Zusammenhang mit dem organisationsstrukturbildenden Prinzip der Koordination darauf hingewiesen, daß S t e l l e n , also die einzelnen Fachlehrer, im wesentlichen durch Ausführungsaufgaben, I n s t a n z e n dagegen durch Leitungs- und Entscheidungsaufgaben, mit bestimmten wohlabgegrenzten Weisungsbefugnissen versehen, charakterisiert sind. D. h., die konkrete Erziehungs- und Unterrichtsarbeit verrichten die Lehrer, die Koordination der unterschiedlichen Aktivitäten im Hinblick auf das Gesamtziel von Schule erfolgt über eine Verwaltungsbürokratie, die Schulaufsicht, die auf ihrer unteren Ebene noch durch eine relative Nähe zur Unterrichtspraxis und Schulwirklichkeit gekennzeichnet ist: Der Schulrat, für den eine f a c h l i c h e V o r b i l d u n g gefordert wird (SchVG NW, § 19, Abs. 1), war in den meisten Fällen selbst einmal Lehrer. Die oberen Ebenen dagegen werden zur Spitze hin zunehmend durch Juristen repräsentiert.

Der Musiklehrer ist, das wird durch das Schaubild S. 173 unmittelbar einsichtig, unterstes Element eines *bureaukratischen Verwaltungsstabes*, wie Max Weber es in seiner Typologie der Herrschaftsformen nennt. Für alle Beamten eines derartigen Systems gilt grundsätzlich, daß sie

1. *persönlich frei nur s a c h l i c h e n Amtspflichten gehorchen,*
2. *in fester Amts h i e r a r c h i e ,*
3. *mit festen Amts k o m p e t e n z e n ,*
4. *kraft Kontrakts, also (prinzipiell) auf Grund freier Auslese nach*
5. *F a c h q u a l i f i k a t i o n – im rationalsten Fall: durch Prüfung ermittelter, durch Diplom beglaubigter Fachqualifikation – a n g e s t e l l t (nicht: gewählt) sind, –*
6. *entgolten sind mit festen Gehältern in G e l d , meist mit Pensionsberechtigung, unter Umständen allerdings (besonders in Privatbetrieben) kündbar auch von seiten des Herrn, stets aber kündbar von seiten des Beamten; dies Gehalt ist abgestuft primär nach dem hierarchischen Rang, daneben nach der Verantwortlichkeit der Stellung, im übrigen nach dem Prinzip der „Standesgemäßheit",*
7. *ihr Amt als einzigen oder Haupt-Beruf behandeln,*
8. *eine Laufbahn: „Aufrücken" je nach Amtsalter oder Leistungen oder beiden, abhängig vom Urteil der Vorgesetzten, vor sich sehen,*
9. *in völliger „Trennung von den Verwaltungsmitteln" und ohne Appropriation der Amtsstelle arbeiten,*
10. *einer strengen einheitlichen Amts d i s z i p l i n und Kontrolle unterliegen.*

(Weber ⁵1976, S. 122 ff.; bes. 126 f.)

In unserem Zusammenhang wollen wir uns insbesondere dem Punkt 5, der Fachqualifikation, zuwenden, weil wir der Meinung sind, daß hier – wenigstens für die Organisation Schule – ein grundlegendes internes Widerspruchspotential verborgen liegt, das nicht hoch genug veranschlagt werden kann.

Der Erwerb einer Stelle in Schule und Schulaufsicht geht von einer nachgewiesenen Stellenqualifikation aus. Ist diese Stelle jedoch einmal erworben, so kann der Stelleninhaber ihrer nur auf-

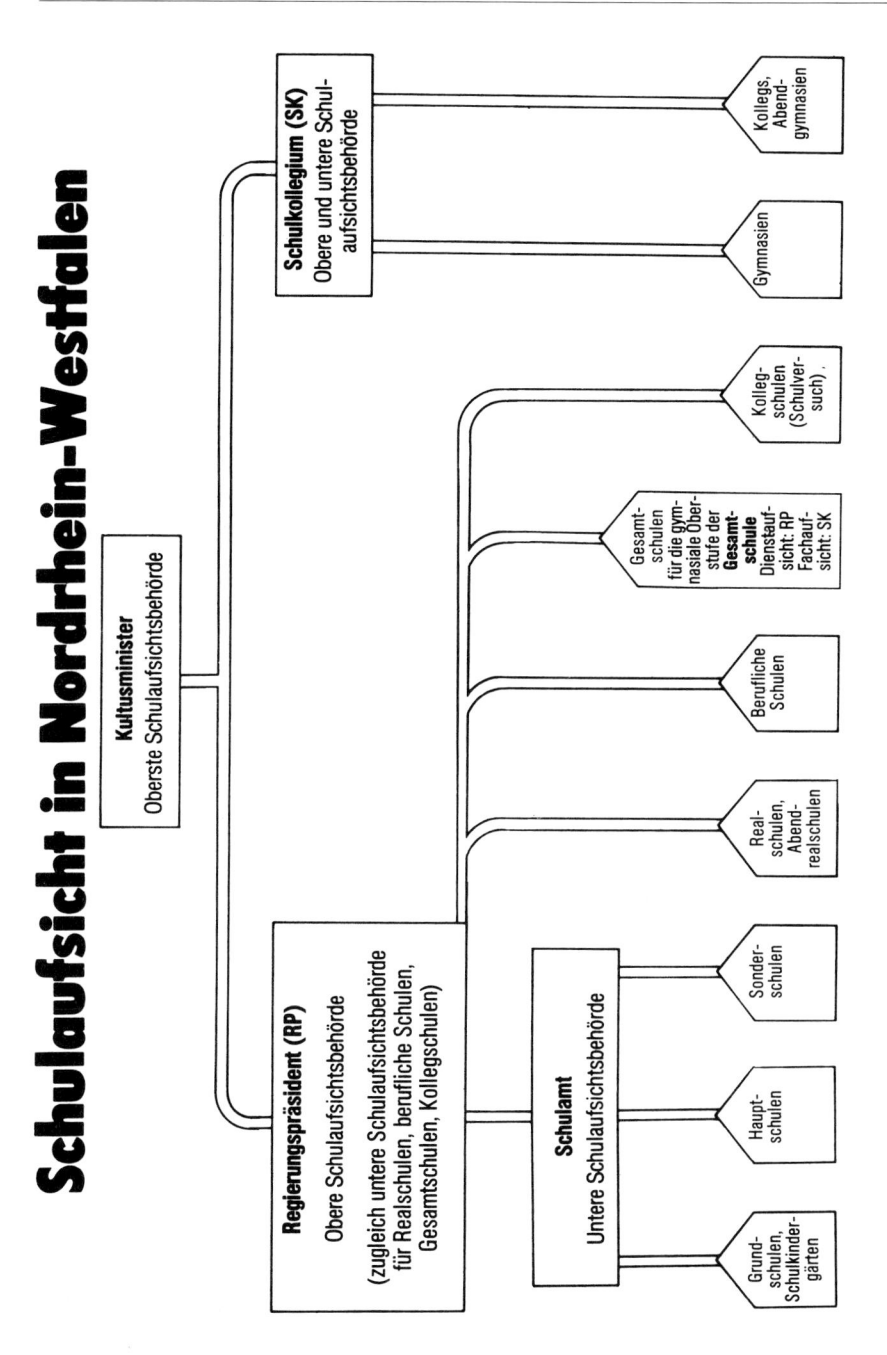

Organisationsstruktur und Handlungsstruktur

Schulaufsicht in Nordrhein-Westfalen

Kultusminister
Oberste Schulaufsichtsbehörde

Regierungspräsident (RP)
Obere Schulaufsichtsbehörde
(zugleich untere Schulaufsichtsbehörde für Realschulen, berufliche Schulen, Gesamtschulen, Kollegschulen)

Schulkollegium (SK)
Obere und untere Schulaufsichtsbehörde

Schulamt
Untere Schulaufsichtsbehörde

- Grundschulen, Schulkindergärten
- Hauptschulen
- Sonderschulen
- Realschulen, Abendrealschulen
- Berufliche Schulen
- Gesamtschulen für die gymnasiale Oberstufe der **Gesamtschule** Dienstaufsicht: RP Fachaufsicht: SK
- Kollegschulen (Schulversuch)
- Gymnasien
- Kollegs, Abendgymnasien

Aus: Kultusminister des Landes Nordrhein-Westfalen: *Handbuch Schulmitwirkung. Rechts- und Verwaltungsvorschriften.*
6. Aufl. Köln 1983, S. 489

grund eines Dienstvergehens verlustig gehen, amtsenthoben werden. Nun entsteht der „kuriose" Fall, daß innerhalb derselben Systematik die Fachqualifikation der ausführenden Stelle von einer Instanz überprüft werden soll, die selbst nicht einer derartigen Überprüfung unterzogen wird, ja sehr häufig nicht einmal die Fachqualifikation der ausführenden Stelle, hier der Musiklehrerin, erworben hat. Da dürfte auch der zu erwartende Einwand, daß mit Fachqualifikation nicht die Sachkompetenz z. B. im Gegenstandsfeld „Musik", sondern Fachqualifikation im Sinne einer Vermittlungskompetenz zu interpretieren sei, nicht treffen; denn wie will jemand diese Vermittlungskompetenz o h n e Bezug auf die Sache Musik überprüfen wollen?

Darüber hinaus aber stellt sich ein zweites Problem, das der W e i t e r e n t w i c k l u n g der einmal erworbenen und nachgewiesenen Qualifikation. Jeder Lehrer bzw. jeder, der einmal Lehrer gewesen ist, weiß um die Schwierigkeit, neben den täglichen Aufgaben noch einen Mehraufwand an Energie und Zeit für den Erhalt bzw. die Weiterentwicklung der einmal erworbenen Qualifikation aufbringen zu können. Um wieviel schwieriger wird das für einen Schulaufsichtsbeamten, dessen L e i t u n g s s p a n n e im Hinblick auf seine Fachaufsicht recht groß ist, d. h. dessen Fachaufsicht prinzipiell auf a l l e Lehrer a l l e r ihm zugewiesenen Schulen seines Schulaufsichtsbezirks bezogen ist!

Wir fassen zusammen: Die bürokratische Organisation unserer öffentlichen allgemeinbildenden Schule lebt von einem s t a t i s c h e n Q u a l i f i k a t i o n s b e g r i f f : Die einmal nachgewiesene Qualifikation zur Übernahme der betreffenden Stelle reicht für die gesamte Dauer, während der der betreffende Stelleninhaber diese besetzt.

Dieser Qualifikationsbegriff, grundlegend für die Instanzen der Organisation Schule, Schulleiter, Schulaufsicht usf., gerät - insbesondere in der Gegenwart, in der das Angebot an Lehrern größer ist als der Markt vertragen kann - mit einem d y n a m i s c h e n Q u a l i f i k a t i o n s b e g r i f f , der auf die ausführenden Stellen, d. h. auf die Lehrer, angewandt wird, in Konflikt. (Eine Umfrage unter Referendaren und Lehrern einerseits, Schulleitern und Beamten der unteren Schulaufsicht andererseits würde ein höchst aufschlußreiches Bild ergeben.)

Mit dem zuvor angedeuteten Problem formaler Art geht ein inhaltliches Hand in Hand: Diejenige Theorie von Unterricht, hier insbesondere von Musikunterricht, welche die untere Schulaufsicht - repräsentiert durch ihren Stelleninhaber - bei der Amtsübernahme mitgebracht hat, wird zukünftig auf Unterricht angewandt. Dieser jedoch verdankt seine innere Struktur einer sich fortentwickelnden Musikunterrichtstheorie. Das führt sehr leicht zu Konflikten. Auf die oben skizzierte Situation angewandt: Das wie auch immer geartete Vorverständnis von Musikunterricht des zuständigen Schulaufsichtsbeamten wird zum Maßstab für unsere Lehrerin X im Fach Musik.

Über den konkreten Lehrer wird auf diese Weise, da er sich ja dem System, in dem er unterrichtet, nicht entziehen kann, ein Einfluß vom Organisationssystem her ausgeübt, der für eine didaktische Theorie als Faktum konstatierbar ist, sich jedoch einer unmittelbaren Beeinflussung durch diese entzieht.

Ein Beispiel – oder: Der Einbruch der Wirklichkeit

Wir hatten das Manuskript dieses Buches bereits seit einiger Zeit abgeschlossen. Da fiel uns eine Notiz in die Hände, die wir Ihnen aus sachlichen und methodischen Gründen nicht vorenthalten wollen:

Sie habe das „Rechtsgebot der Höflichkeit gegenüber dem Vorgesetzten" verletzt und sei durch eine „destruktive Äußerung" ihrer Unterstützungspflicht nicht nachgekommen. Damit begründete der Vertreter der Schulaufsicht, der Leitende Regierungsdirektor Schmitt, seinen Mißbilligungsbe-

scheid gegen Anne Ratzki, der Leiterin der Gesamtschule Köln-Holweide. Der Hintergrund: Anne Ratzki hatte in dienstinternen Briefen an den Regierungspräsidenten die Versetzung einer Lehrerin mitten im Schulhalbjahr und die damit verbundenen Probleme für die betroffenen Klassen kritisiert. Und in diesen Briefen spürte Herr Schmitt die „beleidigenden" Äußerungen auf: es handele sich um ein „amtliches Chaos" bei der Lehrerzuweisung und „fachliche und pädagogische Rücksichten" schienen keine Rolle gespielt zu haben.

Zwar nutzte die Schulleiterin ihr Recht auf Widerspruch gegen den ergangenen Mißbilligungsbescheid, aber dieser landete wiederum auf dem Schreibtisch von Herrn Schmitt, der auch die zuständige Widerspruchsbehörde verkörpert. Angesichts dieser Personalunion, die per se jeden Protest scheitern lassen muß, zog Anne Ratzki die Konsequenz und klagte vor Gericht auf Aufhebung des Mißbilligungsbescheids. Das Gericht konnte nach dem Aktenvortrag allerdings „nicht erkennen, was mißbilligt werden" sollte und worin die Dienstpflichtverletzung der Schulleiterin bestanden habe. Das Ergebnis: Der Bescheid wurde aufgehoben, der Regierungspräsident mußte die Prozeßkosten tragen.

Was anmutet wie eine Posse aus dem wilhelminischen Kaiserreich, bildet nur den vorläufigen Endpunkt einer seit rund einem Jahrzehnt schwelenden Auseinandersetzung zwischen der Schulleitung der Gesamtschule Holweide und dem Regierungspräsidenten in Köln. Die Versuche, durch ein möglichst weitgehendes Mitwirkungsmodell für Eltern und Schüler, durch die pädagogische Organisation im Team-Kleingruppen-Modell und die kollegiale Schulleitung eine demokratischere Schule zu erreichen, mußten zwangsläufig zu Konflikten mit der hierarchisch denkenden Schulaufsicht führen.

Diese nutzt alle zur Verfügung stehenden Möglichkeiten des Beamtenrechts und des Schulverwaltungsgesetzes, um den unbequemen „Wildwuchs" zu disziplinieren. Und diese Möglichkeiten sind weitreichend: nicht nur rechtliche Kontrolle (wie in den meisten anderen Bundesländern), sondern Weisungsbefugnis in fast allen schulischen Bereichen. So hängt es schließlich von der Person des Sachbearbeiters ab, ob er mit den Schulen zusammenarbeitet oder wie ein kleiner König über seine Untergebenen gebietet. Das Beamtenrecht mit seiner hierarchischen Struktur macht's möglich – und im Zweifel ist der Sachbearbeiter ja auch gleich Widerspruchsbehörde.

Angesichts dieser Erfahrungen, die jeder Lehrer oder Schulleiter als Beamter machen muß, grenzt die Erfüllung ihrer pädagogischen Aufgabe an Selbstverleugnung: sollen die Schüler doch zu mündigen – folglich auch kritischen – Bürgern erzogen werden.
(Volpp-Teuscher 1987, S. 4 f.)

1. Wir hatten zuvor versucht, Sie mit der Struktur der Zielsetzungsverfahren in der Organisation Schule bekannt zu machen. Sie haben sich mit den Ebenen dieser Zielsetzungen sowie den strukturbedingten Konfliktmöglichkeiten auseinandergesetzt. Des weiteren hat sie der Einfluß der Organisationsstruktur auf die Handlungsmuster der an ihr Beteiligten beschäftigt. Sie sollten nun einmal versuchen, den vorstehenden Text unter diesen Gesichtspunkten für sich zu erschließen.

2. Der Text, und das scheint uns sehr wichtig, formuliert unterschwellig eine Frage: Welche Möglichkeit haben die in der Organisation Schule eingebundenen Menschen, sich in „legitimierter" Form gegen Handlungen von Instanzen zu wehren, die offensichtlich falsch, ungerecht o. ä. sind, dennoch auf den ersten Blick die Rechtfertigung ihres Handelns aus der Berufung auf Sinn und Zweck der Organisation Schule zu beziehen scheinen?

Da pädagogische Absicht, pädagogisches Tun einerseits und organisatorische Struktur andererseits keineswegs immer zusammenfallen, liegt hier ein Problem vor, dem sich keiner entziehen kann, der es mit (musik-)pädagogischen Prozessen zu tun hat bzw. eines Tages zu tun haben wird.

4. Determinanten des Lernarrangements

Wie jede Organisation, so definiert und realisiert auch die Schule einen materialen Rahmen, in dem die Leistungen erbracht werden müssen, die durch die Zielsetzungen vorgegeben sind. In den folgenden Überlegungen werden wir uns auf zwei Gesichtspunkte beschränken. Den Musikunterricht betrachten wir einmal als Lernsituation, zum anderen als Lernort. Dabei wollen wir uns dessen bewußt bleiben, daß mit dieser Unterscheidung theoretisch zwei Seiten eines einheitlichen Zusammenhanges zu Zwecken einer übersichtlicheren Darstellung hervorgehoben werden.

4.1 Die Lernsituation

a)
Die nächstliegende Erfahrung eines Schülers im Musikunterricht ist diejenige, daß er nicht allein lernt, sondern in einer Gruppe, in der Schulklasse. Ihr Zusammensetzungsprinzip ist nicht das der gegenseitigen Zuneigung, sondern der Gleichaltrigkeit. Beide Prinzipien, 1. das des Lernens in der Gruppe und 2. das der Altershomogenität, haben die Steigerung der Wirksamkeit schulischen Lernens zum Ziel, und zwar unter Minimalisierung des Einsatzes von personellen und sächlichen Ressourcen: ein Lehrer für viele Schüler an einem Lernort. Elementare organisatorische Grundlage schulmusikalischen Lernens bildet die Jahrgangsklasse. (Das Kurssystem der Oberstufe ändert strukturell daran nichts; es harmonisiert höchstens die Wissens- und Fertigkeitsvoraussetzungen auf seiten der Schüler.)

Neben die Prinzipien der Gruppierung und der Altershomogenität treten weitere. Im Grundschulbereich ist es ein „geographisches": Kinder werden im allgemeinen ihren Wohngebieten entsprechend in Klassen zusammengefaßt. In „Freien Schulen" (z. B. den Waldorf-Schulen o. ä.) und in den weiterführenden Schulen wird das geographische Klassenbildungsprinzip weitgehend durch eine Reihe anderer Prinzipien ersetzt: Ideologische Perspektiven, ökonomischer Status, Bildungstraditionen familialer Art usf. treten an seine Stelle. Dadurch wird die in der Grundschule durchweg noch vorhandene Abbildung des sozialen Umfeldes der Kinder in die Schulklasse hinein aufgegeben. Gleichgültig, welches Prinzip gegeben ist, es wird bestimmend für die Struktur und die Resultate der musikalischen Aneignungsprozesse in der Schule: Das geographische Prinzip garantiert eine Vielfalt musikalischer Sozialisationen, die sich in spezifischen Vorlieben für bestimmte Musiken, in der Quantität und der Struktur außerschulischer musikalischer Hörerfahrungen ausdrücken; die anderen Prinzipien führen eher zu einer gruppen-, schichten- und klassenspezifischen Homogenisierung musikalischer Vorerfahrungen in den Schulklassen.

b)
Die einzelne Klasse ist Element eines immer auf die letzte Stufe hin ausgerichteten Systems von Klassen. Im Begriff „System" ist das Prinzip der Über- bzw. Unterordnung gesetzt und gleichzeitig die Notwendigkeit des „Aufrückens" gegeben. Dieses ist an die Voraussetzung einer bestimmten Aufgabenbewältigung, an Leistung gebunden. Bestimmte Leistungen garantieren den Übergang in weiterführende Abschnitte (Schulstufen oder Schulformen). Deshalb werden Leistungen kontrolliert und bewertet. Bestätigte Leistungen eröffnen Berufs- und Lebenschancen. Auf diese Weise setzt sich innerhalb der Schule, und zwar recht früh, ein grundlegendes, unsere gegenwärtige Gesellschaft kennzeichnendes Prinzip durch. Es wird den Schüler in unserem öffentlichen Schulsystem nicht mehr loslassen; im Gegenteil, es gewinnt im Durchlaufen der Schule zunehmend auch eine psychologische Bedeutung insofern, als es eine primär nicht durch die Personen und Gegenstände des Unterrichts strukturierte Motivationslage favorisiert.

Solchen Klassensystemen, gleichgültig ob sie als Schulstufe oder als Schulform organisiert sind, werden bestimmte Funktionen innerhalb des gesamten Systems öffentlicher allgemeinbildender Schulen zugewiesen. Wie sehr dabei zeitlich frühere Stufen im Hinblick auf die gesellschaftlich mit den höchsten Gratifikationen bedachten Abschlüsse instrumentalisiert wurden und – trotz gegenteiliger Beteuerungen – auch heute wohl noch werden, zeigt die folgende Richtliniennotiz:

Trotz der Einordnung in den Zusammenhang der Volksschule wurde die unterrichtliche Arbeit der Grundschule vor allem aber von der Auslesefunktion her bestimmt, die ihr für die weiterführenden Schulformen zukam. Das ließ den Unterricht in der Grundschule weithin zu einem Mittel werden, das den Zwecken vermeintlicher mittlerer und höherer Bildung dienlich sein sollte. Auch diese von der Intention volkstümlicher Bildung her gesehene widersprüchliche Verzweckung verhinderte eine eigenständige Theorie der Grundschule.
(Kultusminister des Landes Nordrhein-Westfalen 1980, S. 7)

Insofern ist die veränderte Funktionszuschreibung durch dieselben Richtlinien, bildungspolitisch gesehen, ein beträchtlicher Fortschritt:

Die Grundschule, in der grundlegende Bildung für die Kinder geleistet werden soll, hat als Schulstufe ihren Sinn in sich selbst und ist gerade deshalb in gleicher Weise den Schulformen zugeordnet, die sich ihr im Sekundarschulbereich anschließen. Ihre Arbeit ist weder vom Abitur als dem Abschluß gymnasialer Bildung noch von den Abschlüssen der Realschule und der Hauptschule bestimmt; vielmehr kommt es im Unterricht der Grundschule darauf an, das einzelne Kind gemäß seinen individuellen Lernmöglichkeiten und einer seinem Alter angemessenen Form auf den Weg des Lernens zu bringen. In den Rahmen dieser Eigenständigkeit der Grundschule, die als „offene Geschlossenheit" charakterisiert ist, gehören die neuen Richtlinien und Lehrpläne.
(Kultusminister des Landes Nordrhein-Westfalen 1980, S. 7)

c)
Die Analyse der Lernsituation des Schülers im Musikunterricht bleibt unvollständig, wenn nicht ein weiterer Gesichtspunkt struktureller Art berücksichtigt wird: Musikunterricht wird, von den ersten beiden Grundschuljahren abgesehen, als F a c h unterricht erteilt. Nun ist hier nicht so sehr von Interesse, daß damit Musik in einer arbeitsteiligen Systematik gesellschaftlicher Tätigkeiten innerhalb der Schule angesiedelt ist. Vielmehr gibt der ihr zugewiesene Ort Auskunft über den gesellschaftlichen Stellenwert innerhalb des Gesamtzusammenhanges schulischer Lernaktivitäten. Dieser ist ohne Zweifel von beträchtlicher Wirkung auf Form und Inhalte des Musikunterrichts sowie auf die Einstellung der Schüler zu ihm. Einen aussagekräftigen Indikator für diesen Sachverhalt bildet das „Recht" einzelner Fächer, Klassenarbeiten schreiben zu lassen. Dieses Instrument einer formalisierten Kontrolle ist immer nur b e s t i m m t e n Fächern vorbehalten. Daß Schüler dafür eine große Sensibilität entwickeln, zeigt die verbreitete Einstellung: „Wichtige" Fächer = Fächer mit Klassenarbeiten; nicht so wichtige oder „unwichtige" Fächer = Fächer ohne Klassenarbeiten. Damit kein Mißverständnis entsteht – wir plädieren mit diesem Hinweis keineswegs für Klassenarbeiten auch noch im Musikunterricht; allein die Legitimation, solche Kontrollen durchführen zu können, bedeutet – organisationstheoretisch gesehen – eine Dokumentation des curricularen Gewichts eines Unterrichtsfaches.

In diesem Zusammenhang bilden die in den Stundentafeln festgeschriebenen Zeitkontingente eine grundlegende Vorgabe für die Lernsituation im Fach Musik, und zwar in zweifacher Hinsicht:

1. Das darin ausgewiesene Stundendeputat setzt Möglichkeiten und Grenzen für das Fach: Der Umfang der in schulischem Musikunterricht zu thematisierenden Gegenstände, die Möglichkeit oder Unmöglichkeit, die musikalische Praxis der Schüler unmittelbar im Unterricht (und nicht erst in außerunterrichtlichen Aktivitäten, wie z. B. Chor, Instrumentalgruppe usf.) zur Geltung kommen zu lassen, die Formen der Interaktion der Schüler untereinander bzw. mit dem Lehrer – diese Beispiele ließen sich vervielfachen – sind linear abhängig vom zugewiesenen Stundenumfang.
2. Das Ausmaß dieser Stundenzuweisung aber dokumentiert eindringlich den curricularen Stellenwert eines Schulfaches. (N. B. Der curriculare Stellenwert fällt nicht notwendigerweise mit dem gesellschaftlichen Stellenwert der Tätigkeit, die durch das betreffende Fach in der Schule gegenwärtig ist, zusammen.) Wir zeigen das wiederum am Beispiel des Musikunterrichts in der Grundschule des Landes Nordrhein-Westfalen.

Stundentafel

Lernbereich/Fach	Klasse			
	1	2	3	4
Sprache	} 6	} 7	5	5
Sachunterricht			3	4
Mathematik	4	4	4	4
Förderunterricht	1–2	1–2	1–2	1–2
Sport	3	3	3	3
Musik	} 3	4	4	4
Kunst/Textilgestaltung				
Religionslehre	2	2	3	3
Wochenstunden	19–20	21–22	23–24	24–25

(Kultusminister des Landes Nordrhein-Westfalen ²1981, S. 10)

Daß das Land Nordrhein-Westfalen in dieser Hinsicht keine Ausnahme bildet, zeigt die folgende Synopse:

Klasse	1	2	3	4
Baden-Württemberg	1[a]	1[a]	1[a]	1[a]
Bayern Musik und Bewegungserziehung	[b]	[b]	–	–
Musik	–	–	2	2
Berlin	2	2	2	2
Bremen	2	2	2	2
Hamburg	[c]	1,5[d]	1,5[d]	1,5
Hessen	1,5[d]	1,5[d]	1,5[d]	1,5[d]
Niedersachsen	1,5[d]	1,5[d]	1[e]	1,25[e]
Nordrhein-Westfalen	1,5[f]	2	2	2
Rheinland-Pfalz	[g]	2	2	2
Saarland	1	2	2	2
Schleswig-Holstein	1	1	2	2

a) In den „Leitgedanken zur Arbeit in der Grundschule" heißt es: „Für die individuelle Förderung der Schüler und die Einrichtung freiwilliger Angebote wie Chor, Instrumentalgruppe, Laienspiel u. ä. stehen jeder Schule je Klasse 1 und 2 je zwei, je Klasse 3 und 4 je drei Stunden für Stütz- und Förderunterricht zur Verfügung. Diese Stunden sollen jedoch nicht nur in den einzelnen Klassen verbraucht werden, sie sollen vielmehr auch für klassenübergreifende Maßnahmen an Klein- und Großgruppen aufgeteilt werden."
Ferner bestimmt der sogenannte „Organisationserlaß": „Grundschulen, Grund- und Hauptschulen und Schulen für Lernbehinderte erhalten je Schule eine Lehrerstunde für eine Arbeitsgemeinschaft Chor/Instrumentalgruppe."
b) Die Stundenverteilung wird folgendermaßen geregelt: „Der Grundlegende Unterricht der ersten und zweiten Jahrgangsstufe faßt die Unterrichtszeit für Deutsch, Mathematik, Heimat- und Sachkunde, Musik- und Bewegungserziehung und Kunsterziehung zu einem Block von 17 Unterrichtsstunden zusammen. Der Lehrer erteilt hier keinen stundenweise gegliederten Fachunterricht; er bestimmt die Dauer der Unterrichtsabschnitte und die Abfolge der Lerntätigkeiten in Rücksicht auf die Belastbarkeit des Kindes und nach didaktischen Erfordernissen."
c) Die Stundenzahl ist nicht fixiert. In den Anmerkungen zur Stundentafel heißt es: „Unterricht in Fächern mit einer oder zwei Wochenstunden kann epochal mit mehreren Wochenstunden erteilt werden. Das gilt auch für die Teilbereiche des Sachunterrichts. Bildende Kunst und Musik sollen in den Klassen der Grundschule jedoch grundsätzlich in jeder Woche stattfinden."
d) Für Bildende Kunst und Musik sind zusammen 3 Stunden vorgesehen.
e) Musik, Kunst, Gestaltendes Werken und Textiles Gestalten erhalten in Klasse 3 und 4 zusammen 4 bzw. 5 Stunden.
f) Musik und Kunst/Textilgestaltung sind mit insgesamt 3 Stunden angesetzt.
g) Eine Aufteilung der Stunden auf einzelne Fächer wird in Klasse 1 noch nicht vorgenommen. Insgesamt sind 19 Stunden ausgewiesen.

(Nolte [Hg.] 1982 [a], S. 370)

Rechnet man die Stundenanteile des Faches Musik in der Grundschule des Landes Nordrhein-Westfalen auf die Gesamtstundenzahl um, so ergibt sich ein Prozentsatz, der für die einzelnen Klassenstufen zwischen 7,6 und 9,3 % schwankt. Der Musikunterricht muß sich – neben dem Kunstunterricht – mit dem geringsten Stundendeputat bescheiden. Wenngleich der Anteil von 1,5 Wochenstunden Musik nicht streng im Sinne einer festen Regelung für die einzelne Schulwoche, sondern als *eine für das ganze Schuljahr anzustrebende anteilige Aufteilung der Gesamtstundenzahl* (Kultusminister des Landes Nordrhein-Westfalen ²1981, S. 20) zu verstehen ist, so belegt er doch die Bedeutsamkeit eines Faches aus der Sicht der Schüler. Kommt ergänzend hinzu, daß – auf Grund einer bestimmten Besetzungspolitik der Schulleiter in den vergangenen Jahren, welche Musiklehrerstellen häufig mit für andere Fächer qualifizierten Lehrpersonen besetzte – Musikunterricht teilweise überhaupt nicht oder nur sehr sporadisch erteilt wird, so kann sich jeder Schüler „seinen Reim drauf machen", was den Stellenwert des Faches betrifft.

d)
Die schulmusikalische Lernsituation ist durch die I n s t a n z Musiklehrer gekennzeichnet. In diesem Zusammenhang interessieren nicht die sozialpsychologischen Aspekte der Musiklehrerrolle, sondern allein das organisationsbedingte Vorhandensein des Musiklehrers und die Tatsache, daß musikalische Erfahrung in der Organisation Schule über eine Vermittlungsinstanz aufgebaut wird. Organisationstheoretisch gesehen ist der Musiklehrer derjenige, der auf dem Hintergrund staatlicher Zielvorgaben ein Programm erstellt, die Vermittlungs- und Aneignungsprozesse steuert und schließlich als Kontrollinstanz fungiert.

Wir haben zuvor auf die Möglichkeit von Zielkonflikten in der Schule und damit im Musikunterricht aufmerksam zu machen versucht. Hier wird eine Form von Konflikten sichtbar, die im organisationstheoretischen Sinne nicht unbedingt als Z i e l k o n f l i k t e angesprochen werden, die aber doch Konflikte u m die Zielsetzung von Schule und Musikunterricht beinhalten. Sie entstehen dadurch, daß die Z i e l e des musikalischen Lernens und die L e r n s i t u a t i o n nicht oder nur ungenügend miteinander verträglich sind: Die Unterrichtsziele des Musikunterrichts in den entsprechenden Richtlinien heben ab auf die Selbstbestimmung, Kritikfähigkeit usf. der Schüler; das Lernarrangement, die charakteristische Struktur der Lernsituation verhindert geradezu, und zwar vom Prinzip her, selbstbestimmtes Lernen, Erwerb von Kritikfähigkeit usf. Der Schüler kann den Musiklehrer gar nicht anders sehen als denjenigen, der das Programm seines Lernens für ihn entwickelt, der den Lernprozeß von außen steuert, und der ihn darauf abfragt, ob die anvisierten Lernresultate erreicht oder nicht erreicht worden sind. Zahlreiche Konflikte zwischen Schülern und (Musik-)Lehrern haben darin ihre Ursache, daß der Lehrer als Instanz eines Systems agieren muß; zahlreiche Konflikte, die der Lehrer mit sich selbst auszutragen hat, gründen in der Nicht-Identität von Person und Instanz. Erst im Laufe einer langen Schulkarriere dürfte dem Schüler aufgehen, daß es nicht die konkrete Lehrperson X ist, der er die Entfremdung seiner Lernsituation zu verdanken hat, sondern bildungspolitisch vorgegebenen Instanzen, die ihre Kontrollfunktion z. B. über Richtlinien realisieren.

Anmerkung:
Ein in dieser Hinsicht „faszinierendes" Beispiel stellen die Richtlinien für das Fach Musik auf der Gymnasialen Oberstufe des Landes Nordrhein-Westfalen vom 16. 6. 1981 dar. (Diese sind symptomatisch, in ihrem Regelcharakter gegenüber Richtlinien aus anderen Bundesländern jedoch keineswegs exzeptionell.) Erinnern wir uns: Richtlinien bilden im formalisierten Prozeß organisatorischer Information und Handlungssteuerung die unterste Ebene von Vorgaben, denen zufolge Organisationszweck, Unterricht und Erziehung, vermittelt über Musik, erreicht werden soll. Sie dienen als Richtschnur unterrichtlichen Lehrerhandelns. Bei der Durchsicht der nordrhein-westfälischen Richtlinien für das Fach Musik auf der Oberstufe fällt unmittelbar auf: Der L e r n e r f o l g s k o n t r o l l e wird die größte Aufmerksamkeit geschenkt, 101 Seiten gegenüber 20 Seiten für die „Lernorganisation" und 22 Seiten für die „Lerninhalte" sowie 20 Seiten für die „Lernziele".

4.2 Der Lernort

Musikunterricht ist nicht nur als Lernsituation im strukturellen Sinne zu verstehen, sondern auch als O r t, an dem Musiklernen stattfindet. Damit meinen wir die materiellen Gegebenheiten, welche die Organisation Schule zur Realisierung ihrer Aufgabe, hier: Unterricht und Erziehung im Medium Musik, den Lernenden zur Verfügung stellt, also den „Arbeitsplatz des Schülers". Dazu zählt der Raum, in dem Musikunterricht stattfindet, Materialien, mit denen er arbeiten, sowie die Medien, mit denen er musizieren soll usf. Da für diese grundlegenden Bedingungen von Musikunterricht ein differenziertes Bewußtsein sowohl in der Praxis als auch in der Theorie des Musikunterrichts vorhanden ist, begnügen wir uns hier mit einigen Beobachtungen und einer kurzen Anmerkung:

Wenn die in manchen Richtlinien empfohlenen Geräte und Einrichtungen, wie Synthesizer, Tonbandgeräte, Instrumente etc. vorhanden wären, könnte man auch mit diesen arbeiten; aber den meisten Schulen fehlen die Mittel dazu. Bei uns gab es kaum Bücher für den Leistungskurs, und wenn doch, dann durften sie nicht ausgeliehen werden. Verwendete Schallplatten waren meist Eigentum der Lehrer.
(Lorenz 1981, S. 236)

Ein eigener Musikraum findet sich an den Schulen für Lernbehinderte nur in etwa an jeder fünften Schule und ist kaum an einer Hauptschule vorhanden; ebenso fehlt er an vielen Grundschulen.
(Amrhein u. a. 1981, S. 236)

Während Gymnasiallehrer fast immer über wenigstens einen Musikraum verfügen, fehlt er bei fast der Hälfte aller Grund- und Hauptschullehrer.
(Schaffrath u. a. 1982, S. 33)

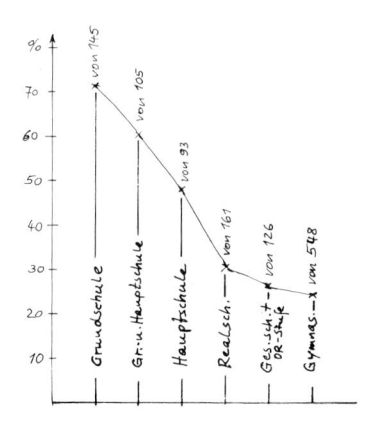

Abb. 3.6
Anteile der Schultypen an fehlender Minimalausstattung

(Schaffrath u. a. 1982, S. 41)

Es gilt nicht allein für die allgemeinbildende Schule: An den materiellen Ressourcen, welche eine Gesellschaft für bestimmte Aufgaben bereitstellt, erkennt man die Bedeutung, welche ihnen diese Gesellschaft beimißt. Wenn wir die zuvor angeführten als repräsentativ ansehen – wozu durchaus Grund besteht –, dann zeigt sich: Die Ausstattung des Ortes für Musiklernen in der Schule ist vielfach so (in der Grundschule sogar überwiegend), daß man sich fragen muß, ob Musiklernen, Aufbau musikalischer Erfahrungshorizonte ü b e r h a u p t in den öffentlichen allgemeinbildenden Schulen gelingen kann. (Ausnehmen von dieser pessimistischen Perspektive muß man u. U. die Oberstufe der Gymnasien.)

Eines allerdings scheint uns ganz offenkundig, daß die permanente Konfliktsituation, in der ästhetische Erziehung und ästhetische Praxis sich innerhalb der gegenwärtigen bundesrepublikanischen Gesellschaft befinden, hier besonders deutlich hervortritt. Die in allgemeineren Verordnungen ausgewiesenen Erziehungsziele betonen die ästhetische Erziehung (z. B. Kultusminister des Landes Nordrhein-Westfalen ²1981, S. 5), die Richtlinien für das Fach Musik extrapolieren diese hin zu Ziel-, Inhalts- und Methodenkatalogen; aber ihre Umsetzung scheitert dann zwangsläufig, wenn der durch die Organisation Schule zur Verfügung gestellte materiale Rahmen nicht ausreicht.

H. LITERATURVERZEICHNIS

Abel-Struth, S.: *Musik-Lernen als Gegenstand von Lehre und Forschung. Zur Diskussion von Musikpädagogik und Musikdidaktik an den Hochschulen der Bundesrepublik Deutschland.* In: Antholz, H./Gundlach, W. (Hg.): *Musikpädagogik heute.* Düsseldorf 1975, S. 9-21

Abel-Struth, S.: *Ziele des Musik-Lernens. Teil I: Beitrag zur Entwicklung ihrer Theorie.* (*Musikpädagogik, Forschung und Lehre,* hg. von S. Abel-Struth, Bd. 12), Mainz 1978

Abel-Struth, S.: *Methodik des Musikunterrichts – Geschichte, Begriffsfeld und Theorie.* In: Schmidt-Brunner, W. (Hg.): *Methoden des Musikunterrichts.* Mainz 1982 (a), S. 30-47

Abel-Struth, S.: *Musiklernen und Musiklehren – Schlüsselbegriffe einer wissenschaftlichen Musikpädagogik,* in: Kaiser, H. J.: *Musik in der Schule? (Beiträge zur Musikpädagogik,* hg. von H. Große-Jäger/H. J. Kaiser/E. Nolte, Bd. 1), Paderborn 1982 (b), S. 169-189

Adorno, Th. W.: *Zur Musikpädagogik.* In: Adorno, Th. W.: *Dissonanzen* (1956). 5. Aufl., Göttingen 1972, S. 102-119

Abel-Struth, S.: *Grundriß der Musikpädagogik.* Mainz 1985

Alt, M.: *Didaktik der Musik* (1968). 3. Aufl. Düsseldorf 1973

Amrhein, F./Bieker, M./Borg, A./Koch, H./Weber-Rannenberg, M.: *Die Situation des Musikunterrichts an Grund-, Haupt- und Sonderschulen in Hessen.* In: *Musik und Bildung* 4/1981, S. 234-236

Antholz, H.: *Unterricht in Musik* (1970). 3. Aufl. Düsseldorf 1976

Bernfeld, S.: *Sisyphos oder die Grenzen der Erziehung.* Leipzig-Wien-Zürich 1925

Binkowski, B./Hug. M./Koch, P. (Hg.): *Musik um uns,* 11.-13. Schuljahr. Stuttgart 1978

Blankertz, H.: *Theorien und Modelle der Didaktik* (1969). 12. Aufl. München 1986

Bloom, B. S. (Hg.) u. a.: *Taxonomie von Lernzielen im Kognitiven Bereich* (1956); deutsch: Weinheim und Basel (1972) ^{4}1974

Breckoff, W./Kleinen, G./Krützfeldt, W./Nicklis, W. S./Rössner, L./Rogge, W./Segler, H.: *Musik aktuell. Informationen, Dokumente, Aufgaben. Ein Musikbuch für die Sekundarstufe und Studienstufe,* Kassel 1971

Brennecke, W. (Hg.): *Kongreßbericht der Gesellschaft für Musikforschung in Bamberg.* Kassel 1954

Bruner, J. S.: *Der Prozeß der Erziehung* (1970). 3. Aufl. Berlin und Düsseldorf 1973

Curricularer Lehrplan für Musik in der Kollegstufe (Leistungskurs), in: *Amtsblatt des Bayerischen Staatsministeriums für Unterricht und Kultus.* Sondernummer 13, Jahrgang 1976, S. 339 ff.

Curriculum Gymnasiale Oberstufe Musik, 2. Ausgabe (*Schulreform in NW. Sekundarstufe II. Arbeitsmaterialien und Berichte.* Hg. vom Kultusministerium des Landes Nordrhein-Westfalen. Heft 17 II). Düsseldorf-Benrath 1973

Deutscher Bildungsrat: *Strukturplan für das Bildungswesen.* 4. Aufl. Stuttgart 1972

Deutscher Bildungsrat: *Empfehlungen zur Förderung praxisnaher Curriculumentwicklung.* Bonn 1974

Eggebrecht, H. H.: *Wissenschaftsorientierte Schulmusik.* In: *Musik und Bildung* 4/1972, S. 29-31

Ehrenforth, K.-H.: *Didaktik der Musik (allgemein).* In: *Musik und Bildung* 2/1977, S. 96-100

Ehrenforth, K.-H.: *Das Verhältnis von Musikwissenschaft und Musikpädagogik.* In: Höhnen, H. W. u. a. (Hg.): *Entwicklung neuer Ausbildungsgänge für Lehrer der Sekundarstufen I und II im Fach Musik.* Mainz und Regensburg 1978 (a), S. 425-448

Ehrenforth, K.-H.: *Musikdidaktik.* In: Gieseler, W. (Hg.): *Kritische Stichwörter. Musikunterricht.* München 1978 (b), S. 192-198

Ehrenforth, K.-H.: *Verstehen und Auslegen.* Frankfurt/M. 1971

Etzioni, A.: *Soziologie der Organisationen* (1967). 3. Aufl. München 1971

Ewert, O.: *Zur Problematik des Schuleintritts. Psychologische Hinweise zur Neuorientierung des Übergangs vom Elternhaus in die Schule.* In: *Die Grundschule* 2/1974, S. 68 ff.
Fischer, W.: *Methoden im Musikunterricht der Primarstufe.* In: Schmidt-Brunner, W. (Hg.): *Methoden des Musikunterrichts.* Mainz 1982, S. 125-144
Fischer, W. u. a.: *Musikunterricht Grundschule.* Lehrerband. Mainz 1978
Frisius, R. u. a.: *Sequenzen Musik Sekundarstufe.* Lehrerband. Stuttgart 1972
Füller, K.: *Lernzielklassifikation und Leistungsmessung im Musikunterricht.* Weinheim und Basel 1974
Füller, K.: *Kompendium Didaktik Musik.* München 1977
Gaudig, H.: *Der Begriff der Arbeitsschule.* In: Kerschensteiner, G.: *Texte zum pädagogischen Begriff der Arbeit und zur Arbeitsschule.* Bd. II. Paderborn 1968, S. 157-162
Gerbaulet, S. u. a.: *Schulnahe Curriculumentwicklung.* Stuttgart 1972
Gieseler, W.: *Grundriß der Musikdidaktik.* Ratingen-Kastellaun-Düsseldorf 1973
Gieseler, W. (Hg.): *Kritische Stichwörter. Musikunterricht.* München 1978
Gruhn, W./Wittenbruch, W.: *Wege des Lehrens im Fach Musik.* Düsseldorf 1983
Grundgesetz der Bundesrepublik Deutschland
Günther, U.: *Untersuchungen zum Musikhören in der Schule.* In: *Forschung in der Musikerziehung* 2/1969, S. 60 ff.
Günther, U.: *Zur Neukonzeption des Musikunterrichts.* In: *Forschung in der Musikerziehung* 5/6, 1971, S. 122 ff.
Günther, U./Ott, Th.: *Musikmachen im Klassenunterricht.* Wolfenbüttel 1984
Günther, U./Ott, Th./Ritzel, F.: *Musikunterricht 1 - 6.* Weinheim und Basel 1982
Günther, U./Ott, Th./Ritzel, F.: *Musikunterricht 5 - 11.* Weinheim und Basel 1983
Gurlitt, W.: *Musikwissenschaftliche Forschung und Lehre in pädagogischer Sicht.* In: Brennecke, W. u. a. (Hg.): *Kongreßbericht der Gesellschaft für Musikforschung in Bamberg.* Kassel 1954, S. 33-37
Habermas, J.: *Zu Gadamers „Wahrheit und Methode".* In: Habermas, J. u. a. (Hg.): *Hermeneutik und Ideologiekritik.* Frankfurt/M. 1973, S. 45-56
Heckhausen, H.: *Förderung der Lernmotivierung und der intellektuellen Tüchtigkeiten.* In: *Deutscher Bildungsrat. Gutachten und Studien der Bildungskommission,* Bd. 4: *Begabung und Lernen,* hg. von H. Roth, 12. Aufl. Stuttgart 1980
Heimann, P./Otto, G./Schulz, W.: *Unterricht – Analyse und Planung* (1965). 10. Aufl. Hannover 1979
Huhse, K.: *Theorie und Praxis der Curriculum-Entwicklung. Ein Bericht über Wege der Curriculum-Reform in den USA.* Berlin 1968
Kaiser, H. J.: *Erkenntnistheoretische Grundlagen pädagogischer Methodenbegriffe.* In: Menck, P./Thoma, G. (Hg.): *Unterrichtsmethode.* München 1972, S. 129-144
Kant, I.: *Kritik der Urteilskraft.* Berlin 1790
Kieser, A./Kubicek, H.: *Organisation* (1976). 2. Aufl. Berlin-New York 1983
Klafki, W.: *Didaktische Analyse als Kern der Unterrichtsvorbereitung* (1958). In: Klafki, W.: *Studien zur Bildungstheorie und Didaktik.* Weinheim 1963 (1970)
Klafki, W.: *Zum Verhältnis von Didaktik und Methodik.* In: Klafki, W./Otto, G./Schulz, W.: *Didaktik und Praxis.* 2. Aufl. Weinheim und Basel 1979, S. 13-39
Klafki, W. u. a.: *Funkkolleg Erziehungswissenschaft,* Bd. 2. Frankfurt 1970
Kleinen, G./Klüppelholz, W./Lugert, W. D. (Hg.): *Musikunterricht Sekundarstufen – Rockmusik.* Düsseldorf 1985 (a)
Kleinen G./Klüppelholz, W./Lugert, W. D. (Hg.): *Musikunterricht Sekundarstufen – Popmusik und Schlager.* Düsseldorf 1985 (b)
Klingberg, L.: *Einführung in die Allgemeine Didaktik.* Frankfurt/M. o. J.

Kochan, D. C. (Hg.): *Allgemeine Didaktik. Fachdidaktik, Fachwissenschaft* (1970). 2. Aufl. Darmstadt 1972
Kopp, F.: *Das Verhältnis der Allgemeinen Didaktik zu den Fachdidaktiken*. In: *Vierteljahresschrift für wissenschaftliche Pädagogik* 1962, S. 138-154; ferner in: Kochan 1972, S. 187-208
Krathwohl, D. R./Bloom, B. S./Masia, B. B.: *Taxonomy von Lernzielen im affektiven Bereich* (1964); deutsch: Weinheim und Basel 1975
Kraus, E.: *Bildungsziele und Bildungsinhalte des Faches Musik*. In: Kraus, E. (Hg.): *Bildungsziele und Bildungsinhalte des Faches Musik*. Mainz 1970, S. 15-38
Krützfeldt, W. (Hg.): *Didaktik der Musik 1967*. Hamburg 1968
Krützfeldt, W. (Hg.): *Didaktik der Musik 1969*. Hamburg-Wolfenbüttel-Zürich 1970
Krützfeldt-Junker, H.: *Das Verhältnis von Didaktik und Methodik zur Praxis des Musikunterrichts*. In: Krützfeldt, W. (Hg.): *Didaktik der Musik 1969*. Hamburg-Wolfenbüttel-Zürich 1970, S. 92-109
Kühn, W.: *Das Prinzip der Arbeitsschule im Musikunterricht*. In: *Musik und Schule. Vorträge der 1. Schulmusikwoche*. Herausgegeben vom Zentralinstitut für Erziehung und Unterricht Berlin. Leipzig 1922, S. 66-74
Kühn, W.: *Grundlinien zu einer Theorie der musikalischen Erziehung*. In: *Die Musikerziehung* 3/1926, Nr. 7/8, S. 133-139
Kultusminister des Landes Nordrhein-Westfalen: *Vorläufige Richtlinien und Lehrpläne für das Gymnasium–Sekundarstufe I*. Köln 1978
Kultusminister des Landes Nordrhein-Westfalen: *Richtlinien und Lehrpläne für die Grundschule in Nordrhein-Westfalen, Musik*, Heft 42, 1980
Kultusminister des Landes Nordrhein-Westfalen: *Gymnasiale Oberstufe–Richtlinien Musik*. Köln 1981
Kultusminister des Landes Nordrhein-Westfalen: *Verordnung über den Bildungsgang in der Grundschule (Ausbildungsordnung – Grundschule [AO-GS] in der Fassung vom 30. 5. 1979)*. Köln ²1981
Kultusminister des Landes Nordrhein-Westfalen: *Handbuch Schulmitwirkung. Rechts-und Verwaltungsvorschriften*. 6. Aufl. Köln 1983
Lapassade, G.: *Gruppen – Organisationen – Institutionen*. Stuttgart 1972
Lehrplan Realschule Musik, Klassenstufen 7 und 8, hg. vom Kultusminister des Landes Schleswig-Holstein, Kiel 1978
Lemmermann, H.: *Musikunterricht* (1977). 3. Aufl. Bad Heilbrunn 1984
Lorenz, H.: *Erfahrungen als Schüler im Leistungskurs Musik*. In: *Musik und Bildung* 4/1981
Loser, F.: *Konzepte und Verfahren der Unterrichtsforschung*. Stuttgart 1977
Mager, R. F.: *Lernziele und programmierter Unterricht* (1961). Weinheim und Basel 1972
Mahling, Chr.-W.: *Musikwissenschaft und Musikpädagogik. – Unüberwindbare Gegensätze?* In: Gieseler, W./Klinkhammer, R. (Hg.): *(Forschung in der Musikerziehung) Musikwissenschaft und Musiklehrerausbildung*. Mainz 1978, S. 63-67
Mayntz, R.: *Soziologie der Organisation*. Reinbek 1963
Meyer, H.: *Methodenprobleme im Musikunterricht der Sekundarstufe I*. Wolfenbüttel und Zürich 1975
Meyer, H. L.: *Das ungelöste Deduktionsproblem in der Curriculumforschung*. In: Achtenhagen, F./Meyer, H. L. (Hg.): *Curriculumrevision – Möglichkeiten und Grenzen*. München 1971, S. 106-132
Meyer, H. L.: *Einführung in die Curriculum-Methodologie*. München 1972
Meyer, H. L.: *Leitfaden zur Unterrichtsvorbereitung*. Königstein/Ts. 1980
Motte-Haber, H. de la: *Bemerkungen über die Wendung zum Szientismus in der Musikpädagogik*. In: Antholz, H./Gundlach, W. (Hg.): *Musikpädagogik heute*. Düsseldorf 1975, S. 115-124

Mráz, P.: *Leitende Lernziele des Schulfaches Musik der Gegenwart und die Möglichkeiten seiner Legitimation.* Diss. Freiburg 1983, Zürich 1984

Nägeli, H. G.: *Gesangbildungslehre nach Pestalozzischen Grundsätzen pädagogisch begründet von Michael Traugott Pfeiffer, methodisch bearbeitet von Hans Georg Nägeli.* Zürich 1810

Nohl, H.: *Charakter und Schicksal.* 4. Aufl. Frankfurt 1949

Noll, G.: *Musik und Programm.* In: *Musikunterricht Sekundarstufe I. Lehrerband.* Mainz 1980, S. 13 ff.

Nolte, E. (Hg.): *Lehrpläne und Richtlinien für den schulischen Musikunterricht in Deutschland vom Beginn des 19. Jahrhunderts bis in die Gegenwart.* (Musikpädagogik, Forschung und Lehre, hg. von S. Abel-Struth, Bd. 3) Mainz 1975

Nolte, E. (Hg.): *Die neuen Curricula. Lehrpläne und Richtlinien für den Musikunterricht an den allgemeinbildenden Schulen in der Bundesrepublik Deutschland und West-Berlin. Einführung und Dokumentation.* Teil I: *Primarstufe* (Musikpädagogik, Forschung und Lehre, hg. von S. Abel-Struth, Bd. 16), Mainz 1982 (a)

Nolte, E.: *Methoden des Musikunterrichts als Problem der Musikpädagogik.* In: Schmidt-Brunner, W. (Hg.): *Methoden des Musikunterrichts.* Mainz 1982 (b), S. 68-82

Ott, Th.: *Zum Problem der Zielbegründung in der Musikdidaktik.* In: Behne, K.-E. (Hg.): *Musikpädagogische Forschung* Bd. I. Laaber 1980, S. 178-194

Otto, G.: *Fach und Didaktik.* In: Kochan, D. C. (Hg.): *Allgemeine Didaktik. Fachdidaktik, Fachwissenschaft.* Darmstadt 1970, S. 209-231

Paul, H.-O. (Hg.): *Musikerziehung und Musikunterricht in Geschichte und Gegenwart.* Saarbrücken 1973

Platon: *Politeia.* Übers. Fr. Schleiermacher. Reinbek 1958

Rauhe, H.: *Aspekte einer didaktischen Theorie der Popularmusik.* In: Abel-Struth, S. (Hg.): *Aktualität und Geschichtsbewußtsein in der Musikpädagogik* (Musikpädagogik, Forschung und Lehre, hg. von S. Abel-Struth, Bd. 9), Mainz 1973, S. 84-100

Rauhe, H.: *Musikpädagogik.* In: Gieseler, W. (Hg.): *Kritische Stichwörter. Musikunterricht.* München 1978, S. 231-236

Rauhe, H./Reinecke, H.-P./Ribke, W.: *Hören und Verstehen.* München 1975

Richter, Chr.: *Theorie und Praxis der didaktischen Interpretation von Musik.* Hannover 1976

Richter, Chr.: *Methodische Ansätze der Höranalyse – Hören als Aufgabe und Ziel der didaktischen Interpretation.* In: Schmidt-Brunner, W. (Hg.): *Methoden des Musikunterrichts.* Mainz 1982, S. 248-262

Richter, Chr.: *Hermeneutische Grundlagen der didaktischen Interpretation von Musik, dargestellt am Tristan-Vorspiel.* In: *Musik und Bildung* 11/1983, S. 22-26

Ritzel, W.: *Pädagogik als praktische Wissenschaft.* Heidelberg 1973

Robinsohn, S. B.: *Bildungsreform als Revision des Curriculum.* Neuwied 1967

Roscher, W.: *Lernziele ästhetischer Erziehung von Gesellschaft. Ein Beitrag zur Musikdidaktik und ihrer Lernbereichsbegründung.* In: Kraus, E. (Hg.): *Musik in Schule und Gesellschaft. Vorträge der 9. Bundesschulmusikwoche Kassel 1972.* Mainz 1972, S. 80-91

Roth, H.: *Pädagogische Psychologie des Lehrens und Lernens.* 10. Aufl. Hannover 1967

Schaffrath, H./Funk-Hennigs, E./Ott, Th./Pape, W.: *Studie zur Situation des Musikunterrichts und der Musiklehrer an allgemeinbildenden Schulen.* (Musikpädagogik, Forschung und Lehre, hg. von S. Abel-Struth, Bd. 20), Mainz 1982

Schmidt-Brunner, W. (Hg.): *Methoden des Musikunterrichts.* Mainz 1982

Schneider, E.-Kl.: *Unterrichtsmethoden.* In: Gieseler, W. (Hg.): *Kritische Stichwörter. Musikunterricht.* München 1978, S. 314-319

Schneider, E.-Kl.: *Unterrichtsmethoden im Fach Musik.* In: *Musik und Bildung* 4/1980, S. 221-225

Schünemann, G.: *Experimentelle und erkenntnistheoretische Musikerziehung.* In: *Musik in Volk, Schule und Kirche. Vorträge der 5. Schulmusikwoche in Darmstadt.* Herausgegeben vom Zentralinstitut für Erziehung und Unterricht in Berlin. Leipzig 1927, S. 33-42

Schütz, V.: *Rockmusik – eine Herausforderung für Lehrer und Schüler.* Oldenburg 1982

Schulz, W.: *Unterricht – Analyse und Planung,* in: P. Heimann/G. Otto/ W. Schulz: *Unterricht – Analyse und Planung* (1965). 10. Aufl. Hannover 1979, S. 13-47

Schulze, Th.: *Methoden und Medien der Erziehung.* München 1978

Segler, H./Abraham, L. U.: *Musik als Schulfach.* Braunschweig 1966

Segler, H.: *Der elementare Bereich des Musikunterrichts in neuer Sicht,* in: *Didaktik der Musik 1967,* hg. von W. Krützfeldt, Hamburg 1968, S. 56 ff.

Simpson, E.: *The Classification of Educational Objectives, Psychomotor Domain.* Urbana (Illinois) 1966

Simpson, E.: *Educational Objectives in the Psychomotor Domain.* In: Kapfer, M. B. (Hg.): *Behavioral Objectives in Curriculum Development.* Englewood Cliffs, New Jersey 1971, S. 60-67

Stöcker, K.: *Neuzeitliche Unterrichtsgestaltung.* 9. Aufl. München 1960

Terhart, E.: *Interpretative Unterrichtsforschung.* Stuttgart 1978

Terhart, E.: *Unterrichtsmethode als Problem.* Weinheim 1983

Tschache, H.: *Musikunterricht in der Sekundarstufe II.* Wolfenbüttel und Zürich 1976

Tschache, H.: *Handlungsorientierte Ansätze und Perspektiven praxisnaher Curriculumentwicklung im Schulfach Musik.* Wolfenbüttel und Zürich 1982

Venus, D.: *Unterweisung im Musikhören* (1969). 2. Aufl. Wilhelmshaven 1984

Verfassung des Landes Nordrhein-Westfalen

Vogelsänger, S.: *Musik als Unterrichtsgegenstand.* Mainz 1970

Volpp-Teuscher, I.: *Vom Rechtsgebot der Höflichkeit.* In: *Pädagogik heute* 7/8 1987, S. 4 f.

Weber, M.: *Wirtschaft und Gesellschaft.* 5. Aufl. Tübingen 1976

Wiechell, D.: *Musikalisches Verhalten Jugendlicher* (*Schriftenreihe zur Musikpädagogik,* hg. von R. Jakoby). Frankfurt, Berlin, München 1977

Wietusch, B.: *Zur Begründungsproblematik musikdidaktischer Lernziele.* In: *Musik und Bildung* 1976, S. 500 ff.

Zimmerschied, D.: *Umrisse einer zukünftigen Musikdidaktik.* In: Dahlhaus, C. u. a. (Hg.): *Funkkolleg Musik,* Studienbegleitbrief 8. DIFF Tübingen 1978, S. 35-56